苏格拉底或政治哲学的诞生

Sokrates oder Die Geburt der Politischen Philosophie

[德] 彼得·特拉夫尼 著

张振华 译

华东师范大学出版社

华东师范大学出版社六点分社　策划

Καὶ ἕωσπερ ἂν ἐμπνέω καὶ οἷός τε ὦ, οὐ μὴ παύσωμαι φιλοσοφῶν.

只要我一息尚存并且力所能胜，我就不会停止哲学思考。

——苏格拉底

以上是这个被诸神认为最智慧的人，被希腊人公认为最有学问的雅典人，苏格拉底，对无知的赞美！如果他今天复活的话，我们的学者和艺术家们能使他改变他的看法吗？不能。先生们，这个正直的人依然会蔑视我们无用的科学。

——让-雅克·卢梭

把这个理念在实践上、也就是为了我们的合乎理性的行为准则来加以充分的规定，这就是智慧学（Weisheitslehre），而当智慧学又作为科学时就是古人所理解的这个词的含义上的哲学，在他们那里，哲学曾是对至善必须由以建立的那个概念及至善必须借以获得的那个行为的指示。[最后一行着重号系笔者所加]

——伊曼纽尔·康德

苏格拉底的精神性生活在于，他致力于在与他人的谈话中对如下问题试探：是否他们以及他本人能够在最最不同的生活的问题①中——无论是最简单还是最复杂的——都保持与自己本身的统一性，是否他们前后一贯，对他们而言一定程度上不言而喻的东西，对于过一种和自己本身保持一致和同一的生活，是否真的足够，是否这些人真的是他们所以为的那样，是否所谓的统一形象在简单的谈话中早已分崩离析。

——让·帕托契卡（Jan Patočka）

---

① 原文误植为 Fraugen，修正为 Fragen（问题）。——译注

目　　录

前　言

1. 苏格拉底之后政治哲学的要素

没有一个哲人像苏格拉底那样将哲学思考以及从这种哲学思考而得到理解的生活表现得如此淋漓尽致。这个看法并不是没有根据的。在回忆一位友人如何为被处决的那个人合上嘴巴和眼睛时,斐多说,他是最优秀的人,因为他是最理性、最正义的人(《斐多》,118a)。这不仅是和他的同时代人相比。苏格拉底始终是哲学的关键人物。经由苏格拉底,哲学对自己能够意味着什么给出了理解。哲学之意义——苏格拉底的思想、生活以及死亡。

经由苏格拉底理解哲学,这首先意味着,在哲人的思想与行动中观察他本人,并对他的形象严肃以待。事实上,哲学并不仅仅表现在它当然是至关重要的理论中,它还更多地显现在哲人的生活,也就是哲学性的生活里。当尼采说,他"喜欢上一个哲人,只是就他能够提供一个榜样而言"时,他言之有理[1];这个"榜样"就是思想以

---

[1]　弗里德里希·尼采,"作为教育家的叔本华",即《不合时宜的沉思》第3篇。参见尼采,《考订研究版尼采全集》(*Sämtliche Werke. Kritische Studienausgabe*)(转下页注)

及源于思想的行动的"榜样"。苏格拉底是所有此类"榜样"的原型。

当我们考察苏格拉底的思想与行动时,一种特定的哲学观就此展开自身。这种哲学的特点在于,它触动到城邦的根本利益,如果不说摇撼了城邦的话——其目的是在这种摇撼当中对城邦加以改善。苏格拉底亲口说:他教给听众的是他们应该关心自己本身和城邦本身(《苏格拉底的申辩》,36c)。苏格拉底的哲学思考的核心乃是自我认识(Selbsterkenntnis)以及对真正的政治的关心。当然,哲学中的这两个要素并非毫无关联地互相并置在一起。我会在稍后尝试澄清它们之间的关系。

苏格拉底的哲学因此是一种"政治哲学"(Politische Philosophie)①。我们权且可以说,如此这般的哲学就是政治的,亦即,哲学作为哲学在自我反思时认识到,哲学将之把握为它所寻求的事情本身的东西,涉及处于某个政治共同体中的生活。政治哲学因此既非政治科学亦非政治理论(politische Theorie)。后者的任务是对有关政治或者政治之对象的特定理论与知识进行研究与管理。政治哲学使得政治共同体以及它如何在一种极为周全的意义上得到最好的总体组建径直成为了问题。当我同意列奥·施

(接上页注)[简称 *KSA*],乔尔乔·科利(Giorgio Colli)与马志诺·蒙提那里(Mazzino Montinari)编,第 1 卷,DTV u. De Gruyter:慕尼黑,柏林与纽约,1980 年,第 298 页。——原注

　中译参见尼采,《不合时宜的沉思》,李秋零译,华东师范大学出版社,2007 年,第 258 页。——译注

① 我遵循海因里希·迈尔(Heinrich Meier)的这一书写方式。他在 2000 年所作的慕尼黑就职演讲"为什么是政治哲学?"(海因里希·迈尔:《为什么是政治哲学?》(*Warum Politische Philosophie?*),Metzler:斯图加特与魏玛,2000 年)一文中,对政治哲学在多大程度上与有关政治的哲学及理论(Politische Philosophie und Theorie)有所区别作出了概述。迈尔的论说与列奥·施特劳斯在 1954 年与 1955 年之交的耶路撒冷演讲"什么是政治哲学?"(列奥·施特劳斯:"什么是政治哲学?"(What Is Political Philosophy?),载于《什么是政治哲学及其他研究》(*What Is Political Philosophy? And other studies*),Greenwood Press:Westport,1959 年,第 9—55 页)相关。——原注

特劳斯的看法,将苏格拉底理解为第一个政治哲人时,对政治哲学的这一规定就构成了其他进一步特征的基础。

　　除了这一规定之外,我们需要同时指出,政治哲学并不是有关政治事物的纯粹理论,这仅仅是因为,对于政治哲学已经得到证实的事情是,政治事物反映在哲人的思想与行动中。实践哲学同样也不能只被理解为一种有关正确行为的理论。如果这一前提成立,政治哲学就是对实践哲学的一种特定阐释。如同康德就"智慧之人的理想"(Ideal des Weisen)①在多个地方详加阐述的那样,道德哲学的要求不可避免地会转而针对哲人本人的实践活动。对政治哲学同样适用的是,一种政治哲学式的思考会依据自身而对哲人本人产生实践上和政治上的后果。

　　再有,源于一种政治哲学的生活,不只是政治哲学所牵涉的诸多事物中的一个,相反,生活契证了政治哲学在理论上所包含和主张的内容。苏格拉底最感兴趣的事情仿佛就是这种契证(Bewahrheitung)。当他在与克力同的对话中认识到,所有那些他迄今为止对之投以精力的人,面对哲人所身处其中的艰难处境,似乎已经背弃了曾得到经年探讨的东西时,他向自己提出了这样的疑问:是否这一切只不是一场儿童游戏(《克力同》,49b)。一种未曾转化为实践,因而在(哲学性的)生活中没有留下痕迹的哲学思考,是一种不需要严肃对待的消遣。政治哲人知道,他的思想对他人就像对自己本人一样,具有一种实践和政治的涵义。他因此哲学化地生活着。政治哲学在一个政治哲人身上得到具体体现。随着这种知识——这种自我认识——政治哲学启程了。

　　在这一启程中,对知识与理性的某种理解表现了出来,我们必须着眼其独特性而对这种理解加以检验。我们将会指出,苏格拉底

---

① 　参见我的论文"知识的理想:论康德那里哲学与哲人的关系"(Das Ideal des Wissens. Zum Verhältnis von Philosophie und Philosoph bei Kant)。该文拟2007年刊发于《康德研究》(Kant-Studien)。——原注

的对话在一个重要领域内与其他的理性计划有所区别。通常的看法认为，在 ἐπιστήμη［知识］中有理性的沉淀物，而在 δόξα［意见］中有的则是无论怎样都低于理性的认识形式。我认为这必须得到商讨。恰恰是对知识的某种现代理解，必须在苏格拉底—柏拉图的 σοφία［智慧］面前做好防御，不要采取一种简单的区分模式。这种区分模式尤其会十分普遍地使人们接受一种连续的知识史的叙事——这种叙事歪曲了柏拉图的文本。在我看来，这是因为人们常常错误估计了这样一件事情的影响，即对苏格拉底与柏拉图而言，知识是一种极其复杂的 ἀρετή［德性］。知识乃是德性（Tugend）。这一点无疑是众所周知的。不过人们应当更长久地盘桓于这一思想，因为这一思想不单重要，而且至少同样地稀罕。从这一思想出发，我们就不能认为，"西方"具有或者说建基于一种"科学"的历史连续性①。柏拉图那里的 ἐπιστήμη［知识］乃至 σοφία［智慧］所具有的意思，与当今被称之为"理论"的东西几乎毫无干系。

　　任何一种以哲人苏格拉底为对象的解释都会遇到这样的问题：苏格拉底没有留下文字，我们必须使用柏拉图、色诺芬以及阿里斯托芬的著作②。然而，是否存在一个独立于柏拉图或色诺芬的苏格拉底，这个问题在我的思考语境中并不紧要③。当我们援

---

① 在德语中，"科学"（Wissenschaft）与"知识"（Wissen）词根相同，前者是对希腊词 ἐπιστήμη 的通行翻译。与此通行观念不同，本书作者强调现代的"科学"与希腊的 ἐπιστήμη 之间存在巨大差异。——译注

② 另可参见奥洛夫·纪贡（Olof Gigon）：《作为问题的苏格拉底形象》（Die Gestalt des Sokrates als Problem），载于《历史的苏格拉底》（Der historische Sokrates），安德烈亚斯·帕策尔（Andreas Patzer）编，WBG：Darmstadt，1987 年，第 270—322 页。这一纲要尤有助益。——原注

③ 参见索伦·克尔凯郭尔，《〈哲学片断〉最后的非科学性附言》I，全集第 16 卷，埃马努埃尔·希尔施（Emanuel Hirsch）与哈约·格德斯（Hayo Gerdes）编，杜塞尔多夫与科隆，1951 年起，第 196 页："苏格拉底本质性地强调生存（Existieren），而柏拉图则遗忘了这一点，迷失于思辨之中。"这是一个无益的区分。即便是"强调生存"的苏格拉底也只是一个柏拉图式的苏格拉底。当然我们不能以此来否认，像《巴门尼德》之类的特定对话无法被称为"苏格拉底式的"。——原注

引柏拉图和色诺芬的特定描述时,哲人苏格拉底会渐渐成为一个有血有肉的形象。我并不想对其英雄史作出一番讲述,也不想对他进行史学式的理解。"苏格拉底"是政治哲学的兴起本身,是政治理性的化身。我们的确可能并不知道"现实的"苏格拉底在多大程度上与柏拉图和色诺芬的描述相一致。我们遵循在那些文本中可以找到的描述。

我对作为一个政治哲人的哲人苏格拉底的解释,基于对柏拉图文本《苏格拉底的申辩》以及《克力同》的阐释。其他对话则按需要进行引征。色诺芬的《苏格拉底的申辩》及其《回忆苏格拉底》始终附随着这个解释。它们提供了重要的观察视角,这些视角对理解政治哲人苏格拉底大有裨益。

＊

在自我认识中反思自己的思想与行动的哲人,了解这样一回事:他的哲学思考围绕着与城邦生活相关的问题而展开。因此,哲人之为哲人的自我认识与政治哲学是共属一体的。这种由苏格拉底的形象得到保证的关联构成了对政治哲学式的思考进行更进一步规定的基础。因此,政治哲人就与一个意义重大的位置(Ort)相关。这个位置不仅仅是城邦,同时也是贯穿着城邦的法庭。法庭——这个概念按照苏格拉底的说法包含一个死后的涵义①——指向法律(Gesetzte)。法庭在城邦的中心保证了这些法律。与这些法律相关的是它们的来源问题,即习俗或自然中的法(Recht)②的来源。在这一语境中,涌现出了这样一个问题,法庭、

---

① 指冥界的法庭与法律,见本书后文讨论。——译注
② 这个词有法、法权、正当、合理等多种含义,对应英语的 right,我们在翻译中随语境处理。——译注

法律以及法的总体活动空间似乎不可避免地关联到神性者（Göttliche）。如此这般得到理解的哲人的位置，就是保证着法律的法庭，因为作为实际上的城邦成员，他的政治地位就是这样一种有着统治与迫害（Herrschaft und Verfolgung）的区别的政治地位。统治与迫害的区分在获胜或者失败的言辞（Rede）中表现出来。位置（1），法庭（2），法律（3），神性者（4），统治与迫害的区别（5），λόγος［言辞，逻各斯］（6）——这是政治哲学的要素，它们源于政治哲人苏格拉底自我反思着的思想与行动。接下来我将对它们进行更为确切地解说。

（1）汉娜·阿伦特曾写道："我们不能给一个哲人确定位置——一个跟任何一个普通人一样的人——我们只能给行动本身确定位置。"[1]给哲人"确定位置"是不可能的，苏格拉底本人表达过这一思想。他在《苏格拉底的申辩》中说，对公民们而言，他乃是一个 ἄτοπον［无位置者］（31d）。[2] 这个设想中的无位置状态看上去和柏拉图的思想是相符的。在《斐多》中苏格拉底甚至断言，只有从肉体中解放出来的灵魂才可能看到真理本身——在感性渴求与跳动的脉搏的彼岸，在高天的位置，一个不同寻常的、无位置的位置。这似乎就是哲人的位置。斯多亚的世界主义（Kosmopolitismus）引出的结果是：哲人四海为家，这意味着他无处为家。

然而，对苏格拉底的这种阐释即便在语文学上并没有错，那也是过于简单化了。没有人比苏格拉底更明确地意识到，哲人有

---

① 汉娜·阿伦特，《1950—1973 年思想日记》（*Denktagebuch 1950—1973*），乌尔苏拉·卢兹（Ursula Ludz）与英格博格·诺德曼（Ingeborg Nordmann）编，Piper：纽约与慕尼黑，2002 年，第 749 页。——原注
此处所引阿伦特的原文为英文。——译注
② 可参见格诺特·伯梅（Gernot Böhme）的阐释《苏格拉底类型》（*Der Typ Sokrates*）（令人遗憾的是，这本著作在相当多的地方失之浅薄），Suhrkamp：美茵法兰克福，1988 年，第 19 页。——原注

一个位置。就某一方面而言，与智术师截然相反，他的思想活动在某个位置上发生，所以他的整个思想活动都围绕着这个位置。柏拉图在《蒂迈欧》中（19e）说，智术师在他们流荡的生活中无法去相应地理解政治事物。苏格拉底的这个位置就是雅典城邦。首先是雅典的广场（Agora），其次是诸如市民的家宅、竞技场或统治场所，即普吕坦内安（Prytanaion）等其他地方。如果说苏格拉底以无位置的方式思考与生活，那么他就一直处在与一些特定位置的张力当中。实际上，只有与一些特定位置相联系的人，才能声称自己是无位置的。苏格拉底的的确确在城邦之中，正如他同时也是无位置的。

　　然而，将 ἄτοπος 翻译为"无位置的"就已经是成问题的。ἄτοπος 的意思是奇怪的，荒谬的，或许可以说是疯癫的①（参见《克力同》44b，那里提到了一个 ἄτοπον ἐνύπνιον，一个奇怪的梦）。因此，苏格拉底可以被简单地看作一个怪人，一个打乱城邦常规的人。无论如何，这样说有很多理由，而本书的目的之一就在于表明，政治哲人必然呈现为一个不在局中的人，一个陌生者。

　　于是我们发现，ἄτοπος 这个词的用法绝非总是贬义。阿尔喀比亚德指出，像苏格拉底这样的人不可能在当代人或古代人中找到，除非人们像阿尔喀比亚德本人那样，将苏格拉底与西勒诺斯、萨图尔们乃至怪诞的生物相比。阿尔喀比亚德似乎是在以此称颂苏格拉底的奇特（《会饮》221d: οἶος δὲ οὑτοσὶ γέγονε τὴν［这样一个人很奇特］）。一个人的 ἀτοπία 是一种令人产生矛盾情感的特征。我们必须注意是谁做出了这种判归。无论如何，阿尔喀比亚

---

① 此处"疯癫的"（ver-rückt）一词是一个双关用法。其形容词词义为"疯癫的、不合情理的"，而如果看作是动词 verrücken 的第二分词形式，则意为"被挪出位置的"。这个双关用法正反映了希腊文 ἄτοπος 的结构。希腊文 ἄτοπος 一般译为"不同寻常的"，但从字面上讲，这个词由 τόπος［位置］加上否定性前缀 ἀ- 组成，故其本意为"无位置的"。——译注

德是被哲学所触动的人，而多数人并非如此。

因此，哲人绝非是无位置的，他同样也不像阿伦特所认为的那样是普通人。不过，女哲人评论说，哲人的行动、他的哲学思考，拥有一个位置，这却是正确的。这一位置正是哲人的位置。

哲人不可能是普通人，因为他的特征与哲学联系在一起，因为一些并非人人都愿意接受的后果从哲人生存中产生。这些特征与后果同哲学的位置拥有关联，但我们显然不能因此说，哲学思考的位置规定了哲人所思考或者不得不思考的事物。当康德将哲人称为一个"了解智慧的大师"①时，他没有提及这种认识的位置。然而，这样一个"大师"的位置从他的知识当中产生出来，于是我们可以说：不仅在一个人所思考的内容当中昭示了他身处何处，我们也可以从他身处何处来认识他思考的内容与方式。为何康德就像他的先行者苏格拉底一样，一直逗留在同一个位置？谁如果将这个问题边缘化，谁就是在将对哲学的追问边缘化。

位置在这里总是首先指一个生活世界中的具体位置。各种要求，有时是法的要求，总是与一个位置联系在一起。卡尔·施米特在这个意义上一度创造了"位置创建"（Ortung）的概念。位置创建就是"对法进行奠基的原初——行动（rechtsbegründende Ur-Akt）"②。创建一个城邦是与对一种特殊法权的创建联系在一起的，并因而与对每一种特定的权力结构的合法性证明相联系。在

---

① 伊曼努尔·康德，《实践理性批判》，霍斯特·D·勃兰特（Horst D. Brandt）与海纳·F·克勒梅（Heiner F. Klemme）编，Felix Meiner：汉堡，2003 年，A195。——原注
　　中译参见《康德著作全集》，第 5 卷，李秋零译，中国人民大学出版社，2007 年，第116 页。——译注
② 卡尔·施米特，《欧洲公法的国际法中的大地之法》（*Der Nomos der Erde im Völkerrecht des Jus Publicum Europaeum*），Duncker & Humblot：柏林，1997 年 4月，第 16 页。——原注

对蒂翁维尔[①]著作的指涉中，施米特写道："与吕克昂和学园的辩证法不同，它［有关 *Topoi*（位置）的学说］是公开场所、广场的辩证法。一个人能够对另一个人说的东西，只有在正确的框架范围与正确的位置上才是值得讨论、可信并具有说服力的。于是即便在今天也还有必不可缺的布道坛与讲台、法官席与竞选大会、会议与代表大会、影院与广播电台的 *Topoi*［位置］。每一种对这些各不相同的位置的社会学分析，必须以对它们各不相同的 *Topoi*［位置］的描述为开始。"[②]一种"社会学分析"同我们并不相干，但哲学拓扑学（Topologie）的确包含一个社会学环节。因此，每一个位置都有赖于它的"位置创建"。生活世界的位置"总已经"是权力位置，在这些权力位置上，一个人可以言说并且被倾听而另一人却不能。自行进行"位置确定"是一个创造并安排各种要求的事件，所以法庭——比如苏格拉底不得不在其面前进行申辩的法庭——就是一个典范性的位置。现代大学是进行特殊的"位置创建"的一个更加广阔的位置。

　　苏格拉底的位置是城邦。他说道：对他而言重要的事情，除了自我认识之外，就是城邦本身（《苏格拉底的申辩》，36c）。当然，这里的音调实际上听起来是柏拉图式的。对政治哲人而言，这似乎涉及城邦的理念（Idee）。这诚然是对的。然而，这没有免去如下一个问题：对苏格拉底这个哲人而言，他到底在什么地方同这种理念产生关联。如果他同城邦本身有所关联，那么他就同时与此时此地活生生的雅典城邦有关。即便政治事物的真理不

---

① 　欧仁·蒂翁维尔（Eugène Thionville）1855 年在巴黎出版并于 1983 年再版的著作标题是《论亚里士多德的〈论题篇〉中的公共场所理论：以及此理论由古及今所承受的主要变化》（*De la Théorie des Lieux communs dans les Topiques d'Aristote : et des principales modifications qu'elle a subie jusqu'à nos jours*），Vrin：巴黎，1983 年。——原注

② 　施米特，《欧洲公法的国际法中的大地之法》，前揭，第 21 页。——原注

可能被任何现实所驳倒，哲人的最后关注仍然落脚在城邦上。当苏格拉底为了与斐德若（Phaidros）在伊利索斯（Ilissos）河边的梧桐树下谈论爱欲（Eros）而离开城邦的围墙时，他也就离开了他的哲学思考所归属其中的位置。这样一种弃离位置的行为可能恰恰与爱欲性的事物相应。而引人注目的是，接下来的爱欲神话把这种弃离位置的行为延伸到了极端，直至发生骤变。不过，即便是这一弃离位置的行为也首先要从它的位置，从城邦获得意义。我将指出，古代的政治哲人如何严肃地考察爱欲，将其视为原则上解除稳定的力量，对秩序产生威胁的东西，亦即反政治的东西。这意味着，爱欲的弃离位置的冲决，始终涉及先前的"位置创建"。①

对于哲人需要位置，在位置上出场，霍布斯已经在其《利维坦》中有所记述：

> 当雅典人打垮了波斯军队，获得了海上的统治权，因而获得了爱琴海中欧亚两洲的一切岛屿和沿海城市的统治权，并渐次富裕起来以后，在国内和国外没有工作的人便没有旁的事情可做，而"只将新闻说说听听"。（见《使徒行传》第17章，第21节圣路加语）或是公开向城邦中的青年讲哲学。每一个老师都找一个地方来讲学。柏拉图所找的是某个称为学园（Akademia）的公共场所，这名称是由一个名叫阿卡德摩（Academus）的人而来的，亚里士多德则在潘神（Pan）的庙廊中，称为吕克昂（Lycœum）学派，另一些人则在画廊（Stoa）下，也就是在商人落地售货的廊下。另一些人则在另一些地

---

① 参见色诺芬的《斯巴达政制》以及柏拉图的《法律》。因此，爱欲性的事物同政治之间存在张力，这是必然要指出的。离开了能够将其暴力性地超越或打破的秩序，爱欲可能就不是它自身了。在哲人的无位置的生存与爱欲的这种特质之间可能存在联系。——原注

方教导或讨论他们的意见来消磨他们的闲暇。还有些人则
不拘地点，只要能把城中的青年招在一起来听他讲话就行。
加尼兹(Carneades)在罗马当使者时也像这样做，因而使得伽
图劝告元老院赶快把他打发走，恐怕青年们喜欢听他的高论
(他们认为如此)而使品行败坏。①

霍布斯提到了由苏格拉底和柏拉图所实践并由亚里士多德
所把握的思想，即哲学始于日常需求的必要性发生终止的地方。
哲学要求 σχολή，闲暇，一段自由的时间。在雅典的政治地位得到
发展并增强之后，城市变得富庶，雅典可以为一些特定的人提供
这种闲暇。这样，各种不同的"位置"就能够形成起来。柏拉图的
学园、亚里士多德的吕克昂等地方，就是哲学思考所需要的那种
闲暇、自由的时间的位置。而这些位置全都处在"伟大而繁荣的
城市"②。因为这些城市能够将一些人从在经济方面至关重要的
领域内解放出来。

与这些实情相联系的不仅仅是一种社会学考察。哲学的第
一位置是城邦，这一点说出了某些关乎哲学之特征的东西。处在
城邦当中的哲学是一种政治哲学。哲学的涵义能够从哲学在城
邦中所占据的身位得到测度。霍布斯同样注意到了这一点，他记
述道，伽图吩咐罗马元老院对加尼兹的公开露面和言谈加以控
制。而霍布斯本人不也终其一生处在类似的境遇中吗？

对学园和吕克昂的提及证明了哲学在何种程度上都需要一

---

① 托马斯·霍布斯，《利维坦》，Dent：伦敦，1962 年，第 364 页。——原注
　　中译参见霍布斯，《利维坦》，黎思复、黎廷弼译，杨昌裕校，商务印书馆，1986 年，
　　第 540 页。译文略异。——译注
② "闲暇是哲学之母，而国家则是和平与闲暇之母。首先有繁荣的大城市的地方，就
　　首先有哲学的研究。"参见霍布斯，《利维坦》，前揭，第 364 页。——原注
　　中译参见霍布斯，《利维坦》，前揭，第 539 页。——译注

个位置。不过我认为,在这一"位置创建"之前就着手开始是重要的。学园或许已经是一个特定事件的回声,一种对城邦的弃离,迈开了通往哲学之去政治化的第一步。因为学园是一个避难所。它出现于苏格拉底遭处决之后。在对毕达哥拉斯派信徒的哲人团体的复归中,柏拉图看到了与市场、公共性处所划开界限的对理论静观的救赎。城邦从根本上无权监视哲人,对他们的活动采取控制。多数人(οἱ πολλοί)不应具有围困或处死哲人的可能。哲人在这种情况下不应再回到洞穴中去。

然而,学园对苏格拉底而言却不是一个相称的位置。只与同类的人交谈类似给盘诘术(Elenktik)施行阉割。苏格拉底的位置是广场(ἐν ἀγορᾷ ἐπὶ τῶν τραπεζῶν[在广场兑换摊旁],17c)。在那里,雅典人可以看到他如何与这样或那样的人进行对话,至少是与有闲暇的青年进行对话,并且用并不令人感到愉悦的问题来诘难他们。这一政治性的位置,同任何一个位置一样,不是中立的。它的状况颇为独特。我认为这一位置必然具有一种本质涵义,其特征是城邦以一种必须非常准确地去进行思考的方式表明,它对政治哲人而言是一个法庭。

(2)(3)政治哲人是一个站在法庭面前的哲人。这个法庭是一个控告、辩护和判决的位置,一个风俗(Bräuche)的位置,也就是说,法律与习俗意义上的νόμος[习俗,法]的位置。① 在眼下对

---

① 亚里士多德,《尼各马可伦理学》,拜沃特(I. Bywater)编注,牛津,1894 年(1988 年重印),1134b18:"关于政治性的法,一种是自然的(φυσικόν[自然的]),另一种是约定的(νομικόν[约定的])。自然的法在各个地方都具有相同的权威并且不依赖于人的意见;而对于约定的法而言,它是这样的,抑或是别样的,这在最初并不重要……"——原注

此句廖申白译本为:"政治的公正有些是自然的,有些是约定的。自然的公正对任何人都有效力,不论人们承认或不承认。约定的公正最初是这样定还是那样定并不重要……"(参见《尼各马可伦理学》,廖申白译,商务印书馆,2005 年,第 149 页)。——译注

《苏格拉底的申辩》的阐释中,我们应当尝试不把苏格拉底站在法庭前并为自己辩护的这件事理解为一段史料,而是理解为政治哲学思考本身的聚合。[①] 因此,对"法庭"这一概念中所包含的整个语境联系,我们都应当加以重视。我们也应当重视这样一个事实,即直到近代晚期,哲人实际上都不得不在一个特殊的政治统治机关——这个统治机关自然至少包含教会的面向,同时也包含隐喻的面向,就像我们在康德关于"理性的法庭"的说法中必须特别加以注意的那样——面前为自己做出辩白。[②] 因此,在苏格拉底那里,我们必须区分如下两种情况,一种是作为城邦本身的法庭,亦即或不正义或正义的审判官,另一种是风俗与 νόμοι［习俗,法］,亦即一个超越了 δικαστήριον［法庭］的法庭[③]。这一别样的法庭与如下情况相联系,即苏格拉底在多处谈及在 λόγος［言辞,逻各斯］中进行审查的重要性。他还在《苏格拉底的申辩》中强调,对人而言离开了这样一种审查的生活,是完全没有生活价值的(38a)。

在城邦的街道上,苏格拉底完全天真善意地进行他的盘诘式—助产术式对话。不过,只有当法庭将他置于城邦中心时,才首先给了他集中的公共性。相关的人和抱有兴趣的人进入到这一公共性中,听一听哲人为他的辩护要说些什么,并对他的所说

---

① 也可参见《斐多》,63b。苏格拉底表示自己在监狱里乐于在他的朋友们面前继续作申辩。——原注

② 参见康德的说法,"(在一个神性的法庭面前的)纯粹理性的天平"。伊曼纽尔·康德,《纯然理性界限内的宗教》,贝蒂纳·斯唐内特(Bettina Stangneth)编,Felix Meiner:汉堡,2003 年,B14(中译可参见《康德著作全集》,第 6 卷,李秋零译,中国人民大学出版社,2007 年,第 23 页,译文略异——译注)。黑格尔的用语"作为世界法庭的世界历史"(《法哲学原理》,340 节)(中译可参见《法哲学原理》,范扬、张企泰译,商务印书馆,1982 年,第 351 页——译注)并不属于这里所说的隐喻之可能性。因为"世界历史"对谁或对什么进行合法性确认呢? ——原注

③ 指与现实的作为政治机构的法庭不同的广义的抽象的法庭,比如伦理风俗。——译注

进行评判。哲人身处其中的位置，标示出一个界限，与非哲人——亦即多数人——的遭遇在这个界限上得到了决定。通常不可得见的、来自多数人行列中的控告者与敌人在这个地方显出尊容，不过与此同时，苏格拉底的辩护者及其朋友也现身于此。

这并非无关紧要。对哲人而言，友谊是不可或缺的。苏格拉底的朋友是那些寻求与他对话的人，是那些乐于经受其 μύωψ［牛虻］式性格的人（30e），亦即那种令城邦保持活力的叮蛰的昆虫或马刺。他们知道，哲学危及多数人的 δόξα［意见］——这种生活的 τέχνη［技术］。苏格拉底的朋友们容忍苏格拉底，而控告者、敌人则为他们的 δόξα［意见］进行辩护；他们为 δόξα［意见］辩护的程度甚至达到准备将哲人置于死地。以牛虻的方式思考和言说的政治哲人，明白自己依赖他的朋友们，他也明白其激烈的品性令自己树敌。①

敌友的区分在苏格拉底对不正义的，也就是假的审判官，与正义的也就是真的审判官的区别中再度映现出来。众所周知，苏格拉底只把投票同意无罪释放他的那些人视为审判官（ὦ ἄνδρες δικασταί［你们审判官啊］，《苏格拉底的申辩》，40a）。他知道判决是不正义的。虽然如此，他仍然承认这个判决。当然，对此他有

----

① 参见里夏德·克劳特（Richard Kraut），《苏格拉底与城邦》（Socrates and the State），普林斯顿大学出版社：普林斯顿，1984 年，第 201 页："为何苏格拉底——早期对话中的苏格拉底——对多数人评价如此之低？我认为有一个简单明了的答案：他大部分的成年岁月都在与人们交谈，他意识到只有少数人接受他非正统的道德原则……那段时间，他经常与可以天天一整天和他进行道德讨论的人交谈，但即便在这些情况下，他的对话水准仍然极低。于是苏格拉底变成了某种悲观主义者，并且表达了对多数人的极低评价……"我对这种解释保持怀疑，就像克劳特那种追随弗拉斯托斯（Vlastos）的《克里同》阐释，无法博得我的信任。哲人与多数人之间的区分包含在如此这般的哲学之中。这是 λόγος［逻各斯，言辞］——λόγος［逻各斯，言辞］不可避免地朝两极分化——的差异，如果人们想要这么说的话。此外，在对话中没有依据说苏格拉底为"皈依者"（Konvertiten）的数量少而苦恼。——原注

一个明确的哲学上的理由。这个理由在《克力同》中被首次引入。不过，即便没有这个后来有待解说的理由，人们也必然会说，苏格拉底在对多数人及其权力敬而远之的同时，已经把法庭认作了他的哲学式审查的位置。

这似乎与下面一点相关，对苏格拉底而言，没有比善与正义的问题来得更为重大的问题了。苏格拉底认为，真正的哲人必须在这种原则面前为自己的思想与行动进行辩解。因此，这种 λόγοι［言辞，逻各斯］的辩解并非形式性原则。这种有待论证的 λόγος［言辞，逻各斯］无非是把一种对生活之一般的辩解作为对象（ἔλεγχον διδόναι τοῦ βίου［说明生平所为］，《苏格拉底的申辩》，39c）。当色诺芬笔下的苏格拉底说自己 ἀπολογεῖσθαι μελετῶν διαβεβιωκέναι［把整个生命当作一场申辩来度过］[1]，他所指的也是这个意思。因此，一种哲学性言说在原则上是对所说之物的自我辩解。一个人是谁，是一个正直的人，抑或是一个伪君子，首先在 λέγω［言说］中变得昭然若揭，而行为则表现为对比因素。

哲人身处法庭面前。他被暴露于一种要求、评断和判决之中。如果他弃离城邦，也就是说，如果他作为政治哲人放弃使自己得到理解，他只可能是逃避了这些东西。因而，从这方面来看，他是一个敞显在外的人（Ausgesetzter）、一个暴露在外的人（Aus-gelieferter）[2]，而绝非审判官乃至立法者。原因在于，苏格拉底并不认识哲学以及哲学对象的源泉。如果苏格拉底知晓一切哲学思考的 ἀρχή［开端］，那么苏格拉底就不会再想要更深地为第一认识奠基了；不正义的行为在任何情况下都是坏的，这是一条无法得到进一步论据支撑的法则。苏格拉底避免去断言这条法则的

---

① 　色诺芬，《苏格拉底的申辩》，见《色诺芬作品全集》（*Xenophontis opera omnia*），马钱特（E. C. Marchant）编注，第 2 卷，牛津，1901 年（1971 年重印），3.14。——原注

② 　这指的是苏格拉底因其属人的智慧的有限性而暴露在城邦法庭的力量面前不受保护。——译注

神性本源。相反,神似乎也受到这条法则的约束(《苏格拉底的申辩》,21b)。不过,这并不意味着神的认识与哲人的认识相一致。对苏格拉底而言,哲学是一种 ἀνθρωπίνη σοφία[属人的智慧],一种有限的智慧,这种智慧避免了对一切事情都进行合理性说明的要求。政治哲人苏格拉底并不自诩是本原的代理人。如果人们想要去理解,苏格拉底何以不曾逃避毒人参,这一点同样十分重要。①

苏格拉底式的哲人并非本原的代理人,所以他也不是立法者。对苏格拉底而言,这一高大的政治形象超越了哲人。我们将在下面强调,色诺芬笔下的苏格拉底坚决要让人们注意到自己和吕库戈斯(Lykurg)之间的差别。② 假使哲人是立法者——包括是他自己的立法者——那么,对哲学性生活的理解就会发生革命性的改变。哲学性生活会成为一种反对一切要求,反对一切自我负责的、不受浸染的、技术性的构造物。也可能有人反对说,即使是立法者也不创造法律,相反,立法者以不同寻常的方式接受法律。如此看来,苏格拉底对立法者角色的畏怯可能更加令人捉摸不透。苏格拉底不曾为自己索要这个接受与递转法律的位置。

《苏格拉底的申辩》与《克力同》的首要问题当然就在这里。一方面我们看到的是施行不正义判决的法庭,另一方面则是正义的法律。即便是正义的法律也并没有宣告苏格拉底是无罪的。相反,正义的法律向苏格拉底表明,为何他不可以弃离城邦,逃避判决。但是,为何正义本身的直接代表,法律,不能把一项不正义的法庭判决取消呢? 法庭,一个本身作出不正义判决的法庭,是否是

---

① 指苏格拉底之死。苏格拉底是喝下毒人参做的毒汁而死的。——译注
② 同前,15.17。——原注
　　吕库戈斯是斯巴达的立法者。——译注

这一法律的合法代表机构？法庭与法律——它们是互相等同的吗？即便我们认为在《克力同》中能够发现这个问题的解决办法，如下一点仍旧令人困惑不解，即苏格拉底在他的申辩中并没有提到，为什么一个不正义的法庭不能要求人们必须遵守它的判决。

　　苏格拉底接受了雅典法庭的不正义判决。这带来了太多的阐释动因。一种自色诺芬以来对这样一种心甘情愿极有成效的解释是，苏格拉底简直是在寻求自己的死亡，而其寻死的理由当然出于与事情无关的其他一些理由。他年事已高，不便逃跑，而他的死亡将会为所有时代确保其卓越的哲学涵义。① 色诺芬还指出了苏格拉底的 μεγαληγορία［自吹自擂］②，也就是他的挑衅般的自我夸耀。因此，苏格拉底对法庭的挑衅可能抱有故意招来死刑判决的目的。然而，我想要寻求另一种解释。③

　　苏格拉底究竟是不是想要赴死，这个问题是误入歧途的。苏格拉底明确地反对乃至蔑视那最基层的 δόξα［意见］，即认为生命之为生命根本上乃是最重要的东西，但是将苏格拉底的这种基本信念同其对不正义判决的甘愿服从联系起来，这种做法是错误的。解释的关键在别处，亦即在前已提及的对法庭与法律，或者说法律与立法之间的关系的苏格拉底式看法上。哲人知道一个界限，他只有以自暴自弃为代价才可能越过这个界限。唯有凭借这一界限，哲人才能够保持为他所是的政治哲人。这一界限由善与正义标举而出。

―――――――――

① 按照伯梅（Böhme）的看法，为了将法庭前的失败扭转为胜利，苏格拉底径直导演了自己的死亡。参见《苏格拉底类型》，前揭，第 203 页。——原注

② 同前，1.4。——原注

③ 我选择布里克豪斯与史密斯在他们的《苏格拉底的申辩》阐释中所踏上的道路。在行文伊始，他们写道："柏拉图笔下的苏格拉底确实想方设法获得免罪，但却失败了。"托马斯・C・布里克豪斯（Thomas C. Brickhouse）与尼古拉斯・D・史密斯（Nicholas D. Smith），《诉讼中的苏格拉底》（*Socrates on Trial*），Clarendon Press：牛津，1989 年，Ⅷ。我对这部著作抱有极大的感激之情。——原注

ἀνθρωπίνη σοφία[属人的智慧]是一种面对着法庭的哲学。当然,这一说法的普遍性已经在与比如说一种λόγοι[逻各斯,言辞]的必然的辩解的联系中,从法庭直接而实际的情况中兀自突显了出来。因此,法庭不能被独独还原为政治机构。兴许苏格拉底的服从还与这样一点相联系,即对他而言,存在一种耸立于政治维度之上的法庭,这一法庭对政治维度而言并非无关紧要。在《克力同》中,法律将会涉及冥府的法律——法律的"兄弟"。从《理想国》与《高尔吉亚》中,我们可以发现对一个最终法庭的描述。实际上,死亡并不是对法庭与法律的摆脱,所以去谈论在死亡情况下政治维度的终止,这会是粗疏的。实际的情况似乎是,一个由法庭和法律所保障起来的城邦的现实性,若离开了冥府的法庭与法律,就将无法得到理解。因此,我们必须去思考死亡与死者的政治意蕴。法庭与法律的效力超出生命之外。谁在过去与现在在生命中糟糕不堪,那么谁也将在死亡中糟糕不堪。在霍布斯为绝对主权作论证时,即使他个人并不相信地狱,他自己也对这一点十分清楚。

当哲人站到其城邦的法庭与法律面前时,哲人就开始成为哲人了。不过,这一法庭以作为风俗或伦理的νόμος[习俗,法]为背景。哲人始于他审验风俗的权威之时。如果意见并不单纯是一种策略性的生活导向,那它就要回溯到特定的伦理上。不敬神的控告,无论它有无道理,指向的就是这样一种风俗。

城邦的风俗是约定俗成的,即便无人知晓它何时产生。习俗是哲人与其他公民共同生活于其中的环境。与其他公民不同的是,哲人对习俗性的事物有所质疑。苏格拉底驳回了不敬神的谴责,然而清楚不过的是,与多数人相比,苏格拉底与别样的神性者联系在一起。他最终甚至冒险去检验将他推举为最智慧的人的阿波罗神谕。只有当他能够通达另一种原则而非习俗本身时,他才能够这么做。

这一原则就是一种诉诸 φύσις［自然］的认知。φύσις［自然］是什么，这决不能简单回答。或许我们可以说，由 φύσις［自然］而来展开筹划的认知，是一种对超越于风俗的真理有所要求的认知。①如是观之，这种认知从数学一直延伸到医学以及对善与正义的认知。我明白什么是善，就像我明白 $1+1=2$。因此，对 φύσις［自然］的认知超出了对作为风俗的 νόμος［习俗，法］的认知。哲人能够认识，什么东西是一种坏的习惯。并不是一个城邦的任何 νόμος［习俗，法］都是可接受的。

这一点证实了处于冲突中的城邦公民与哲人生活的要求与目的。如同哲学式生活不得不在法庭面前为自己进行辩解，它也需要在风俗面前为自己进行辩解，但是这种辩解决不产生自哲人可能的弱小，而是来自于他的强大。一种独特的张力随之出现了。哲人的位置是法庭，而他有能力成为这个法庭的审判者。他知道，各式各样的意见比起他本人要来得更为强大有力，尽管如此，他别无选择，他必须表明这些意见是错的。那个苏格拉底因之而让自己被法庭——他已经洞彻了这个法庭的不正义——处决的永久之谜，与这一独特的张力联系在一起：即便哲人作为独一无二的人，认清并说出了城邦的衰败，他仍然生活在城邦当中。

哲人的位置最终要求 φύσις［自然］与 νόμος［习俗，法］之间的和解。νόμος［习俗，法］无法放弃以 φύσις［自然］为导向，因为哲人阻碍着令任何一种风俗得到认可。那些出自自然的善与正义的代言人，拥有专门的知识。这些代言人不可忽视城邦并非全然由

---

① 参见马丁·海德格尔，《形而上学导论》，Max Niemeyer：图宾根，1953 年，第 78页："因为希腊的真理的本质只有与希腊的作为 φύσις［自然，涌现］的存在的本质相一致才是可能的。"——原注

　　中译参见海德格尔，《形而上学导论》，熊伟、王庆节译，商务印书馆，2005 年，第193 页。原译文似有误。——译注

哲人组成。① 善与正义——善与正义的苏格拉底——的极端情形必须顾及通常情形,而为了不致朽败,通常情形也对极端情形有所需要。就此而言,哲人所面对的法庭也是由普通人组成的。哲人有权对多数人进行劝诫,而普通人则以一种特有的方式有权对哲人做出评判。

(4)一种不以这样那样的方式与神性者领域相联系的政治秩序并不存在。不过,这种联系可能会不同程度地脱落。诸神(Götter)、上帝(der Gott)或神(Gott)可以径直被理解为政治事物的源泉,但他们也可以仅仅被看作是一种起到稳定作用的要素,就像亚里士多德那样(《尼各马可伦理学》,1160a20 以下),他认为对公民来说这些神性者意味着欢娱和闲暇。

法(Recht)与法律(Gesetze)所涉及的东西,对柏拉图而言似乎就是举足轻重的神性者领域。比如,在狄奥提玛对美中的生育的言说中,那个将其生育献给对城邦与家庭事务进行 διακόσμησις [安排,组织]的人,就是作为神性者出场的(《会饮》,209a)。在这一语境中,立法者吕库戈斯和梭伦都得到至高的颂扬(209d)。除此之外,对我们而言涵义至深的是,《苏格拉底的申辩》以 θεός [神]一词结尾。归根结底,《克力同》也是这样,而《法律》则以这个词起头。② 苏格拉底多么严肃地看待他与德尔斐神的关系,这众所周知。

---

① 列奥·施特劳斯,《自然权利与历史》,芝加哥大学出版社:芝加哥与伦敦,1965 年,第 153 页:"自然权利会成为公民社会的火药桶。换句话说,单纯的善,亦即出于自然而根本不同于祖传之物的善必须转变成为政治的善,后者似乎是单纯的善与祖传之物的商数:政治的善乃是'在不惊讶积压如山的成见的同时消除积压如山的邪恶'的东西。政治或者道德事务中对于模糊性的需要部分地正是基于此种必要性。"——原注

中译参见施特劳斯,《自然权利与历史》,彭刚译,北京三联书店,2003 年,第 155 页。——译注

② 施特劳斯,《什么是政治哲学?》,前揭,第 32 页:"《法律》以'神'这个词起头:这是柏拉图对话录中唯一一篇以这种方式起头的。还有一篇只有这一篇柏拉图对话录以'神'这个词结尾:《苏格拉底的申辩》。"——原注

　　然而,对政治哲学来说,这种联系却呈现为一个问题。哲学不能回避在人类理性中寻找一种共同体的政治秩序的原则的要求。如果这是不可能的,那么人类理性最终就不得不被视为对此没有主管权。人类理性可能会将在神话中由诗人所"通报"的对政治事物的奠基,转换入一个以哲学方式得到理解的神性者的领域之中。不过,这种转换无法掩盖这一事实,神话必须被赋予优先地位。哲人因而可能会成为某种阐释者,人类理性无法从自身出发建立并安排一个城邦。

　　这个问题显然对苏格拉底而言极为重要。在阿里斯托芬的《云》中,哲人被引导着说出了这样的话:宙斯并不存在(368行)。不敬神的控告似乎就源自这幅讽刺画。如此看来,政治哲人从一开始就处于一种争端中,对他的迫害时常就出自这种争端——即便无神论的谴责在苏格拉底的情况中是错误的。

　　完全无视政治秩序与神性者之间貌似自然的联系,这同样是不可能的。因为这样一个立场的结果就会是哲人无法消受的无知,所以他必然以一种特殊的方式献身于这种联系。情况可能是,人类理性必然标示出一个界限,一种神学差异。这种差异并不意味着人被隔离在神性者之外,而是以一种特别的方式被吸纳进神性者当中。对政治哲学的要求因此可能变得尤为棘手。然而,情况似乎是,政治哲学并不能阻止这一点。在我的《克力同》解释的结尾,这个问题会得到专题处理。

　　(5)如果说按照施米特的看法,"位置创建"是一种"对法进行奠基的原初—行动",那么中立就是一种远离一切位置的情形。这对政治哲学而言具有决定性后果。政治哲学处于迫害或统治的可能性之间。哲人要么是一种政治秩序公认的维护人,要么被这种政治秩序所钳制。他要么通过其哲学式的政治学赢得诸多朋友,要么会碰到一群危及他的敌人。即便他找到朋友,也会树敌,而且极有可能敌人总是多过朋友。

照苏格拉底的说法，他的全部生活就是一场辩护。哲人被置于
δύναμις τῶν πολλῶν［多数人的力量］(《克力同》，46b)之中，也就是说，
他是一个受迫害的人。如果人们想到，即便康德也还要和审查机关
作斗争，那么这一规定就没那么不可思议了。对哲人的迫害源自于
哲人牛虻式的性格。谁关心城邦本身并且在当时的政治局势中将
他的认识表达出来，权力斗争毫无疑问就会出现。黑格尔对"世界
历史人物"苏格拉底的解说，其长处在于他准确地看到了这一张
力。① 实际上，城邦必然至少会去尝试杀死 μύωψ［牛虻］。在这一谋
杀过后，城邦本身是否必定衰落，这是另一个问题；不过涉及到苏格
拉底"悲剧"性格的问题，此处不再展开进一步专题探讨了。

苏格拉底本人已经谈到了除遭受迫害以外的其他可能，他的
学生则从理论上进行讨论。苏格拉底宣称哲人是统治者。在他
的抗辩中，苏格拉底提及在普吕坦内安(Prytanaion)的膳食，这并
不是自吹自擂。这是一个政治统治的位置。谁能处于这个位置，
谁就可以在城邦中说些什么。不过，苏格拉底在进行提议时采取
的是一种极为嘲讽的口吻，这表明他宁愿选择一个其他的位置。
柏拉图至少已经在他的洞穴比喻中保留了这种认识。城邦始终
是哲人的迫害者。针对这些迫害者，苏格拉底在《理想国》中——
顺便提一下，苏格拉底已经准备好遭受侮辱和嘲笑(当苏格拉底
对波卢斯(Polos)说，没有被人发现自己的恶并因而不受惩罚的僭
主是真正不幸的僭主时，波卢斯嘲笑了苏格拉底。这里的嘲笑与
此相类(《高尔吉亚》，473e))②——提出了一个想法，即如果城邦

---

① 参见黑格尔，《哲学史讲演录》I，基于 1832—1845 年版，由埃娃·莫尔登豪尔(Eva
　　Moldenhauer)与卡尔·马库斯·米歇尔(Karl Markus Michel)新近编辑的版本，第 18
　　卷，Surhkamp：美茵法兰克福，1971 年，第 441 页以下。——原注
② 对柏拉图对话中对哲人的嘲笑这一现象加以评论，这在总体上会是富有意义的
　　(还可参见《泰阿泰德》，174a——色雷斯女仆的嘲讽；《斐多》，64b——辛弥亚
　　(Simmias)对苏格拉底将哲学规定为学习死亡的取笑)。——原注

有朝一日成为一个幸福的城邦,那么不是哲人必须成为君王,就是君王必须成为哲人(《理想国》,473d)。

康德曾在其"哲学的规划"《永久和平论》中说道:"不能期待着国王进行哲学思考或是哲学家成为国王,而且也不能这样希望,因为掌握权力就不可避免地会败坏理性的自由判断。"[①]这首先意味着,统治者的理性是"不可避免地受到败坏的"。这似乎确证了苏格拉底的反讽。统治者—哲人可能恰恰是不值得希求的。然而,哲人不可能放弃对"权力"(Gewalt)的要求,因为对政治批判的要求包含一种特定的"权力",而实际上可能的情况是,只有能够获得一种制度化"权力"的人,才准备去背叛"理性的自由判断"。

不过,迫害不是一种原则上"负面的"状况。苏格拉底可以在其被迫害的状态中将如下一点作为出发点:哲人触及到城邦以及多数人的虚假知识。他能够确认对自己思想的一种清楚回应。多数人的力量对哲学性的言辞始终是敏感的。法庭不仅迫害哲人,它还迫害其思想。因此,谁是哲人的朋友,谁是哲人的敌人,这至关重要。

除此之外,苏格拉底同样意识到,迫害是一种不可能达到其目的的活动。对哲人的迫害做不到将哲学逐出城邦。恰恰相反:情况简直可能是,对哲人的迫害赋予哲学一种特别的涵义。对哲学的裁决变成一种极具影响的裁决。

任何一个位置都具有一种特定的法的秩序,并因此与一种权力关系的秩序相联系。与此相一致,对位置的追问就是一种对伦

---

① 伊曼努尔·康德:"论通常的说法:这在理论上可能是正确的,但在实践上是行不通的"/"永久和平论———一部哲学的规划",海纳·F·克勒梅(Heiner F. Klemme)编,Felix Meiner;汉堡,1992年,B69/70。——原注

中译参见康德,《历史理性批判文集》,何兆武译,商务印书馆,1996年,第129页。——译注

理规范（Ethos）的追问。然而，这个想法易遭误解。它并不是要主张由于联系于不同的位置，一切法、一切伦理都是"相对的"。善与正义对苏格拉底而言完全与位置无关。随位置的变化而变化的东西乃是善与正义的政治现实。这一点表现在比如说，苏格拉底区分了不正义的审判官和正义的审判官。城邦由于处死自己而犯下了一个致命的错误，这一点苏格拉底已经意识到了。

即便他认为这一迫害是不正义的，他仍然承受了这种迫害本身。这种承受，ἀνδρεία［勇敢］的ἀρετή［德性］，对政治哲学而言具有一种再怎么估计都不为过的意义。苏格拉底的勇敢经常受到赞颂。他在多次战役中作为一个步兵表现出自己完全能够胜任战斗。与此同时，作为最勇敢的哲人，当人们允许他继续活着，条件是他不再去做自己过去曾是的那种哲人时，他也不背弃自己的识见。苏格拉底鲜明地指出，勇敢不仅仅是战斗中的ἀρετή［德性］，它同样也是贫穷和政治事务中的ἀρετή［德性］（《拉克斯》，191d）。

从统治与迫害之间的选择的角度看，从这样一种哲学——这种哲学在和以意见为导向的δύναμις τῶν πολλῶν［多数人的力量］的关系中，在根本上表现为软弱无力——的角度看，勇敢对哲学来说具有一种基本意义。因为没有一个哲人会希望选择一种无位置的生存。苏格拉底已经十分明确地强调了这一点。因此，将他的死亡理解为一种故意的赴死，这并未切中要旨。苏格拉底想要活下去，因为除了政治哲学的生活，他并不知道还有什么其他的生活，而当死刑判决宣布以后，他暗示人们，他将在冥府继续过自己的哲学生活。

（6）在对哲人的政治阐释中，多大程度上涉及伦理问题，这一点在苏格拉底与智术师们的争论中同样得到了显示。一种对哲人的政治特征的研究，必须同时考虑智术师的特征。我知道柏拉图特别注意过智术师。不过，我认为，从那时起已经形成了一种未经追问的习惯,即在一种似乎"更为公平的"、可能首先是受黑格尔影响的对 σοφίζεσθαι[诡辩]进行评价的背景下,把苏格拉底式的批判局限住了。① 因为这种批判具有它自己的意义,它理应得到重申和支持。

苏格拉底指责智术师们——他在自己的申辩辞中提到了高尔吉亚(Gorgias)、普罗狄科(Prodikos)和希毕阿斯(Hippias)——,使较弱的 λόγος[言辞,逻各斯]变成较强的 λόγος[言辞,逻各斯],这也意味着较强的 λόγος[言辞,逻各斯]变成了较弱的 λόγος[言辞,逻各斯](τὸν ἥττω λόγον κρείττω ποιῶν[把较弱的言辞搞成较强的],18b)。这样一种对 λόγος[言辞,逻各斯]的处理当然只有在 λόγος[言辞,逻各斯]服务于某些事情时才是有意义的。对 λόγος[言辞,逻各斯]的随意加强和削弱,对 λόγος[言辞,逻各斯]的摆弄,具有某个目的。即使某人实际上是不正当的,诉讼也应该成功,债务人也应该被劝服,其他人也应该被说服。目标因此始终存在于某种情境中。只有在这一情境的界限内,并且在情境的这些前提下,我所打算的东西才能够实现。我必须说服其他人赞同我的打算,或者至少不反对我的打算。通过采取合适的 λόγος[言辞,逻各斯],我能够做到这一点。根据其本真涵义来考察,与演说家和智术师的争辩是两种 λόγος[言辞,逻各斯]之间的争辩,亦即哲学的 λόγος[言辞,逻各斯]与智术师派的 λόγος[言辞,逻各斯]。

因此,柏拉图将智术师们称作 λογοδαίδαλοι[言辞制造者](《斐德罗》,266e)。他们能够制造出 λόγοι[言辞,逻各斯],使人们追随

---

① 参见黑格尔,《哲学史讲演录》I,前揭,第 406 页以下。对此可参见克劳斯·黑尔德(Klaus Held),"黑格尔视界中的智术师派"(Die Sophistik in Hegels Sicht),载于《黑格尔与古代辩证法》(*Hegel und die antike Dialektik*),曼弗雷德·里德尔(Manfred Riedel)编,Suhrkamp:美茵法兰克福,1990 年,第 129—149 页。——原注

自己。他们总是"以建构性的方式"进行论辩。这样一种在任何情况下都如鱼得水的言说是一种服务于特定生活的λόγος［言辞，逻各斯］。布赫海姆写道，智术师的"事务""无非就是人的生活"①本身。就此而言，他们是一种"*modus vivendi*"［生活方式］。

正是这样一种理解促动苏格拉底与柏拉图将智术师与娼妓相比并。这种类比在当时是严厉的。它将这样一种符合逻辑的"生活方式"置于问题中心。苏格拉底认识到，城邦中的生活原则上是一种成问题的生活。城邦中存在贫穷和冲突，疾病和背叛，公开的成功和孤独的失败。在这些状况下，生命（ζωή）②渴求自我保存，是的，甚至不止是自我保存。它要求卓有成效地度过。生命的世代性在这种情况下可能也有一定影响。苏格拉底本人面对着痛苦的事实：对他的儿子来说，父亲是一个被处决的、过着寄生生活的人，这件事接受起来无比艰难。

智术师们掌握着为这种生活所需的必要装备。对他们来说，一个人如何在这样一种生活中获取成功，这是一个技术问题。因

---

① 参见托马斯·布赫海姆（Thomas Buchheim），《作为一般生活的先驱的智术师派》（*Die Sophistik als Avantgarde normalen Lebens*），Felix Meiner：汉堡，1986年，第3页："智术师派关心的事情是什么？在什么样的事务中，一些人在那时感到有必要声势浩大地向公众传布自己的方式和能力？他们的事务无非是生活，准确说来：人的生活。智术师派的方式作为一种*modus vivendi*［生活方式］传布到人群中，一种使自己度过生活的变化多端的途程的方式。"在《哲学与政治：对柏拉图式的观念论的结构及难点的研究》（*Philosophie und Politik. Untersuchungen zur Struktur und Problematik des platonischen Idealismus*，Frommann-Holzboog：Stuttgart-Bad Cannstatt，1986年，第25页）一书中，克里斯托夫·耶尔曼（Christoph Jermann）更为严厉地对待智术师："因此，这种消极的、避开并摧毁所有义务的自由的口号就是独立、与众不同、新颖。由于缺乏一种不同于实用标准的其他标准，对这种自由而言，只有有用的东西，亦即——正因为令人愉快的东西属于一个有限的、凭自己的力量在根本上不具有交往能力的主体性的范畴——在自私自利的利益意义上有用的东西，才是真和善的。"然而，耶尔曼更多地是对柏拉图的后期作品感兴趣，而非依照苏格拉底来对一种政治哲学做出评估。——原注

② Leben一词依语境分别译为"生活"与"生命"。——译注

此,σοφίζεσθαι[诡辩]不仅仅是一种"生活方式",它还是一种生活的 τέχνη[技术]。他们为任何一种事务,任何一个 καιρός[时机]寻求相应的 λόγος[言辞,逻各斯]。在智术师的指导下,人们不会说出"某种错误的东西"。

这种生活的 τέχνη[技术]不同于一种论战性的概念。普罗泰戈拉在同名对话中讲述了一个故事,按照这个故事的说法,诸神在创造了动物和人类之后,有一天决定在他们中间分配力量(δυνάμεις,320d)。爱比米修斯(Epimetheus)接受了这个任务,但他完成得很糟糕。因为所有的动物都得到了极好地配备,人类却赤身裸体、毫无庇护。普罗米修斯看到这种情况后决定偷取赫准斯托斯和雅典娜的 ἔντεχνον σοφία[技术发明的智慧],并将它们带给人类。从那时起,人类就具备了 σοφία περὶ τὸν βίον[有关生命的智慧](321d),为着生命的知识。不过,人类还不具备 τέχνη πολιτική[政治技术][①](322d),以至于他们虽然业已建立了城市,却在城市里不断互相做出不正义的事。这样的事持续发生,直到宙斯赋予他们以羞愧和正义(αἰδώς καὶ δίκη),乃至一种 νόμος[习俗,法]。自

---

① 问题在于,苏格拉底在《苏格拉底的申辩》和《克力同》中是否从一种 τέχνη πολιτική[政治技术]出发。列奥·施特劳斯在一封致格哈德·克吕格的信中正好谈到一种"对苏格拉底本人而言完全成问题的 τέχνη πολιτική[政治技术]",不过他又立刻补充说,它是一种"必须的东西"(Desiderat),如果在苏格拉底那里它付诸阙如的话。参见列奥·施特劳斯,《霍布斯的政治科学及其他作品、信件》,海因里希(Heinrich)和维贝克·迈尔(Wiebke Meier)编。《全集》,第 3 卷,Metzler:斯图加特与魏玛,2001 年,第 405 页(中译参见《回归古典政治哲学——施特劳斯通信集》,朱雁冰、何鸿藻译,华夏出版社,2006 年,第 41 页——译注)。我认为苏格拉底有足够的理由在这样一种 τέχνη[技术]面前保持畏惧,因为就像木工基于一种认知而知道桌子如何被制造,共同体是否能够借由一种特定认识而变得可制作,对这个问题的回答需要极大的明智。一个被制作的桌子和一个被制作的好公民之间的类比似乎并不如一种首先为现代经验所调定的批判所认为的类比那样简单。可以确定的是,苏格拉底在《高尔吉亚》的结尾处声称他或多或少作为唯一一个雅典人掌握了真正的 τέχνη πολιτική[政治技术](521d)。与此同时,自然就有一个问题出现,一种哲学的 τέχνη πολιτική[政治技术]与智术师派的 τέχνη πολιτική[政治技术]区别在何处。

此以后,任何一个没有学会羞愧和正义的人都要被处死。按照普罗泰戈拉的说法,生命的 τέχνη[技术]先于 τέχνη πολιτική[政治技术],这似乎是一种自然而然的态度。这种态度基于这样一种基本看法,即人类生活和动物一样,首先由其活下去(überleben)的能力所刻画。然而,这个神话同样说明了,只有 τέχνη πολιτική[政治技术]才能使人类得以共同生活。①

苏格拉底并不认同这种生活的 τέχνη[技术]的前提条件。人类生活不定要过下去,不定要卓有成效。这意味着,苏格拉底从一开始就以准则来标示生活的特征。布赫海姆将这些准则称为"外部的"②,亦即在生活本身不可能找到的准则。对苏格拉底而言,生活意味着 εὖ ζῆν[好生活]。不是不惜一切代价生活,而是善和正义的生活,不是 σοφίζεσθαι[诡辩],而是 φροντιζεῖν[审慎考虑](29e)。③

---

① 普罗泰戈拉完全非苏格拉底式地解释了这个神话。众所周知,智术师依据其人是万物尺度(homo-mensura)的定则,从这样一点出发,即 ἀρετή πολιτική[政治德性]在城邦的所有成员中得到分配,以至于他们能够一般地讨论什么东西对共同体可能有用(《普罗泰戈拉》,323a)。在《泰阿泰德》中,苏格拉底反对这种智术师派的思想。关于正义与不正义,虔敬与不虔敬,即涉及什么东西是正义的与虔敬的问题,重要的不是让一种普遍意见(κοινὴ δόξα[共同意见],172b)流行。相反,这是自然存在的(φύσει[自然产生])。在苏格拉底的眼中,普罗泰戈拉称作 ἀρετή πολιτική[政治德性]的东西,可能仅仅是一种生活的 τέχνη[技术],这种 τέχνη[技术]混淆了不惜一切代价的生活、纯然继续活下去(das bloße Weiterleben)与善的生活、正义的生活,因而错失了自然的真实意义。——原注
② 参见布赫海姆(Buchheim),《作为一般生活的先驱的智术师派》,前揭,第 133 页。——原注
③ 参见本哈德·瓦尔登菲尔斯(Bernhard Waldenfels),《苏格拉底式的追问:无出路,盘诘术,回忆》(Das Sokratische Fragen: Aporie, Elenchos, Anamnesis),Anton Hain: Meisenheim am Glan,1961 年,第 49 页:"不过总是涉及一种相对差异;一种不了解自己本身的生活,可能容易忽略重要的东西并且缺乏内在的细致塑造;一种不以生活为导向的思想,必然是无结果的,一种片面的反思会招致生存空疏化(Existenzentleerung)的危险。"瓦尔登菲尔斯在其博士论文中并没有表示出对政治性的苏格拉底的兴趣。在我看来,他没有认识到,苏格拉底恰恰将那种"相对差异"作为问题进行讨论。这种差异始终要经受诡辩术的危险。死亡对苏格拉底来说并非理由。如果人不能"善地生活",他就应该赴死而不是进行一种"相对的"选择。——原注

这样一种对生活的导向并不可能从如此这般的 ζωή[生活]当中产生出来。人们能够在哪里发现一种源自自身的正义的 ζωή[生活]?① 还原为纯粹活物(Lebendige)的自然并不识得一种能够将自己与较强大的人的粗野"正当"(Recht)区分开来的"正义"(Gerechtigkeit)。然而,对苏格拉底来说,政治生活并非可以还原到自然上去的生活。城邦中的生活处于另一种"自然"的标准下;亦即一种从善和正义当中产生的"自然"。只有这样一种生命之自然可以保证一种城邦中的生命,而不是作为自私的自我保存与提高的生命。② 在自然中只知道其保存冲动的生命,是一种由于对不再活着的可能性的极度胆怯而只看得到自己本身的生命,是一种奴隶的生命: ὑπερχόμενος δὴ βιώσῃ πάντας ἀνθρώπους καὶ δουλεύων ③ (《克力同》,53e)。于是,你将在所有人面前卑躬屈膝地生活并且成为奴隶——在思考如果哲人逃向特答利亚(Thessalien)状况将会如何之际,法律对苏格拉底如是说道。这样一种远离勇敢的生命是以生命本身为目的的生命,是一种无法摆脱自己的直接渴望,为实现这种渴望而将善与正义遗忘净尽的生命。这样一种生命在苏格拉底看来归根到底不是"自然的"生命,而是一种背叛了由 φύσει[自然产生]所赋予的正义的生命。寻求自身利益的生命是一种本末倒置的生命,一种把最低下的东西颠倒为最崇高的东西的生命。由于智术师为这种目的服务,并且通过贩卖自己的思

---

① 从物质代谢的独立性中产生不出"自然正当"(Naturrecht)。在《普罗泰戈拉》的神话中是宙斯创设了羞耻和正义。——原注

② "一个这样以[智术师的方式]考虑问题的人,只会去注意和他本人及其当时的个人情况有关的事情;他不会去从事不指向这种直接的重要意义的事,相反,他使所有自己从事的活动都维系于此。"布赫海姆,《作为一般生活的先驱的智术师派》,前揭,第132—133页。这意味着没有人再生活在城邦之中,也就是再和他人一起生活。——原注

③ 此句希腊文意思即下文"在所有人面前卑躬屈膝地生活并且成为奴隶"。——译注

想而从中牟利，他们干下了在妓院里所干的勾当。

卖淫的例子切中了生活的 τέχνη［技术］的后果的要点。以生活为目的的生活，其出发点在于，将惹人喜爱的东西（ἡδύς）和善的东西相等同。习练生活的 τέχνη［技术］的人认为，作为最令人愉快的东西的生活，彻头彻尾就是"最高的善"。这一点诱使苏格拉底在与卡利克勒（Kallikles）的对话中将男妓的生活（ὁ βίος τῶν κιναίδων，《高尔吉亚》，494e）描绘为一种善的生活。即便卡利克勒意识到，他正处在他的坦率（παρρησία，487a）——苏格拉底似乎赞颂这种坦率——的边缘，这个被还原到更强者与更美者的法的自然法（Naturrecht）的代表，也不得不同意苏格拉底。在一个并不令人愉快的时刻，智术师认识到，即便是他们也无法将 νόμος［习俗，法］完全相对化。

无论如何，认识到生活的 τέχνη［技术］服务于快乐是重要的。并不是生活的 τέχνη［技术］追求奢侈，它才快乐。处于最基础的行为中的生活，也就是仿佛处于其纯粹的活动中，处于其或多或少完好无损的健康中的生活，就被视为是充满快乐的生活。当然，这种行为有其边界。在这一边界上，生活的 τέχνη［技术］突转为死亡的 τέχνη［技术］，这并不令人惊奇。死亡的 τέχνη［技术］是前者的延续，它服务于同样一种野蛮思想。

一个将 λόγος［言辞，逻各斯］解说为生活的 τέχνη［技术］的功能的哲人，不会再是一个哲人了。随心所欲地加强或削弱 λόγος［言辞，逻各斯］，这会变成哲学的终结，哲人的终结。因为哲人不会想要在总是已经存在的情境中以技术的方式来使生活变得完善，相反，他会将存在着的情境看作是缺陷，并且把无条件地将自己整合进这些情境中去的人视为是卑劣的。另外，他在这样做的时候并不曾已经看到了正义的城邦自身。声称苏格拉底必然识得这样一种城邦，以便首先可以从这一城邦出发成为 μύωψ［牛虻］，这与苏格拉底的思维方式是矛盾的。

为了在生活中获得成功,智术师对包括假象(Schein)在内的一切东西都加以利用。由此,智术师站在了多数人的一边,δόξα[意见]的一边。迫害对他们而言完全陌生,不是一种可能的生活形式。毋宁说他们自己就隶属于迫害者之列。苏格拉底在《美诺》(91e)中提到,普罗泰戈拉在从事他的 τέχνη[技术]的 40 年里,如何比斐狄亚斯(Pheidias)挣得更多的钱,如何在整个希腊受到人们的尊敬,与此同时,在他送走他的学生时,学生们比被接受时更加糟糕。色诺芬使我们得知,苏格拉底如何在一些对话中——比如和安提丰的对话——始终被人提起他自己简直可以说令人害臊的贫穷。这种贫穷被用来当作反对其哲学思考的论据。贫穷的人不可能成为 σοφός[智慧的],而苏格拉底从没有为自己要求这一 σοφός[智慧的]的头衔。智术师却表明,他是谁的精神的孩子。按照智术师的看法,只有在生活中卓有成效的人才可能是智慧的。如此一来,我们必须要按这一原则来重写哲学史。这可能还不算什么,更糟糕的是对表面的失败者、表面的无所建树者、贫穷者的蔑视——这种蔑视在上面这样一种原则中显露出来。苏格拉底是第一个准确地觉察出这一点的人。

智术师派的 λόγος[言辞,逻各斯],服务于不惜一切代价以换取成功的生活。它谋求一种 κολακική τέχνη[阿谀奉承的技术](《智术师》,222e)。① 智术师阿谀奉承。这一点并非无关紧要,相反,它塑造了一种占统治地位的政治话语的样式;这种话语给人们带来快乐,允诺了这种快乐,并因此无往而不胜。当这种话语样式开始排挤并代替哲学式的 λόγος[言辞,逻各斯],哲学就丢失了其牛虻特征。即便哲学代表一种得到强调的认知,它仍然陷入

---

① 在《高尔吉亚》中,苏格拉底怀疑 κολακεία[阿谀奉承]是不是一种 τέχνη[技术]。它不具有一种有关它所做之事的 λόγος[道理,逻各斯],因而它只是一种 ἐμπειρία[经验](465a)。这种想法的背景是另一种思想,即苏格拉底的出发点是,人不可能故意做坏事。这种极端的想法在《高尔吉亚》中得到了更深入地阐发。——原注

了 δόξα［意见］的漩涡。哲学式的 λóγoς［言辞，逻各斯］不懂得阿谀奉承，不利用外交手腕，不做出迎合妥协——如果这种迎合妥协背叛了善与正义。① 哲学式的生活在智术师派 λóγoς［言辞，逻各斯］的样式中丧失了自己的确切性（Prägnanz）。如果政治哲人为自己的哲学思考要求一种公共性，他就必须操持哲学的语言。这种语言赋予他的亮相以一种鲜明的特点。对政治哲学而言，牛虻式的 λóγoς［言辞，逻各斯］乃是一种应用形式，这种形式必然导致对智术师派的 λóγoς［言辞，逻各斯］的抛弃。稍后更深入地涉及到政治哲学的应用问题时，我将回到这一主题。

考虑到所有这一切，当我们看到阿里斯托芬在《云》里对苏格拉底做了怎样的评价时，我们可能首先只会感到惊异不已。在那里，他成了一伙智术师团体的古怪的领头人，这伙智术师团体的房子最终被一个受到他们的诡辩诱骗的公民付之一炬。黑格尔的苏格拉底阐释便以这一喜剧为基础。智术师房间的失火使得我们想到一种受到败坏的智术师此在（Sophistendasein）。第欧根尼·拉尔修记录了对普罗泰戈拉及其从雅典逃之夭夭的不敬神指控（9.52②）。对此，伯内特（Burnet）已经十分正确地使人们注意到，这里可能仅仅涉及一种混淆。③ 因此，苏格拉底在这幅讽刺画中并没有认出自己，他有相当充分的理由。相比在嘲讽中自认为比哲人更高明，诗人可能另有意图。

---

① 参见列奥·施特劳斯论苏格拉底的修辞术：《论僭政：色诺芬〈希耶罗〉阐释以及一篇有关亚历山大·科耶夫的〈僭政与智慧〉的论文》（Über Tyrannis. Eine Interpretation von Xenophons "Hieron" mit einem Essay über Tyrannis und Weisheit von Alexandre Kojève），Luchterhand；Neuwied am Rhein und Berlin，1963 年，第 38 页："苏格拉底的修辞术是绝对正当的。其动机是社会责任。"——原注

② 指《名哲言行录》的章节数。——译注

③ 参见约翰·伯内特，《希腊哲学：从泰勒斯到柏拉图》（Greek Philosophy. Thales to Plato），The Macmillan Press Ltd.；伦敦，1914 年（1978 年重版），第 90、91 页。——原注

苏格拉底的 ἔργα［行为］(《苏格拉底的申辩》, 32a) 表明，如果实践以技术化和目的性的方式（经济地）得到把握，这就不单单是一种约减。如果要从伦理和政治层面上考察行动，就甚至必须撇开可供使用的原则和灵活的调整。这当然并不意味着按可能性而言，一种善和正义的行动不可能是一种在社会上卓有成效的行动。然而，对处于人世间的善和正义的人而言，多半是另一种结果——这几乎使康德发疯。

我主张智术师的言谈服务于 δόξα［意见］，对此我还想补充另外一点。如果说我将在下面的论述中把 δόξα［意见］称为一种生活的 τέχνη［技术］，我自然了解，柏拉图对这种认识形式作出了区别。此外，我还明白，比如在现象学中似乎已经尝试恢复 δόξα［意见］的意义而将其理解为“自然态度”，亦即一种有其自身合理性的生活世界的认识形式。

就像人们能够就其本身来对 δόξα［意见］进行解释，并由此在它内部进行区分一样，从政治哲学的视角出发来考察 δόξα［意见］，有两个方面在根本上令我产生兴趣。第一个方面是对它而言完全特有的反思性，第二个方面是应当归于它的政治权力。δόξα［意见］是拥有权力的，这一点平庸无奇地源自其民众总量的事实。δόξα［意见］是 δύναμις τῶν πολλῶν，多数人的力量。δόξα［意见］作为这种力量支配着暴力，一种主动的和被动的暴力。

对 δόξα［意见］的任何一种反思性都加以否认，这可能是错误的。日常意见与判断缺乏周详的导向，因而不能被理解为 φροντίζω［审慎考虑］(参看 29e)，但它同样是一种自身通透的认识。于是苏格拉底讲述说，一个比所有其他人都更多地为智术师的工作花销的人询问卡里亚士 (Kallias)，谁具备合适的 ἐπιστήμη［知识］，在人类与政治的德性 (ἀρετή ἀνθρωπίνη καί πολιτική, 20b) 方面来教导他的那些儿子。事关宏旨的不是卡里亚士自然而然地去委托一个智术师，而是只有智术师才可能有这样一种教育的想法,这种想法考虑的是在生活中勇往直前。

δόξα[意见]知道,在生活中为了实现一定的目的需要特殊的手段。δόξα[意见]对城邦中卓有成效的生活有所领会,它是一种老于世故的达致成功的样式。这种成功之达致已经创造出了它自己的λόγος[言辞,逻各斯]。这种λόγος[言辞,逻各斯]认识到人们在何处可以或必须说什么,以及不说什么。这涉及一种已经为大家所知的阿谀奉承、取悦于人、歌功颂德、随机应变的修辞术。因此,δόξα[意见]是一种对成效的认识,一种以成效为取向的生活的τέχνη[技术]。

诚然,多数人的δόξα[意见]不具备智术师那种可疑的σοφία[智慧],智术师们因此可以成为他们的教师。当普罗泰戈拉说明智术师所作的事情时,他谈论的是在家庭事务中的良好意见(εὐβουλία περὶ τῶν οἰκείων),以及人们如何在城邦中以最合适的方式行动和说话(ὅπως τὰ τῆς πόλεως δυνατώτατος ἄν εἴη καὶ πράττειν καὶ λέγειν,《普罗泰戈拉》,318e/319a)。因此,教师必须具备一种其学生所不具有的知识。不过,在一个特定方面,多数人的看法和智术师的认识彼此一致,即任何一种知识都必须以成效为取向。多数人和智术师都畏惧对善与正义的毫无成效的知识。因此,苏格拉底曾严厉谴责智术师,因为他们为了多数人的成效而背叛了σοφία[智慧],他们出卖了对智慧的爱。这赋予了δοκεῖν[提出意见]与σοφίζεσθαι[诡辩]的关系以一种范例性的涵义。日常意见和智术师派的言论在最复杂的社会位置(科学,文化,政治)中还共享一种生活准则,即生活在于成效。δοκεῖν[提出意见]与σοφίζεσθαι[诡辩]是两种生活的技术,而后者对生活的技术呈现得最为完美。智术师是最卓有成效的生活能手。与此相对,苏格拉底所代表的哲学无视这种成效。哲学是不是、甚至无能于拥有这样一种在社会上具有成效的知识呢?

政治哲人必须为了自己而去要求认识真实的ἀρετὴ ἀνθρωπίνη καὶ πολιτικὴ[人类与政治的德性]。多数人对成效的认识和苏格拉底的思想之间存在一种疏异性，如此声言并无不当。当苏格拉底被刻划为罕见的、ἄτοπος［怪异的］时候，指的就是这种疏异性。这种疏异性来自一种与以成效为取向的生活才能相关的差异。多数人将其全副精力都投入到卓有成效地塑造自己的生活中去，并且不惜任何代价。牛虻式的哲人做不到这一点，因为他们首先感兴趣的东西是同这种生活之成效相决裂。

　　与δόξα［意见］相关的还有另一个十分重要的问题。当我们从政治哲人的视角出发来考察δόξα［意见］时，它起初是一个敌人，而这个敌人应该在善与正义的前提下转变为一个朋友。δόξα［意见］是一匹巨大的马匹，需要被痛苦地蜇咬或激励，它的运动只有很少的人能够驾驭。毫无疑问，政治哲人想要将这种运动引导至一个特定方向，也就是善与正义的方向。δόξα［意见］因此成为哲人的统治与迫害问题在其中得到决定的运作空间。对灵魂的转向而言，δόξα［意见］是一个出发点，并且是在这样一个意义上，哲人在公民们"首先与通常"①生活的地方与他们相遇，而哲人——不知以何种方式——已经处身于δόξα［意见］之外了。

　　实际上，δόξα［意见］有其特别之处，它对哲人而言不可能是一个出发点。这是很奇异的事，因为成为哲人的人并非从天而降，而是完全产生自世间的诸种关系。尽管如此，我们仍必须认识到，哲人并不从δόξα［意见］当中产生，而仅仅从一种与δόξα［意见］的彻底决裂中产生。当柏拉图在洞穴之喻中谈到，第一个挣脱绑缚的人离开阴影世界是 διὰ βίᾳ［通过暴力］（《理想国》，515e），亦即只在使用暴力的条件下，对此我们必须思忖，那个在此处使用暴力的人是否才是真正的第一人。这个人兴许不是哲人，却仿佛作为无从追忆的赠礼，为世界带来了哲人（抑或就这种暴力而言涉及的是某种完全不同的东西？）。然而，洞穴之喻可能恰恰是要证明，δόξα［意见］乃是一片对哲人而言有待耕种的田

———————

① 　zunächst und zumeist，作者这里借用了海德格尔《存在与时间》的典型用语。——译注

野,一片沙石遍地、罕见收成的农田。

自我认识,位置,法庭,法律,神性者的领域,统治与迫害的区别,以及处于δόξα[意见]的运作空间中的每每或卓有成效或一败涂地的λόγος[言辞,逻各斯],它们是政治哲学的要素,是其拓扑学的要素。这些要素为我对柏拉图和色诺芬文本的阐释提供导向。我将在文本的织网中,在相应的地方对它们进行清晰地指示。

2. 现代政治哲学

人文科学家的实际特征是从一个讨论处境(Diskussion-slage)中发展起来的,历史主义(泰奥多尔·蒙森(Theodor Mommsen))、新康德主义(海因里希·李凯尔特)和韦伯式的社会学论证,在这一讨论处境中起到首要作用。[①] 历来将自己理

---

① 参见泰奥多尔·蒙森,"大学课程与宗教教派"(Universitätsunterricht und Konfession),载丁蒙森,《讲话与文章》(Reden und Aufsätze),Weidmannsche Buchhand-lung,柏林1905年2月版,第432—436页,以及与此相对的海因里希·李凯尔特,《自然科学的概念构造的界限——历史科学的逻辑性导论》(Die Grenzen der naturwissenschaftlichen Begriffsbildung: Eine logische Einleitung in die histo-rischen Wissenschaft),J. C. B Mohr(Paul Siebeck);图宾根与莱比锡,1913年2月版,第633页以下。关于韦伯一讲话(Weber-Rede)在新康德主义中的接受情况可参见约阿希姆·瓦朗德(Joachim Vahland),"祛魅——马克斯·韦伯及其阐释者"(Entzauberung. Max Weber und seine Interpreten),载于《康德研究》,第90辑(1999年)。令人惊异的是,在对科学的价值中立的讨论中,一种规范性的、道德的导向如同"真实性(Wahrhaftigkeit)"(蒙森,"大学课程与宗教教派",前揭,第433页)一样,从一开始就显而易见地起着重要作用。即便在韦伯的科学一奠基(Wissenschafts-Begründung)中,这种导向也具有显著意义。尼采思想认为,虚无主义以及此类事物是从极端的良心(Gewissenhaftrgheit)之新教源泉中产生的。这是对这种特别的事实状况的说明。此外,韦伯所了解的胡塞尔的现象学,在这一讨论中至多只起到次要作用。胡塞尔的文章《哲学作为严格的科学》(1911年)是对这场讨论的反应之一,对此的分析将随即表明,胡塞尔的"科学"理解与社会学家的理解并不一致。胡塞尔的现象学——或者一般意义上的现象学——按照韦伯的理解,不再能被称为科学。——原注

解为一门科学的哲学，必须在这一讨论中找到它自己的位置，并且论证这一位置的合法性。只要哲学急迫地将自己理解为现代大学中的一个专业，它就必须服从现代的科学理解的诸般要求。

做出这种合法性证明，对现代哲学绝非易事。一种十分不连贯的科学史已经慢慢习惯于一种科学类型，这种类型把真正的哲学的科学性规划远远甩在后面。无论是康德的"纯粹理性的建筑术"、费希特的"知识学"，还是黑格尔的"哲学性科学的百科全书"——我们且不提更早与更晚的哲学的科学论证——如今只能被看作是科学史上纯粹的历史档案。古典的诸种哲学规划以及试图接续它们的现代哲学的规划——比如胡塞尔的现象学或海德格尔的"存有历史之思"（Seynsgeschichtliches Denken）——作为独立的哲学性规划（*philosophische* Konzepte）显得如此庞大笨重，以至于它们很难被称为是众精神科学当中的一种。

然而，从一种有着极大差异的科学领域中区分出古代哲学的努力，希求来自哲学方面的说明性分析。何种自我理解可以在现代的条件下令一种哲学思考得到发展？这种自我理解明白自己对庞大的欧洲哲学传统负有义务（这里我所谈论的传统是此间被称为"大陆哲学"的传统，它区别于一种将这种传统看作是被克服了的哲学）。它必须无论如何为其诸科学当中的一门科学的地位进行辩护吗？抑或它必须得出这样的结论，这些结论导致了对一种区分的不可怀疑的洞察，亦即存在于现代科学与古代哲学思考之间的区分。

因此，我将以对马克斯·韦伯的讲话《科学作为职业》①的阐

---

①　现行中译本译为《以学术为业》或《学术作为一种志业》，为切合这里上下文的讨论，本书采用贴近字面的译法。——译注

释来开始对政治哲人苏格拉底的详细解释。① 选取这一文本有诸
多理由。首先要提及的是韦伯的科学奠基活动（Wissenschafts-
fundierung），亦即社会学家通过对欧洲科学的谱系学的反思而认
真对待了这个谱系学。与此同时引人注意的是，他和胡塞尔一
样，将柏拉图哲学标示为科学性意识的开端。苏格拉底在这种语
境关联中得到了明确地"位置确定"。这切合我们从苏格拉底出
发讨论政治哲学的目的。

此外，韦伯的讲话包含一种精确的拓扑学，从而提供出了一
片相应的场地用以检验我们的意图。对韦伯而言，科学问题在大
学与公共场合——准确地说即"大学教室"乃至"讲台"，以及"大
街"乃至"小巷"——的关系中得到决定。一种打算传递其欧洲传
统之出身的现代政治哲学，不可避免地处身于这些"位置"（Or-
tungen）领域中。如果它想要保持自己的科学特征，就必须在大
学学科专业的规范中为其成员资格作出合法性证明。如果政治
哲学要求一种超出大学之外的影响，如果它想要将自己解释为一
种哲学式的生活，它就必须应对公共领域在结构方面的一些前
提。而最重要的事情是：如果它想要同时占据这两个"位置"，它
就必须成功地将这两种导向统一在自身当中。结果将很快表明，
这一任务空前棘手。

因此，眼下的研究并不是一种史学研究。即便我想令自己的
解释与一种成熟的语文学标准相比，对我来说事关宏旨的也不是
仅仅将苏格拉底勾勒为古代哲学的一个形象。对政治哲人苏格
拉底的透视是一种现时代的透视。它出自一种问题意识。如果
我考察高度发达和给人以深刻印象的、进行实际研究的哲人的职

---

① 这自然不是我的独创。众所周知，列奥·施特劳斯在多处以"社会科学实证主义
的最大代表马克斯·韦伯"（施特劳斯，《什么是政治哲学?》，前揭，第 23 页）作为
其著作的出发点，以便将政治哲学描绘为一种思想的特有样式和方式。——原注

业特性,这种问题意识必然被标为是天真的(naiv)①。此处"天真的"意味着,我并没有将有待讨论的问题理解为产生自一种现行的研究局势之语境中的问题,而是理解为在一般方面触及到所有(哲学的)研究局势之语境的存在的问题——只要这种语境本身作为"哲学"而得到要求。不过这种问题意识绝非横空出世,它以首先由列奥·施特劳斯推动的讨论为导向。

　　不过在我看来,当代的政治哲学必须还要进入到另一个不同的基准点上。人们对"现代"(Moderne)概念进行了讨论,在讨论中,各种不同的原则形成了我们称之为"现代性"(Modernität)的涵义丰富的东西。在这点上,20世纪极权主义的政治体系的发展是否属于"现代"这个问题,扮演着不可小觑的角色。我同意齐格蒙特·鲍曼②和格茨·阿利(Götz Aly)③的观点,"极权统治"(totale Herrschaft)(汉娜·阿伦特语)实际上表现出了"现代"的显著标志。这将政治哲学置入一种处境当中。这一处境必然又一

---

① 此处谈论一种特殊的"天真"是富有意义的。列奥·施特劳斯在一封致格哈德·克吕格的信中,忆及席勒对一种"天真与感伤的诗"的区分。施特劳斯,《霍布斯的政治科学及相关文章和通信》(*Hobbes' politische Wissenschaft und zugehörige Schriften-Briefe*),前揭,第421页。在这一1795年的著作中,席勒写道:"我说过,诗人要么正视自然,要么寻求自然。前者造就天真的诗人,后者造就感伤的诗人。",参见席勒,《席勒作品选集:戏剧,历史,哲学》(*Ausgewählte Werke-Theater, Geschichte, Philosophie*),第6卷,以科塔百年纪念版为底本,克拉雷·布赫曼(Kläre Buchmann)与赫尔曼·米森哈特(Hermann Missenharter)编,Cotta:斯图加特,1950年,第391页。著作伊始,席勒对"自然"进行了说明:"在这种[天真的]考察方式下,自然对我们来说无非是自主的此在(das freiwillige Dasein),是因其自身而持存(Bestehen)的事物,按照自己的、不变的法则实存(Existenz)。"(同前,第368页)——原注

② 参见齐格蒙特·鲍曼,《秩序的辩证法:现代与大屠杀》(*Dialektik der Ordnung. Die Moderne und der Holocaust*),欧洲出版社:汉堡,1998年。——原注

③ 格茨·阿利与苏珊·海姆(Götz Aly/Susanne Heim),《灭绝的先行思想者:奥斯威辛与旨在建立一个崭新的欧洲秩序的德国诸规划》(*Vordenker der Vernichtung. Auschwitz und die deutschen Pläne für eine neue europäische Ordnung*),Hoffmann und Campe:汉堡,1991年。——原注

次将政治哲学与如下的问题区分开,亦即政治哲学在多大程度上可以或不可以成为一门科学。因为在科学使自己成为任何一种政治现实的、中立的同谋的地方,政治哲学不可能保持无动于衷;如果政治哲学以苏格拉底的方式严肃对待其对象的话,无动于衷无论如何都是不可能的。

人们必须承认,与 30 年代的德国大学相关的事情是,诸科学的强行齐一化①之所以能够毫无问题地运作,并不(仅仅)是因为科学工作者在道德上全都腐化堕落。毋宁说,诸科学本身因其理论的基础状况,在其各自的研究中没有能力去抵抗大学的非人性化过程。就像它没有能力去抵抗非人性的目标设立。令人吃惊的是,这对"哲学"或多或少也是适用的。如何来说明这一点?

就像我们将要表明的那样,政治哲学试图提出一种辩护,这种辩护——为了与韦伯对话——不仅在"大学教室"的语境中,而且在"大街"的语境中,都描绘出政治哲学的特点,并将其与其他规划区分开。大学哲学在糟糕时代的哑然失效将会在一种并非微不足道的程度上回溯到这样一点:这样一种辩护不再被视为是必然的。换言之,一种回避了自我辩护——从而回避了"法庭"——的哲学,错解乃至无视了这样一点,即就它无论如何都不得不抵制"大学教室"与"大街"的一种非人性化过程而言,它的那些第一原则有着一种政治和道德的重要性。这一认识显得越发重要。因为将一种民主的政治体系视为通常的哲学之前提条件,而将独裁或极权的统治视为反常的畸形事物,这将是一种推理判断上的错误。难道不正是民主的雅典处决了哲人吗?②

① Gleichschaltung,纳粹用语。——译注
② 我想要指出同自己相关的事情,亦即以上面的文字完成了一个问题循环(Problemzierkel)。我以《海德格尔与荷尔德林或欧洲的明日》(*Heidegger und Hölderlin oder Der Europäische Morgen*)(Königshausen & Neumann:维尔茨堡,2003 年)一书开启了这个问题循环,在《可想象的大屠杀:汉娜·阿伦 (转下页注)

此外，总体而言，现代似乎偏爱的是一种与智术师派的 λόγος［言辞，逻各斯］极为相似的讨论形式。在这里，认识和科学被看作是利己的—专业的组织可能性（Inszenierungsmöglichkeiten）。因此，在这种社会子系统中，事关宏旨的不再是"真理"，而是每每个人性的生活经济学。这种生活经济学要求并推动着一种中性的、最终是虚无主义的阿谀奉承的修辞术。在"极权统治"条件下，飞黄腾达的过程是完全不可能以这种方式得到理解的。不过，在"极权统治"之外，机会主义同样普遍流行。

通过对我的目的的整合——这一目的就是在同时代的问题意识内描绘政治哲人苏格拉底的鲜明轮廓——这一目的得到了

（接上页注）特的政治伦理学》（*Denkbarer Holocaust：Die politische Ethik Hannah Arendts*，Königshausen & Neumann；维尔茨堡，2005年）中延伸了它。在"本己事物的解释学（Hermeneutik des Eigenen）"的基础上，我首先致力于海德格尔对荷尔德林所谓的"祖国之折返"（vaterländischer Umkehr）的阐释（顺便一提，不是荷尔德林自己在这件事情上所思考的事物）。按照这个阐释，哲学的哲学性传统（die philosophische Tradition der Philosophie）在希腊人那里的"第一开端"以及海德格尔本人那里的"另一开端"的张力中展开。对城邦的追问以及对我所称的"命运政治"（Politik des Geschicks）的追问，在此具有不可小觑的作用。然而，人们可能没有赋予大屠杀之心灵创伤以应有的重要意义。我将其看作是这样一种以海德格尔为导向的"本己事物的解释学"的一个巨大缺陷。我已经以对汉娜·阿伦特的研究弥补了这一点。就我将"苏格拉底"理解为一个相较于前苏格拉底思想家那里的开端占有优势地位的开端而言，实际上我凭眼下这部著作跟随着"祖国之折返"的运动。如果有朝一日我能写一部对施特劳斯与海德格尔之间极为有趣的关系进行较为详细研究的著作，而这部著作能够趋向我在此处已经从列奥·施特劳斯那里接受下来的某些动因，这将是极好的事。因为当施特劳斯要求"古代与现代的争执必须得到更新——相比于17、18世纪的作为，它必须以更多的公正和更多的知识来得到重申"时〔列奥·施特劳斯，《德国战后哲学的当下问题》（Living Issues of German Postwar Philosophy，1940），载于海因里希·迈尔，《列奥·施特劳斯与神学—政治问题》（*Leo Strauss and the Theologico-Political Problem*），剑桥大学出版社，2006年，第137页〕，他指的是一种与"祖国之折返"具有亲缘关系的思想，这大概是毫无疑问的。当我说，我以这最末一本著作将一个问题循环"带向终结"（zu Ende bringen）时，这显然并不表示，我认为在这三部著作中得到处理的、对我具有重要意义的问题得到了解决。而当我将"苏格拉底"视为一个"开端"时，这并不意味着，我们与这一"开端"处于一种不可动摇的关系中。——原注

本质性修正。我从根本上将政治哲人苏格拉底理解为地地道道的政治哲人。现代（或者后现代，如果人们愿意这样说的话）的政治哲人在对苏格拉底形象的援引中领会自身。政治哲学思考是苏格拉底式的哲学思考。与此同时，我不会将智术师视为一种史学形象，而是看作一种逃遁并反对政治哲学之意图的思想的代表。智术师派言辞在这里被理解为一种在现代占据了"大学教室"和"大街"的讨论形式，因而成为了哲学式言辞的敌人。这种哲学式言辞在上述两个地方可能会是令人讶异的，如果它得以再次进行的话。

从目前为止得到详细解说的所有内容中，产生出了本研究的如下结构布局，即在导论中我将细致地对待韦伯的讲话"科学作为职业"。主体部分一分为二，分别对《苏格拉底的申辩》与《克力同》进行阐释。在结尾部分，我将尝试对"今日政治哲学如何可能"这一问题进行纲领性地解答。

导论 同样是一次申辩:马克斯·韦伯的 划时代演讲《科学作为职业》①

> 我所确信的是,哲学正趋于终结。我们面临着完全崭新的任务,这些任务与传统哲学不再有任何瓜葛。
>
> ——马丁·海德格尔,1923/24 年

1917 年底,韦伯在慕尼黑阐述他关于科学之"意义"的理论性洞察。此报告所处的时代氛围既迷漫不明又凝练集中。世界大战的发生已不可挽回;"技术装备战"(Materialschlacht)首次展示了现代技术的意义;被韦伯称为"街道的独裁者"(Diktatoren der Straße)的革命潮流四处蔓延;精神领域受到尼采虚无主义和权力意志的命题的摇撼。②

---

① 原书本节标题与目录显示的标题不一致,根据作者意见现统一如此。——译注

② 马克斯·韦伯:"科学作为职业"(1917/1919 年)[以下简写为 WaB],"政治作为职业"(1919 年)[以下简写为 PaB]。《韦伯全集》,第 17 卷,沃尔夫冈·J·蒙森(Wolfgang J. Mommsen)与沃尔夫冈·施卢赫特(Wolfgang Schluchter),J. C. B. Mohr(Paul Siebeck):图宾根,1992 年,第 87 页。关于"听天由命的基本情绪"(resignativen Grundstimmung),可参见沃尔夫冈·施卢赫特,"价值中立与责任伦理学:论马克斯·韦伯眼中科学与政治的关系"(Wertfreiheit und Verantwortungs-ethik: Zum Verhältnis von Wissenschaft und Politik bei Max Weber),载于 (转下页注)

韦伯以其"理智化进程"、"世界之祛魅"(Entzauberung der Welt)①以及"多神论"(WaB,第 99 页)思想来对抗普遍蔓延的生存不安。一方面,他不想激起"青年人"心中虚假的希望。他指出,这是一个"远离上帝的、没有先知的时代"(同上,第 106 页)②,人们必须在这个时代自己坚持下去。另一方面,他让青年人明白,为了从虚无主义中逃脱出来,重要的是自我"决断"。

这个演讲面向任何一个指望从科学那里获得对自己困境的解救方式的青年。③ 韦伯在援引托尔斯泰的批判性—生存性评论的时候,提出并回答了科学之"意义"(同前,第 85、86 页)的问题。只有当我们考虑了那种令人窒息的、由危在旦夕的民族衰落和渐渐令人确信的虚无主义混合而成的时代氛围时,这个科学之"意义"问题才首先在其全部深层维度上得到了适当理解。科学可以提供支撑点吗? 它是一条出路吗?

(接上页注)施卢赫特,《世界统治的理性主义:马克斯·韦伯研究》(*Rationalismus der Weltbeherrschung: Studien zu Max Weber*),Surkamp:美茵法兰克福,1980 年,第 43 页以下及第 237 页以下。——原注

① 此外,引人注目的是,韦伯公开将西方的理性主义进程与一种"美国化"等同起来·"我们德国的大学生活将自己美国化了,就像我们的一般生活……。"(WaB,第 74 页)——原注

中译参见冯克利译本,北京三联,2005 年,第 2 版,第 19 页;钱永祥译本,广西师范大学出版社,2004 年,第 157 页。此处译文不同。——译注

② 参见冯克利译本第 46 页,钱永祥译本第 186 页。此处译文略异。——译注

③ 众所周知,这些"青年人"中的一个——来自斯特凡·格奥尔格圈——即刻对韦伯演讲予以回应。埃里希·冯·卡勒(Erich von Kahler)的《职业作为科学》(*Beruf als Wissenschaft*)(Bondi:柏林,1920 年)直接针对韦伯的论述,以便从一个特定的"立场"(第 31 页以下)出发来对抗这些论述。这一著作总体上依据的是一种"宁静又流动的生命之统一性",从这种统一性而来,一种"崭新的科学"得以可能。与施特劳斯或哈贝马斯对韦伯的批判不同,卡勒(Kahler)的"崭新的科学"以一种有机的生命概念(第 96 页)为前提,这一生命概念的哲学来源需要得到详细解说。与此相反,我想在下文中尽力将柏拉图思想的形而上学假设,减少到一个合理的最低限度。——原注

这里提到的卡勒的文章参见《学术与政治》冯克利译本,附录二。——译注

　　韦伯的论述是从"世界之祛魅"和"多神论"这两个主要观念中产生出来的。一种"由科学和以科学为导向的技术导致的智性方面的理性化(intellektualistische Rationalisierung)"(同前,第86页)[①],已经使世界清除掉了"早先的幻象",亦即对存在的形而上学的总体阐释,并设立起了一种"目的理性"(Zweckrationalität),生活总体上便在这种"目的理性"中运转。这样一种醒觉的后果是,科学的位置从现在起受到"意义问题"(同前,第85页)的威胁。科学已经把世界引入了一种境况,在这种境况中科学无论如何不再可以给这个世界——并由此从根本上也给自己本身——赋予意义。如果已经不再存在统一的意义,那么人们就必须自行选择一种本身经过慎重挑选的意义。韦伯将一种多元论的决断论与虚无主义对立起来。

　　凭借这一"多神论"的主题,韦伯想要在危境中保护自己。对科学之意义问题的回答不应当激起无法满足的希望,不过这种回答也同样不能完全得出否定的结论。因为青年人已经引发了一场直面科学的完全无意义状态的冲突,这种冲突韦伯不愿意看到,但他同时又觉察出了其可能性。为什么人们应该把某种重大涵义赋给一种无意义的科学? 科学工作者韦伯不是有可能突然进入到一种辩护的局面中,而这个局面是他在演讲中极力想要遏制的吗? 然而,正是这种冲突、这种辩护使得演讲得以进行。

　　这种运动的地形学(Topographie)一方面在于一种聚焦过程,此一聚焦过程从"大学"经过"大学教室"而向后回溯到"讲台",另一方面向外延伸到一个对立位置,亦即"大街"或者"小巷"(同前,第97页)。科学工作者和"预言家"、"先知"、"群众鼓动者"(Demagogen)以及"智慧之人"(Weisen)(同前,第105页)的类型的关系,源出于这种需要得到更细致地思考的地形学。韦伯

----

①　中译参见冯克利译本第28页,钱永祥译本第167页。——译注

通过这样的方式来刻画和描绘所有这些类型的特征,即他们属于大街,而科学工作者立于讲台。

韦伯对科学工作者与预言家类型之间的划界由这样一种意识支撑,亦即预言家类型代表一种在韦伯本人看来人类生存中不可或缺的允诺。"只有一个先知或救世主"才可能回答这样一个问题,"我们"应当"如何建立起我们的生命"。然而,如果先知或救世主付诸阙如——而韦伯正是由此出发的——,人们也不应当求助于"数以千计的教授"(同前)。尽管如此,韦伯不能对这些教授们的任何一种"伦理功绩"(同前,第99页)都加以否认。

于是,韦伯游弋在一条狭长的山脊上。在多神论或者说价值相对主义的"远离上帝"的时代,人们应该抵御预言家、先知、群众鼓动者和智慧之人所能允诺的意义,保卫一种科学的独立意义。在韦伯看来,对这些意义,人们在其"实践的态度"(同前,第98页)中不仅仅可以进行自我抉择,而且还必须进行自我抉择。山脊的一侧是丧失意义的深渊,山脊的另一侧是救赎之允诺的深渊,两者都豁然张开。韦伯想要避免使科学掉入这两个深渊,并且在这两个深渊面前保卫科学。因此,他的演讲"科学作为职业"可以被看作是一次申辩。

一种不和谐同样存在于这一演讲所穿行其间的特别张力中。这种不和谐存在于对一个"智性方面的理性化"的世界的论断和韦伯的观点之间。这种观点认为,人们必须对他的"上帝"做出自我抉择,与此同时意识到这种抉择的不可普遍化的特性。将一种实践性的立场理解为个体的孤独行动,与此同时,断言存在一种普遍的理性之增益过程,初看之下这是荒谬无稽的事。韦伯评论道,大学的职业生涯为"疯狂的冒险"所左右(同前,第79页)[1],这一评论也特别包括在这一问题内。理性化过程的机构化的旗舰,

---

① 中译参见冯克利译本第23页,钱永祥译本第161页。——译注

大学及其人员组成由偶然性所支配,这如何可能?

当涉及到政治在多大程度上延伸到科学领域之内这个问题时,韦伯变得态度严厉。他认为政治不应该出现在大学、大学教室或讲台。与此同时,我们必须想到,在此处得到解释的演讲发表两年之后,在同一地点,韦伯作了有关"政治作为职业"的报告。不管韦伯对政治的理解为何,这样的情况是毫无疑问的,即社会学家对政治这一现象兴趣盎然。[①] 韦伯认为应该把政治驱逐出大学教室,其论据在于听课者没有被赋予批判的可能性。就像我们接下来将要指出的那样,这种批判可能性的阙如是建立在两点基础之上,一方面是由于大学机构内部特有的等级制,另一方面是由于科学性的λόγος[言辞,逻各斯]的专门特征。

美国与德国之间的关系构成了此演讲的一种更为广义的地形学,韦伯的"世界之祛魅"的论题似乎也与这种地形学有关。无论如何,当韦伯指出德国大学和整个世界一样将"美国化"(同前,第 74 页)时,他倾向于将一种先导作用(Vorreiterrolle)判归给美国大学。美利坚合众国作为理性化过程的真正位置而出现。

接下来对演讲的解释依循其结构进行。在适当的地方,本解释诉诸了如演讲"政治作为职业"等其他一些文本来回答一些重要问题。

1. 科学与大学

韦伯的演讲"科学作为职业"作为以"精神工作作为职业"为题的系列演讲之一,1917 年底开讲于慕尼黑。"自由学生联盟巴伐利亚联合会"(Landesverband Bayern des Freistudentischen

---

① 施卢赫特(Schluchter)将两个演讲都称作"政治性的"。施卢赫特,《价值中立与责任伦理学:论马克斯·韦伯眼中科学与政治的关系》,前揭,第 44 页。——原注

Bundes)(同前,第50页以下[编辑说明])邀请了他。这个事实情况值得引起注意,"自由学生"是这样一些学生,他们不愿意加入任何一个学生社团。成为一个学生社团的成员,其意义超出学生生活。这种成员资格常常有助于大学生涯的发展。当韦伯用一种已经变得众所周知的措辞谈到"疯狂的冒险"——它规定了一个学院中人的成功抑或失败——时,他似乎是在迎合邀请者的学生特征和社会性特征。毕竟,自由学生放弃了在学生社团中习以为常的结成团组的支持。

韦伯在巴伐利亚的自由学生们面前为其演讲定名为"科学作为职业",这一决定具有务实和论战的特征。一方面,韦伯自己的选择与主办者将系列演讲的题目定为"精神工作作为职业"的预先规定保持一致。另一方面,简洁的语调传达出了演讲令自身也令他人冷静下来的意图:科学无非是一种"职业"(Beruf)而已。诚然,众所周知的是,韦伯探讨了职业一词的双重涵义。[①] 不过,这种双重涵义决没有构成一个核心论据。

在演讲标题中表达出来的冷静意图,以一种简直令人恐惧的直率规定了演讲的第一部分。韦伯毫不识疑地立刻作出说明,他打算"在质料意义上"(同前,第71页),亦即非形式的意义上,来理解职业这个词。一个科学工作者,一个科学的"专业化的、无穷尽的忙碌活动"(同前,第86页)的职业性成员,其"质料意义"首先在于"大学生涯"(同前,第75页)。

一个德国"编外讲师"(Privatdozenten)晋升为"教席教授"(Ordinarius)的道路受"疯狂的冒险"所左右。只有那些可以凭借一种有保障的经济状况来维持生活的候选者,才有能力面对这种"赌博"。韦伯比较了德国大学和美国大学,发现了一些差异(这些差异时至今日还没有完全消失)并且预言了一种不仅仅发生在

---

① Beruf一词在德语中既有"职业"的日常涵义,也有"天职"的宗教涵义。——译注

德国大学中,而且最终波及"我们一般生活"(同前,第 74 页)的
"美国化过程"——也就是一种工业化过程。此外,他提请人们注
意,一个学者的品质绝不能从其听众的数量上得到断定。科学是
一种"精神贵族事务"(同前,第 79 页)。当然,这并不妨碍韦伯作
出这样的评论,"年复一年接二连三的平庸之辈"击败那些更优秀
的人。他甚至顺带指出,对一个"犹太人"而言,"自然而然"(同
前,第 80 页)他不可能去指望一个似锦的前程。我们应当对这些
意见格外加以留意。

　　大学生涯受单纯的偶然情况所左右,这一观察含有一些成问
题的连带含义,这些连带含义当然还不可能为身处演讲地点的听
众所注意。这些连带含义与作为"世界之祛魅"的理性化过程的
主题有关,这个主题韦伯稍后才会谈到。于是,令人费解的是,在
诸如大学这样的如此理性化的地方,单纯的偶然情况起到如此巨
大的作用。恰恰是把理性还原为一种目的经济学,导致了一种对
科学人员队伍之建立而言较为清晰的标准的发展。诚然,韦伯在
其演讲"政治作为职业"中谈到了一种世界的"伦理方面的非理
性"(PaB,第 240 页),也就是一种涉及个人才能、个人成就与社会
成果之间关系的无法得到明察的不公正。然而,什么样的人在大
学生涯中取得成功,什么样的人又取得不了成功,这个问题对韦
伯而言并不是一个伦理问题。一个理性且理性化日甚的大学实
体的选择,既不能从道德方面,甚至也不能从反犹主义方面被组
织起来。当"年复一年接二连三的平庸之辈"进入大学实体,我们
如何可能将科学描绘为一种"精神贵族事务"?

　　科学的前程受到"疯狂的冒险"的左右,是否有可能韦伯用这
个意见美化了问题,也就是搅乱乃至仿佛是蓄意掩盖了问题? 因
为在我看来,我们这里涉及到那种生活的 τέχνη [技术],它产生出
与自己相应的修辞术。在科学活动的进程中,事关宏旨的乃是对
一种以成功为鹄的的言说的恰当应用,一种对每每合适的、在一

个特定的等级制度中受到欢迎的言辞的采用。韦伯认为,在这里去相信一种客观的品质标准,这种看法是虚伪的。他无疑有其理由,但是就此得出结论说,科学活动的进程听凭偶然情况的决定,这是错误的。谁若是获得了成功,谁就是在一种特殊的理性的基础上获得这种成功的;对这一进程而言,存在一些技术性标准,然而这些标准既非从伦理方面亦非从事情出发或者说根据品质得到建立的,相反,是以智术师派的方式得到建立的。这带给哲学——哲学本身凭靠的是一种讨论问题时在道德方面的正直——以毁灭性的后果。在大学实体的内在理性与处在编制其成员的过程当中的"疯狂的冒险"之间的矛盾,始终存在着。我稍后将再次讨论这个问题。

　　比起在韦伯那里发现潜在的矛盾,现在更重要的是去领会这样一个演讲开场白的决定性意义。期待着闻名遐迩的社会学家对科学工作者以及科学的本质发表清晰可辨的看法的青年人(顺便一提,其中包括 20 岁的卡尔·洛维特),首先不得不面对一种对职业的"外部条件"(WaB,第 80 页)的令人沮丧至极而又合乎事实的分析。凭着这种实事求是的精神,韦伯在一个十分消极的主题中预先指出了,科学工作者的职业与预言家或者先知毫无干系。对韦伯而言,这涉及到将科学和预言区分开,并因此涉及科学的一般化(Normalisierung)过程。因此,一般化的概念在这里应当从政治角度来理解。那种规定了一个共同体的日常生活,与此同时又不易被人察觉的东西,被视为一般性的东西(normal)①。δόξα[意见]便是一般性的东西。科学工作者的职业是一种专业活动,这种活动符合一个市民共同体的一般标准(Norm)。诚然,科学工作者在智力方面超越了多数人的意见,但他仍是在共同的、

_____

① normal 既有一般的意思,也有标准的意思。社会上通行的一般意见,会成为一种标准意见,并且不为人所知。此处是同时在这两种意义上使用 normal 和 Norm。

由意见所维系的秩序中,在生活的 τέχνη[技术]中寻求融合一致。科学工作者的职业首先面临着一个尴尬的一般化问题:他如何令自己得到经济支撑。因此,选择从事科学首先就有一种计算考量的特征。"科学作为职业"是为——在金钱和心灵两方面——有能力做出投入的人准备的。

不过,韦伯并没有停留在对职业的"外部条件"的单纯描绘上,他进一步对"献身于科学的内在天职(Beruf)"(同前)进行了探究。科学工作者所具有的"内在"资质在于准备好去接受"最严格的专业化"(同前)。科学工作者是"专家",只有在这种状况中他才能够有意识地去取得一些重要成绩。韦伯以此方式来理解这种意识:"如果谁没有能力给自己戴上眼罩并沉陷于这样一种观念,亦即他的灵魂的命运取决于他是否在眼前这份草稿的这一段落里做出了正确推断,那么这个人便同科学无缘了。"(同前)①一门其首要特征在于一种严格的专业化的科学(戴上"眼罩"的科学),建基于"热情"(Leidenschaft)(同前,第 81 页),一种对细枝末节的热情。② 专家甚至会让自己的灵魂取决于一些外行人几乎

---

① 中译参见冯克利译本第 24 页,钱永祥译本第 162 页。——译注

② 卡尔·洛维特如此解说这种"热情":"连同工作和奇思妙想,它还需要第三样东西:充满热情的追问,因为提出问题的方式和方法事先同样已经规定了程序和结果。谁若像尼采那样第一次追问迄今为止价值的价值,或者像韦伯那样,追问科学的价值与意义——科学究竟何为? ——谁就是在原则上超出了科学中持存的东西及其全部存在而进行追问,并且就此而言乃是进行哲学式地追问,即便他按其专业而言并不想要涉足哲学。"卡尔·洛维特,《马克斯·韦伯对科学的态度》(Max Webers Stellung zur Wissenschaft),载于洛维特,《黑格尔与哲学在 19 世纪的扬弃》(*Hegel und die Aufhebung der Philosophie im 19 Jahrhundert*),《马克斯·韦伯著作全集》,第 5 卷,Metzler:斯图加特,1988 年,第 425 页。然而,韦伯的演讲并不是这样一种"充满热情的追问"。韦伯并不"追问",而是说明他从来不是哲人,他始终是社会学家,即便他对社会学的任务进行反思。总体而言,洛维特的韦伯解释其一方面的特点在于,强调了这种社会学的极端的冷静客观,但另一方面,他并没有注意这种冷静客观的后果。我们将再一次回到这个问题上来。——原注

没有能力去注意到的琐碎细节，这便是专家的热情。科学工作者是最实在的语词意义上的书呆子①：他们是在自己的学科中发现独有的东西并融入其中的研究者。

　　为了在此处取得某些"将会延续下去"的成果，科学家乞灵于"灵感"（同前）。献身于科学的内在天职是一种对自身受到呼召的感受②，一种一个人可能具有或不具有的不可掌控的天赋才能。在韦伯看来，科学家与"艺术家"共有这种素质。这种看法表面上打乱了那种科学的一般化，实际上只是对其诸多要素中的一个的解释。韦伯如是评述道："与学术自大狂的自我想象不同，灵感在科学领域里所起的作用完全不比一个现代企业家决断实际问题时所起的作用更大。"（同前，第 83 页）③科学工作者的灵感是一种对革新的活动空间的敏锐嗅觉，是处于受细节决断所规定的、创造力范围内的晓知（know-how）。韦伯远不是要主张科学天才，他指出了这样一种现象，科学工作者就像一个企业的领导一样，需要一种作出正确而内行的决断的直觉。

　　"将会延续下去的事物"就是经过革新的事物，不过它只延续到被一个更大的革新赶超为止。如此一来，韦伯忆及了为任何一门科学学科所具有的经济学。科学工作以成果为导向，因为一个取得的成果必须超越先前的成果。科学有助于"进步"（同前，第85 页）。古代的理论活动（Theoria）在于对一切存在者的最终目的的悠闲观察。它——比如说在亚里士多德那里——令一切单个知识在这一终极（Eschaton）中臻至顶峰。理论活动的最终目的就在于这种被亚里士多德描绘为真正的幸福的（Eudaimonia）、静静循环着的、自足的观察中。与此相反，韦伯认为科学成就的

① 　Fachidiot 的字面意思是专业（Fach）白痴（Idiot）。——译注
② 　呼召（Berufen）与天职/职业（Beruf）有词根联系。——译注
③ 　中译参见冯克利译本第 25 页，钱永祥译本第 164 页。此处译文略异。——译注

目的仅仅在于成为导向下一阶段的阶段,因为在韦伯看来,科学进步"原则上"是一种"无限的进步"(同前)。

韦伯式科学的经济学把个别成就仅仅看作是暂时的革新。业已取得的成就,其目的在于被另一个成就所赶超。任何一项成就的产生都伴随着这样一种意识,未来的成就是一项崭新的成就:"我们在工作时不能不希望别人会比我们更上一层楼。"(同前)因此,科学热情本身是一种进步热情。"献身于科学的内在天职"必须超越对有待研究的细节的热爱,而认识到这种朝向新的彼岸的、一再涌动的激情。

"科学作为职业"的外部条件有多么一般化,这种与"献身于科学的内在天职"相关的、为着"无限的进步"的服务就有多非同寻常。① 如果科学工作通常完成为一个产品或作品(无论是单个的,还是批量的),那么"科学作为职业"最终就沉醉于纯粹的暂时性中了。科学工作者越是依赖于他自己的单个成绩,他就越不可能将这种单个成绩视为绝对的东西,某种可以真正延续下去的东西。

我们关注的是找出现代大学的位置如何可能为哲学提供落脚之处,对此而言重要的是强调,哲学的出发点总是涉及某个第

---

① 汉娜·阿伦特曾写道:"确切无疑的是,人文学科的真正科学性研究及其'进步'不可能是无界限的。在一些所有专业方面的科学工作业已完成,并且只有博学具有意义的领域,对新的研究成果的荒唐要求,已经导致了要么对细枝末节加以夸大,要么变成一种证明自己荒谬绝伦的伪研究。"(汉娜·阿伦特,《权力与暴力》(*Macht und Gewalt*),Piper:慕尼黑与苏黎世,1970 年,第 33—34 页。)阿伦特紧接着提供了这种"伪研究"的例子:"去年我所见到的最可笑的东西是一部新出版的康德词典。这部词典把康德使用过的任何一个词都当作关键词收录下来。结果自然是这部书毫无用处。"(同前,第 34 页)对韦伯而言,对单个"词语"——语文学——的热情投入恰恰是真正的科学性的证明。兴许康德词典甚至已经被证实要比阿伦特愿意承认的来得"有用得多"。诚然,在实际的人文科学的自我理解中,"推断"的问题,亦即对单纯的语文学问题的解决(指上文所引的"他的灵魂的命运取决于他是否在眼前这份草稿的这一段落里作出了正确推断"——译注),似乎已经日渐丧失了重要性——这并不意味着韦伯对专业化趋势的观察会受到哪怕一丝一毫地驳斥。——原注

一的、绝对的东西——无论它认为这种绝对的东西是同样能够得
到认识的,抑或它将其视为无从追思的东西,还是它想要消减并
修正这种绝对的东西。概言之,哲学史就是一段有关这种第一
的、绝对的东西(理念、实体、上帝、精神、人、存在等等)的变化不
定的阐释史。不把这样一种(积极或消极的)终极——这样一种
真理——设为前提,就没有哲学。韦伯的演讲"科学作为职业"并
不认识这一前提。韦伯已经充分认识到了这一特点并将其标示
为"科学的意义问题"。随着对这种成疑问的科学的意义的探究,
韦伯开始了他自己真正的辩护——他自己的申辩。

2. 科学的意义

在韦伯看来,科学研究的特征在于"无限的进步",因此并不
存在一种科学可能带来的最终意义。即使是对霍布斯而言的科
学的目的,"人类的利益"(《利维坦》,第 5 章)在韦伯眼中也无法
成为这一意义。这一想法的坚实有力之处在于它的理据。也就
是说,韦伯有能力去说明,这种最终意义的缺失本身产生于一种
科学性的认识,亦即一种以科学性的结论为导向的认识。这就是
对"世界之祛魅"的认识。

因为"世界之祛魅"是"由科学和以科学为导向的技术导致的智
性方面的理性化"的结果。这样一种理性化带来一种识见,即人类
"可以——在原则上——通过计算来控制一切事物"(WaB,第 87
页)。理性化致使各种工具的不断增多,这些工具能够通过技术统
治将生活世界的日常活动、各种位置愈发有效地组织起来。对日常
必需的生活过程的加速推动(比如公共交通或一般信息资讯),连同
一种在可靠性和舒适度方面的增长,两者都属于工具的积极结果。

不过,计算的统治与理性化——韦伯在基本方面将其理解为
一种自行总体化的"目的理性"的实行——不只是带来一些积极

的效果，它们也有不利的一面。与科学和技术的增长相应的是这样一种消极后果，"根本而言没有神秘难解、不可计算的力量"（同前）。看起来对于这些力量，韦伯首先想到的是有神秘魅力的族群，如其所说的"印第安人和霍屯督人"（同前，第86页）。不过，"祛魅"的强劲势头远远超出这些，因为我们绝不可能只在臆想当中的原始人类那里去寻找"不可计算的力量"。

在对世界的全部理性化渗透的过程中，现代理性本身始终依附于无法以理智方式触及到的裁判场所和标准。欧洲哲学只有在它呈现出虚无主义的地方才会去对导向标准加以怀疑，这些导向标准不仅对一种理性的工具运用而言是隐蔽着的，而且从根本上表明自己是无法为理性所通达的。从这一方面来看，"不可计算的力量"就不仅仅是诸神或魔鬼，而且是一些不可论证的"前提"。[①] 如果说西方的"世界之祛魅"始于对野蛮族群的驱逐（这种驱逐对工具理性而言似乎是隐蔽不彰的），那么它就在削弱最初的、无从追思的根据的过程中进一步扩展自身。对科学而言，最初同时又是最终的、创建起意义的、无从追思的根据，"原则上"已经变得无关紧要了。

于是，"理智化进程"导致了"意义问题"，一种科学的虚无主义似乎就是它的后果。韦伯看到了这一危险。这一危险激起了一种基础性考虑，它给演讲带来一个转折。韦伯以这样的问题来引入这一考虑："在人类总体生活的范围内，科学的天职是什么样的天职？科学的价值又是何种价值？"（同前，第88页）[②]只有当科学的天职在其历史起源的境遇中得到考察时，科学的"意义问题"才能相应地得到提出。科学与"世界之祛魅"是同一种现象。

---

① 比如参见像康德所阐释的"自由概念"的"完全的不可理解性（Unbegreiflichkeit）"。康德，《实践理性批判》，前揭，A13（中译参见邓晓芒译本第7页——译注）。——原注

② 中译参见冯克利译本第30页，钱永祥译本第169—170页。此处译文略异。——译注

　　韦伯对科学的"意义问题"的探讨,对在"人类的总体生活的范围内"科学的价值问题的回答,直接从一种其重要性不能得到过高评价然而又极为质朴的识见开始:"过去同当代之间的对立愈发巨大了。"(同前)①对科学的意义或价值问题,过去的判断方式迥异于当代,其差异如此之深,以至于韦伯可以谈到一种"巨大的对立"。韦伯将"柏拉图《理想国》第7卷开篇的奇异图景"(同前),看作一个得到如此这般修正的评价认识的范例。韦伯把科学的开端置于洞穴之喻中,凭着这一决定,韦伯在对欧洲理性的自我解释中接受了一个古典的位置。在"理智化进程"的发端处,科学家是"哲人,太阳则代表科学真理,后者并不追求假象和阴影,而是追求真实的存在"(同前,第89页)。② 一个朝向哲学而得到解放的洞穴居住者,受到一种无从追思而又不可抗拒的暴力的拉拽离开了意见的洞穴,从而在一个不同的地方直视"真实的存在"。这种真实的存在对他而言在理念之理念中③显示自身。韦伯把这个比喻称作"奇异的"(wundervoll),似乎理性还不能凭其自己的方式触及这一事件。然而,科学已经迈出了它的第一步——"世界之祛魅"已经启动。

　　韦伯继续说道:"柏拉图在《理想国》中的激烈热情,最终是由如下事实得到说明的,即当时所有科学认识的伟大工具中的一个——概念,其意义已经初次有意识地被发现了。苏格拉底在其有效范围内揭示了这个意义。"(同前)在科学的起始处,思想由永恒的理念得到规定,这一认识与下述独一无二的发现紧密联系,即思想正是凭借 λόγος［言辞,逻各斯］才能获得理念。当韦伯在这个地方提到苏格拉底的名字时,他回想起的是哲学在其开端处专注于这样一个问题:"人如何在生活中,首先作为城邦公民,正

---

① 中译参见冯克利译本第30页,钱永祥译本第170页。此处译文略异。——译注
② 中译参见冯克利译本第30—31页,钱永祥译本第170页。——译注
③ 指柏拉图的善的理念。——译注

确地行动"。韦伯又补充道："因为对彻头彻尾从政治方面进行思考的希腊人而言，一切事情都取决于这个问题。人们因此从事了科学。"(同前，第90页)①科学的开端在韦伯看来同样具有一种伦理的、政治的意图。思想的这种伦理、政治导向是属于哲学遗产的诸要素中的一个，因为它迄今为止至少共同决定了哲学的自我阐释。

在韦伯看来，当代与过去之间的"巨大对立"在于，在当代除了"一些老小孩"(同前，第92页)之外，没有人能够再度认真看待"通往真实存在的道路"及其伦理、政治动机。"通往真实存在的道路"是一个"先前的幻觉"(同前，第93页)。一个幻觉就是一次已经被识破的欺骗。人们一度信以为真的东西，被证明纯粹错误。于是，当代科学认识到，过去的科学充满了错误。

对一种想到继续坚持它在产生之初所具有的伦理—政治动机的哲学而言，在城邦的语境关联中追问真实的存在，追问对道德导向而言具有绝对性的标准，这是致命的。这种绝对的标准是一种前提条件。"科学的意义问题"由此就与这样一个问题相联系：这些前提条件其自身可以要求何种地位。众所周知，这一问题在韦伯的科学理论的著作中占据很大比重。韦伯在其演讲"科学作为职业"中同样说道：

"人们如今通常习惯于谈论'无前提的'科学。有这种科学吗？这取决于人们如何理解。在任何一种科学工作中，逻辑和方法论规则——亦即我们在世界中的导向的普遍基础——的通行都已经被设为了前提。这些前提至少对我们的特定问题而言是最不成问题的。此外，另一个前提是：在科学工作中产出的结果从'值得认识'(wissenswert)的意义上讲是重要的。显然，我们所有的问题都在于这一点。"(同前)②

---

① 中译参见冯克利译本第31页，钱永祥译本第171页。此处译文略异。——译注
② 中译参见冯克利译本第34页，钱永祥译本第174页。此处译文略异。——译注

我们已经看到,韦伯将欧洲历史的"理智化进程","世界之祛魅"都归因于科学与技术无限耦合起来的作用。历史哲学的考察使他断言,"逻辑和方法论规则的通行"在科学中构成了"我们在世界中的导向的普遍基础"。他将这些前提称为"最不成问题的";顺便一提,胡塞尔在其晚期著作《欧洲科学的危机》中猛烈驳斥了这一判断。

究竟是什么东西如此"值得认识",以至于科学的意义能够从这种价值中产生出来,韦伯将这个问题看作是更加棘手的。对这个问题的回答构成了整个演讲的核心。韦伯继续说道:"因为这一['值得认识']的前提条件,从它这一方面来看不再能够凭科学的手段得到证实。科学只能向着其最终的意义而得到解说,对于这一意义,人们必须根据各自对生活的最终态度加以拒斥或接受。"(同前)①因此,科学的意义并不是具有科学性的意义(wissenschaftlicher Sinn)。② 科学自身是"无前提的",它没有 arché[开端],既没有一个可以从外部被给与科学的开端,也没有一个处在科学自身中的开端,所以它必须向着一个最终的意义而"得到解说",这一"解说"③取决于个人的抉择。此处事关宏旨的不是一种科学性的决断,而是一种"各自对生活的最终态度"。人们可以"拒斥或接受"这一态度,因此它不可普遍化,而是被保留给孤独的主体。

---

① 中译参见冯克利译本第 34 页,钱永祥译本第 174 页。此处译文略异。——译注

② 指下文所说的,科学的意义本身不是可以通过科学方式所确定的客观、普遍之物。——译注

③ 人们可能认为,这种"解说"恰恰是科学不能从其自身产生出来的那种前提条件。如此看来,人们必须承认,韦伯似乎抓住了一个从外部而来的前提条件。不过这样一个前提条件对科学而言可以是无关紧要的。也就是说,这个前提条件完全可以不作为一个科学的前提条件起作用。因此,它可以不是科学的前提条件。此外,韦伯也没有声言要将这种"解说"以拆构性的方式(destruierend)弄清楚,从而令科学了解其前科学的前提条件。韦伯只是说任何一门科学都"只能""向着一种最终意义"而得到"解说",因此科学从根本上无法客观地涵括这样一种意义。——原注

韦伯用科学领域内的种种例子来说明这种决断论。"诸历史性的文化科学"(同前,第 95 页)便是这种例子之一,这些文化科学在韦伯看来包括"社会学,历史学,政治经济学,国家学……以及文化哲学"。这些文化科学没有能力分辨它们所研究的对象是否始终是有价值的,分辨"这些文化现象,其存在是否始终是有价值的"①,所以它们同样不去回答"是不是值得花工夫去认识这些现象"这样的问题。这些文化科学把一种旨趣设为前提,即"通过这种程序方法参与到'文化人'(Kurlturmenschen)的共同体中"(同前)。然而,这些文化科学绝不可能对这一前提条件加以科学论证和证实。"诸历史性的文化科学"具有一种意义,这一观点取决于作为"文化人"的个人的不可普遍化的抉择,而不是作为科学家的个人。某个个人是否以及如何做出这样一种抉择,对科学而言无关紧要。

韦伯已经在其科学理论著作的框架内对这一基本想法进行了如下阐明。② 科学研究是"无前提的",而且"价值中立"。不过正因为如此,"对价值的讨论[绝非]徒劳乃至没有意义"。毋宁说,科学把"对这样一种可能性的理解设为前提,即相互背离的最终价值评估的可能性,这些价值评估发生在原则方面且无法弥合"。这些最终价值导致这样一种认识,即"何以并且对什么事情,人们不可能取得一致"。韦伯甚至把这种认识称为"科学认识",但是这样一种"科学认识"在科学内部没有什么重要性。毋宁说,它属于那种最终的不可讨论的态度取舍的范围。这样一种认识的不可避免的后果在于,再没有什么"规范性的伦理学乃至某种'律令'(Imperativ)的约束"能够得到证实。

一个具有统一作用的意义的缺失,在韦伯看来首先是一个伦

---

① 中译参见冯克利译本第 36 页,钱永祥译本第 175 页。此处译文略异。——译注

② 以下参见马克斯·韦伯,《科学学说论文集》(*Gesammelte Aufsätze zur Wissenschaftslehre*),玛丽安娜·韦伯(Marianne Weber)编,图宾根,1922 年,第 465—466 页。——原注

理危机。它威胁着世界整体的伦理风俗,因为西方的"理智化进程"不单单损害到"印第安人和霍屯督人"非理性的活动方式。它从根本上令规范性的、有约束力的导向标准岌岌可危。然而,这种对伦理风俗的侵蚀有它的必然性,所以在认识到"对价值的讨论"并非没有意义之后,韦伯能够强调说:"因为一种'伦理'信念——这种伦理信念受到对相互背离的价值评估的心理学'理解'的排挤,其价值只是与宗教上的意见相等同,就像事情所显露出来的那样,这种宗教上的意见受到了科学知识的破坏。"①"由科学和以科学为导向的技术导致的智性方面的理性化",诚然首先只是导致了一种对日常组织的理性化,然而,除此之外,就理性不再能够普遍推行一种至高目的而言,它还对世界整体进行了"祛魅"。一种规范性伦理学——这种伦理学要求着一种普适的意义——的可能性,同样包含在这种无法普遍推行的东西之内。源自于一种特别的真理性的理性化面临着导向虚无主义的危险。

韦伯已经发现了这一危险,并用一种成问题的回答来抵制它。对韦伯而言,"理智化进程"的结果不是虚无主义,而是前后一致的相对主义。韦伯使用了一个约翰·斯图亚特·密尔的概念将这种相对主义描述为"多神论"(Polytheismus)。每个人都不得不自行抉择一位"神"。这一抉择或价值评估必然与其他抉择发生冲突,也就是说,与其他一些"诸神"发生冲突。② 诚然,单个的科学工作者能够将其所作所为奉献给自己的"神",不过他必须

---

① 参见马克斯·韦伯,《科学学说论文集》,前揭,第465—466页。——原注
② 参见韦伯1916年在一篇十分有趣的报刊文章中对这一主题所作的阐述。马克斯·韦伯,"在两种法则之间"(Zwischen zwei Gesetzen),载于韦伯,《政治论著集》,约翰内斯·温克尔曼(Johannes Winckelmann)编,Mohr:图宾根,1971年,第3版,第145页:"他不得不选择,他想要并且应该效力于诸神中的哪一个,或者,何时效力于一个神,何时效力于另一个神。然而他将始终处于与这个世界的其他诸神中的一个或者一些的冲突中,并且首先始终远离了基督教的上帝——至少远离了在登山临训中得到宣示的上帝。"——原注

同时意识到,他的"神"的意义会受到其他许多"诸神"的反对。然而,"诸神"的冲突关系并不造成一种虚无主义,因为谁会声称,比如说古典时期的"多神论"是虚无主义的?

初看之下,韦伯似乎是凭借着这一思想来摆脱虚无主义。个体凭借他自己对科学的解说使其研究超越向一种意义,而这种意义是科学无法在内部加以主张的。表面看来,一种个体的伦理导向得到了维持,但实际上,"多神论"并没有摆脱虚无主义,因为个人作出的决断无法产生约束力。决断势必孤独始终,这一点同样区分了韦伯的"多神论"和古典时期的"多神论"。诚然,从古典时期的诸神多样性中,我们无法阐释出一种由一神论所提供的约束力。然而,在希腊人那里,个体的宗教导向并不取决于一种孤独的决断。每一个城邦都有它的诸神,谁拒斥了它们——比如苏格拉底——或者更崇敬另外的诸神,谁就必须受到不敬神诉讼。与此相反,韦伯的"多神论"意味着普遍的生存方面的导向标准在总体上的缺失。在韦伯看来,只剩下任意的价值损害能够成为导致不敬神的理由,通过这种方式,韦伯排除了不敬神,因为真正的不敬神恰恰存在于对宗教生活的特殊损害之中。严格说来,在韦伯的"多神论"中要么完全没有不敬神,要么没有持续的不敬神。因此,韦伯的"多神论"是虚无主义的,因为他不认为可能存在一种积极的约束性价值。同样与此相关的是,韦伯式的科学无法维护一种积极的教化任务(Bildungsauftrag)。

相应地,韦伯驳斥了任何一种让专业的普遍性首先以商谈的方式从个人决断中产生出来的可能。商谈——它必定以建立"最完善的论证"为基础——在韦伯看来只能发挥一种破坏作用。一种有关价值的商讨——无论这种论辩是在科学内部还是外部进行——总是导致一种日益加剧的相对化。对韦伯而言,关于价值的商讨具有一种特别涵义,即证实个人的决断是一种不可普遍化的决断。在韦伯看来,一种可以进行商讨的价值就不再是一种价值,对价值的商讨可能始终只是认识到这样一种结果,即"人们"
不可能"取得一致"。一种不对被信仰之物的价值加以商讨的"信
仰",可能会带来约束力。不过它不只是在科学之彼岸,而是在科
学外部乃至反对着科学才能做到这一点,也就是说反对着科学所
代表的那种"理智化进程"。对理智的牺牲,亦即准备好放弃对价
值的商讨,在韦伯看来,"只以正当的方式产生先知的追随者,教
会的信徒",即"宗教人"(religiöse Mensch)(WaB,第108页)。不
过,这种牺牲在一个"远离上帝、没有先知的时代",只能从孤独中
产生出来。此外,它还必须被标明为是不具真理性的。

　　哈贝马斯注意到了这个问题并且反驳道,"当韦伯从理性的
实质统一性之丧失,推论出一种互相斗争的宗教力量的多神
论——这种多神论的不可调和植根于一种互不相容的有效性要
求的多元论——时,他走得过远了"。[①] 其原因在于,韦伯首先把
理性理解为"目的理性"(Zweckrationalität)[②]。实际上,韦伯似乎
把"智性方面的理性化"理解为一种在"积极性、合法性、形式"[③]方
面的单纯增长,他的出发点绝不是,这种理性可以使实践活动更
大程度地符合人性。与此相适合的同样还有韦伯在如下这组情
况上对理性化的论说,即在大学里最优秀的人和犹太人首当其冲
完全不可能获得成功。

　　当哈贝马斯以语言哲学的知识来处理韦伯的分析,并在这里
找到其"交往行为理论"的萌芽时,我们认为可能的情况是,这位
社会学家想要在一种"理智的诚实"——这种"理智的诚实"并不

---

① 尤根·哈贝马斯,《交往行为理论》,第1卷,《行为理性与社会理性》,Suhrkamp:美
　　茵法兰克福,1995年,第339页。——原注
　　中译参见哈贝马斯,《交往行为理论》,曹卫东译,2004年,上海人民出版社,第
　　239页,译文略异。——译注
② 同前,第369页。——原注
③ 同前,第352页。——原注

利于一种在他看来纯粹是幻想出来的约束力——的基础上,显露其冷静客观的描述。尽管如此,哈贝马斯可能难以接受这一结论,这标志着一种特殊的哲学动机——无论哈贝马斯对其理论的展开看起来具有何种形式。

从上述所有论述中可以得出结论,韦伯的"多神论"必须被标定为一种虚无主义,它是一种虚无主义,其原因在于,它不是单单漠然地面对一种规范伦理学的可能性,而是对这种可能性加以驳斥。按韦伯的看法,与一神论者亦即"教会的信徒"不同,对多神论者而言,不存在普遍的约束性。在有根据的、实践性的规则的普遍约束性缺失的地方,就没有伦理规范,而在伦理规范荡然无存的地方,虚无主义就横行无忌。这时便只存在目的理性的必然性,亦即"诸神的永恒斗争"在一种合法的形式中得到调和,无论这种调和是出于某种特殊利益,还是出于舒适安逸。

不过,韦伯并没有得出一种科学的虚无主义的结论,这位社会学家最终发现了一本记录着科学之意义的特征的小小目录册。科学以令人容易想到的方式使得如下一种技术得以可能,这种技术"教人如何通过计算来掌握生活、外部事物以及人类生活"(同前,第103页)。韦伯将技术设想为一种"应用科学",一种对科学思想的工具化。为科学做好准备的第二点在于"思维方法"(同前)。这属于现代的基本理解,即科学性的知识基于对其方法的一种准确澄清。从方法的认识当中产生出第三点,即认识的"清晰"(同前),这一想法同样可以在现代科学的基本著作中找到。以确定性意义上的真理为目标的认知必须得到"calre et distincte"[清楚而明白](笛卡尔)地实行。不过,我们已经看到,韦伯将日常生活的技术化和使理智趋于清晰的行为理解为一种逾越了科学边界的生活世界的结果。

在这些以应用为导向的对科学性认识的标示之外,韦伯还发现了第四个特征。在对这些特征进行解释的时候,韦伯肯定性提

到了"哲学的专业学科"。我们对此抱有特别的兴趣。在讲座中
韦伯说道：

> ……我们可以——并且应当——对各位说：我们可以前
> 后一致地从最终的与其世界观相符的基本立场中推导出实践
> 态度的按其意义而言的诚实无妄——可以只从一个立场中推
> 导，或者从若干不同的立场中推导——而从其他的立场中则推
> 导不出。用形象的说法来说，当各位择定了这一态度时，各位
> 就侍奉这一个神并侵害其他的神，因为如果各位忠实于自己，
> 就必然会达到这个最终的、内在而富有意义的结论，这至少在
> 原则上是可以办到的。哲学的专业学科及其他单个学科按其
> 本质而言是哲学性的、从原则方面进行的探究，正是尝试去完
> 成这件事的。因此，如果我们理解我们的任务（此处这必须是
> 前提条件），我们可以迫使个人或至少在这件事上帮助他去对
> 自己行为的最终意义给出解释。在我看来，这不是微不足道的
> 事，即便就纯粹的个人生活而言。如果一个教师可以成功地做
> 到这一点，我在此同样还想说：他效力于'伦理的'力量，亦即创
> 造出义务、头脑的清明和责任感。我相信，他越小心仔细地避
> 免从他自己的角度把一种态度强加或推荐给听众，他就越能胜
> 任这件事。（同前，第104页）①

毫无疑问，科学的意义这一第四特征具有其最积极的规定。
在"哲学的专业学科"中受到训练的读者容易发现这一规定源自
何处。其源头便是韦伯在这里所诉诸的古老的苏格拉底式的
λόγον διδόναι［给出逻各斯，给出理由］。苏格拉底在柏拉图对话
中反复强调，正直的人、有 ἀρετή［德性］的人，就其导源于这种

---

① 中译参见冯克利译本第44页，钱永祥译本第184页。——译注

λόγοι［言辞，逻各斯］的实践活动从善和正义的角度受到评判而言，应当在自己的 λόγοι［言辞，逻各斯］中重新认出自己。当韦伯声称，对于"哲学的专业学科"以及一种"按其本质而言是哲学性的、从原则方面进行的探究"而言，去形成这样一种态度是其本职时，他反对认为他对科学的"意义问题"的辨析将会导致一种虚无主义的猜想，却似乎因此无法宣示出科学的"品德"（Sittlichkeit）。

　　然而，"创造出"科学性的"义务、头脑的清明和责任感"，这大大简化了苏格拉底—柏拉图的 λόγον διδόναι［给出逻各斯，给出理由］。因为在韦伯那里，不是善和正义本身要求着这种正直，而仅仅是"多神论"的决断，亦即始终是相对性的个人态度依循于它的价值，要求着这种正直。韦伯式的科学的"品德"在于使一种"多神论"的意识、一种对善与正义之不可能性的真确洞识，得以可能。因此，对这样一种意识的建立，恰恰与苏格拉底的如下意图相反对，即解释为什么必须要在一个排斥相对性的（antirelativ）裁判机关面前澄清自己的实践活动。韦伯的科学"品德"效力于虚无主义，它要求并促动人们去认识我们生活在一个"远离上帝的、没有先知的时代"的"义务"；这是一种奇特而甚为荒唐的义务，它似乎想要责成个人去承认虚无主义是"世界之祛魅"的必然后果。① 这种承认同如下的情况没有区别：我从原则上将任何一个

---

① 洛维特对韦伯的规划有别样的评价："正因为科学研究由人类方式的一些不明确然而对最细枝末节的事情都有决定性影响的前提条件所承载——因为人是专家的前提条件，在韦伯看来问题的关键在于已经不再是专业社会学的（fachsoziologisch），而是哲学社会学（sozialphilosophisch）的使命：在科学的个别研究中总是把决定性的价值理念的'先天性'（a priori）明确下来。"卡尔·洛维特，"马克斯·韦伯与卡尔·马克思"（Max Weber und Karl Marx），载于洛维特，《黑格尔与哲学在19世纪的扬弃》，《马克斯·韦伯著作全集》，第 5 卷，第 338 页。30 年后，他说："尽管科学［从宗教中］得到了解放，作为前提的道德和半宗教的方式的诸价值——这些价值规定了科学知识乃至成为基础性的——同样起到基础的作用，马克斯·韦伯对一种价值中立的科学的要求正是想要表明这一点。科学应该自由（转下页注）

有责任能力的人的任何一个决断都视为不容反驳。对此我不得不给出的解释正在于，我非常清楚地知道这一点。

3. 智慧之人与科学

在一战期间，支持战争的教授们及主张和平主义的教授们利用其突出地位来鼓动人们反对或支持帝国的战争政策。韦伯明确谴责这种鼓动行为："人们常说而我也赞同这一点：政治不属于大学教室。"（同前，第 95 页）如果这么看，那就无从再作进一步思考了，因为坚持认为党派政治"不属于大学教室"，这是陈腐老套的。

然而，我们已经看到，韦伯将西方科学的开端和苏格拉底、柏拉图的名字联系起来。这种科学必须去理解，"人们如何首先作为城邦公民在生活中正确地行动"。科学的开端怀有一种伦理、政治的意图。城邦以及城邦中的正确行为是欧洲科学的首要对象。如今在欧洲近代的起始处，这种开端已经荡然无存了。根据韦伯的看法，科学在其"理智化进程"中自行去政治化了。

韦伯把政治从科学中排除了出去。如果我们想要坚持认为，就哲学追问善与正义对于实践的重要意义而言，任何一种真正的哲学都是政治性的，都包含一个政治维度。如果我们想要澄清，

（接上页注）地朝向一种为自己本身所意识到的、明确而又前后一贯的价值，而不是将它自己和其他的东西在科学认识的幌子下掩藏起来。"洛维特，"马克斯·韦伯对科学的态度"，前揭，第 433 页。在我看来，韦伯的演讲"科学作为职业"并没有谈到这样一种科学和理性批判。韦伯认为，科学只拥有一种方法论前提，如果它根本上想要成为一种系统研究，它就无法彻底清除这一前提。此外，值得注意的是，洛维特在他论述韦伯的著作中没有向自己提出这样的问题，即他本人的阐释活动在韦伯式的诠解基础上会得到何种评鉴。他固执于一个思考领域极为宽广的"哲学家"的视角，这种哲学家甚至心血来潮，把韦伯本人搞成一个"哲学社会学家"（Sozialphilosophen）。而他因此从根本上弱化了他大加赞赏的社会学家的那种极度的"冷静客观"（同前，第 441 页）。——原注

这一要素在韦伯看来在多大程度上无法在科学中找到立身之所，那么我们就必须追问，韦伯对政治有何理解。为此，我们需要离开本题，谈一谈韦伯在"科学作为职业"的演讲两年后、在同一地点所作的报告"政治作为职业"。

韦伯在那里首先着重指出，政治的概念"极为宽泛"，它包含"任何一种独立领导的行为"。社会学家本人粗略地谈到了"银行的外汇政策，中央银行的贴现政策，罢工时的工会政策，人们可以谈论一座城市或乡村的办学政策，一个协会理事在领导时的政策，人们最终还会谈论一个聪慧的妻子力求驾驭其丈夫的政策"（PaB，第157页）①。在所有这些活动中，都涉及对一个特定客体的卓有成效的掌控。不过，韦伯立刻作出说明，他在其演讲中想要在一个特定涵义上解释这个"概念"："现在在这个概念之下我们只想要理解的是：对一个政治团体——对于我们今天的题目而言也就是一个国家——的领导或对此种领导的影响。"（同前）因此，韦伯并不把银行和学校视为政治团体。根据定义，政治团体乃是"国家"，是其在现代中的"特殊的手段"，即"物理意义上的暴力性"（physische Gewaltsamkeit）（同前，第158页）。

不过，当韦伯以下述方式表达了对政治的更为集中的定义时，这一印象得到了少许修正。政治是一种"对权力份额或权力分配（Machtverteilung）进行影响的谋求，无论是国与国之间，还是在一个国家内部所包含的人民团体之间。"（同前，第159页）②因此，政治就是在外交或内政方面，一种基于权力的领导活动，即在与别国的关系及自身关系中对国家的掌控，而确切无疑的是，银行、工会、学校和大学属于一个国家的内部领域。

---

① 中译参见冯克利译本第54—55页，钱永祥译本第195页。此处译文略异。——译注

② 中译参见冯克利译本第55页，钱永祥译本第197页。此处译文略异。——译注

　　韦伯对政治的抽象理解,其首要特征在于它在根本上涉及到权力。按韦伯的看法,对一个国家或其中的"人民团体"的领导以权力为前提。依照韦伯的代表作《经济与社会》中的一个著名定义,权力指的是"在一种社会关系里哪怕是遇到反对也能贯彻自己意志的任何机会,不管这种机会是建立在什么基础之上的。"[1] 权力机会在于对一个特定客体的高度掌控。这样一种掌控通过"命令"发生,它源自"服从"。为一种"命令"而"寻求顺从"的机会对韦伯而言就是"统治"[2]。它存在于三种形式中,即"被神圣化的习俗(Sitte)",作为"恩典之赐予"(*Gnadengabe*)(卡里斯玛)的权威以及作为"合法法令之有效性"(Geltung legaler *Satzung*)的权威(PaB,第 160 页)。

　　对韦伯而言,权力和统治绝非处于一种稳定的和谐关系中,指出这一点不无重要。当权力遭遇反对,统治因此面临丧失的威胁,权力可以凭借其"暴力性"[3]来反对这种反抗从而贯彻自己的目的。如此看来,权力的政治和统治的政治就发生冲突。虽说冲突不是权力的核心示例,但对"自己的意志"的贯彻必须始终切实地考虑到某种"反对"。

　　"群众鼓动者"(Demagoge)以及"元首"(Führer)是如何以及为何动用其权力的,这个问题对有关"信念"和"责任伦理学"的闻名遐迩的韦伯式定义来说是个出发点。韦伯严格地追问"政治的伦理规范(Ethos)",追问政治"安居其中的伦理位置"(PaB,第230页)。在这个问题上我们可以假定,韦伯自己意识到了其"多

---

①　马克斯・韦伯,《经济与社会》,修订第五版,约翰内斯・温克尔曼(Johannes Winckelmann)修订,Mohr:图宾根,1972 年,第 28 页。——原注

　　中译参见《经济与社会》,林荣达译,商务印书馆,2004 年,第 81 页,译文略异。——译注

②　同前,第 28—29 页。——原注

③　韦伯,《经济与社会》,前揭,第 29 页。——原注

神论"主题的后果——在其报告"政治作为职业"中他只在一种历史语境中谈到"多神论"①。从这一假定出发我们看到,韦伯对"责任伦理学"(Verantwortungsethik)的选择可能并不令人意外,而"信念伦理学家"(Gesinnungsethiker)必须以此为出发点,即一种具有普遍约束力的伦理学至少是依据理念而产生的。

按照韦伯的看法,政治群众鼓动者的责任在于,明了他为了实现自己的目标而参与到何种"恶魔般的权力"中(同前,第247页)。他必须已经准备好去"承担其行为的(可预见的)后果"(同前,第237页)。责任对韦伯而言意味着担当由决断引起的后果。在这个意义上,这样一种责任乃是"本己责任"(Eigenverantwortung)(同前,第190页)。韦伯对这样一种"政治伦理学"(同前,第216页)的理解显然不能被归结为机智之规则。单纯在理智上承认自己犯下了错误,这不能导向一种伦理学,那么对责任的履行体现在何处?"承担其行为的后果",这意味着什么?

政治家或群众鼓动者必须可以代表一种政治目标。对于这种目标的来源,韦伯未置一词。根据他的"多神论"主题人们可以设想,政治家的目标来自于对其各自的"神"的选择。除了决断论没有其他选择,对特定目标的努力求取有可能失败,这样一种失败的后果在政治领域是全然不同于私人行为领域的。在权力和统治的政治领域,在"恶魔般的权力"领域去主张自己的行为,毫无疑问要求一种不同于私人关系领域内的决心。在韦伯看来,这

① "希腊的多神论既供奉阿佛洛狄特也供奉赫拉,既供奉迪奥尼索斯也供奉阿波罗,并且意识到:他们常常互相争斗。"(PaB,第242页)(中译参见冯克利译本第110页——译注)把韦伯对现代"多神论"的观察与古代分隔开的东西是这样的思想,即,在有互相冲突的"诸神"的地方,如果人们只是自己搞出一种对这种"多神论"的意识,便向来不可能有具备强制力的导向。而苏格拉底并不认为神谕只对个人有重要意义。他还尝试去公开验证神谕——而且这是事关重大的。——原注

种决心要求一种不同的"激情"（Leidenschaft）（同前，第 227 页）。此处这种激情被理解为对一种更深沉的决心的经受。政治家必须以别样的方式"经忍并且在内心中对付""生活的现实性"（同前，第 249 页）。在韦伯看来，当"信念伦理学家""不能经忍世界的伦理方面的非理性"（同前，第 240 页），并因此在其目标遭受失败的情况下倾向于像一个"千年至福说的先知一样"转向"最终的暴力"之时，"责任伦理学家"则接受其目标无法达成的可能性，并因此避免了一种暴力性的最终手段。据此，我们只能说，政治家的责任在于一种将其政治失败当作自己在"生活的现实性"上的失败接受下来的更大的敏感性。不过，韦伯是否可以在"多神论"的背景下继续问，究竟为什么一个政治家应当具备这种敏感性？存在一种虚无主义式的真理性吗？

现在我们可以衡量一下，对韦伯而言，政治在多大程度上无法成为科学的组成部分。一个意志的贯彻以这个意志明了自己的目标、自己的意义为前提。在政治被理解为控制某个服从的客体的权力的地方，政治必须具有这样一种控制的目的，但是无法从自己本身中生成意义的"无前提的"科学对此无能为力。它不能行使政治权力，因为它不知道为何之故。它有能力去做的事情是，当人们选择某一位"神"的时候提醒他们注意，这些选择始终同时具有一种政治特征，并因此关系到选择行使权力的某种裁判机构——而始终会有另一个同样合理的行使权力的裁判机构来反对它。

因此，在韦伯看来，这样一种权力的代表与科学毫不相干。这些代表是群众鼓动者，先知和智慧之人，他们是具有"神圣价值和启示"（Heilsgüter und Offenbarungen）的卡里斯玛式的形象。韦伯认为，他们可以在一些批判得以可能的、而权力也可以得到反对的位置地点上，提出自己富有诱惑力的建议。显而易见，韦伯认为智慧之人是一种非科学性的形象，因为这涉及"神圣价值和启示"。在"哲学的专业学科"，在大学教室中，没有智慧之人的位置。

在大学教室中没有群众鼓动者、先知和智慧之人的位置，其原因就在大学教室那特别的拓扑学。在大学教室中占支配地位的 λόγος［言辞，逻各斯］无从遭到批判，但是智慧之人必须可以遭到反对。何以大学教室是一个不存在批判的空间，韦伯对此没有十分清楚地加以说明。不过，从演讲"科学作为职业"的下述段落中，我们可以获知这一原因：

> 人们对先知和群众鼓动者们说："走出去，走到大街上，作公开演说。"那个地方是可以产生批判的地方。在教师与其听众相对而坐的大学教室，听众必须沉默无言而教师必须滔滔不绝。学生为了自己的前程必须听某位教师的课，而在大学教室中没有任何对教师提出批评的人。如果教师不履行其使命，用自己的知识和科学方面的经验来帮助学生，而是趁机把自己的个人政治见解灌输给学生，我以为这是不负责任的。（WaB，第 97 页）①

这一段落包含三点内容。第一点：在大学教室，也就是科学中，不可能出现批判，因为在始终针对"事实"的科学认识中（同前，第 98 页），不可能存在互相冲突的"个人的……见解"。第二点涉及大学教室这个"位置地点"，涉及教师与其听众之间的等级关系。在教师无视其真正使命而发表"个人政治见解"的地方，这种关系尤其有害。发表政治见解适合于——这是第三点——可以得到批判的地方。在牵涉到多数人意见的大街上，反对具有双重可能：1. 因为这涉及在此处得到表达的纯然意见；2. 因为在大

---

① 中译参冯克利译本第 37 页，钱永祥译本第 177 页。此处译文略异。——译注

街上同等的人身处权力斗争中,而在大学教室里,教师由于其作用具有一个不容争辩的主导位置。就此而言,大街与大学教室的"位置"是相异的。韦伯坚持这种区分,根据这种区分,大学在根本上并不呈现出公共性,它禁止争执性的论辩。在科学中批判相应地具有双重的不可能:1. 由于科学陈述的性质;2. 由于源自这一性质的、形成等级关系的、在有知者(教师)和无知者(听众)之间的能力差异。

于是,对韦伯而言智慧之人属于大街,因为他掌握一种具有批判能力的λόγος[言辞,逻各斯]。智慧之人是一个政治人物,而非科学工作者。他所阐述的是"个人的政治见解",并且把这种政治见解当作"神圣价值和启示"。按韦伯的看法,智慧之人根据多神论话语斗争中令人信服或者一败涂地的情况,是一个谋求权力的卡里斯玛人物(Charismatiker)。因此,一种政治哲学的可能性可以跟随韦伯一起得到思考,不过我们必须为此所付的代价可能无比高昂。

在大学教室里为人所听闻的"哲学专业学科"已经把智慧之人分离了出去。如果哲人如所周知地在更准确的语词意义上不是"智慧之人",而苏格拉底出于一定的理由不可以被贯以"智慧之人"这样一个称呼,那么明确可辨的是,韦伯将苏格拉底式的哲人与智慧之人等同起来。在苏格拉底意义上的哲人不再是大学教师,大学教师也不再是哲人。大学教师可以——如果我们思及韦伯有关真实的存在的陈述的话——把欧洲哲学的传统仅仅看作是一个悠长的、已经得到克服的"世界之祛魅"的阶段,看作是一种"早先的幻象"。

这样一种对真正的而又逝去了的哲学与科学性的"哲学的专业学科"之间的区分,有其特定后果。首先,这关系到那种"幻象"的过去特征。如今不得不将"哲学"加以对象化的"哲学的专业学科"(因为哲学变成了哲学学科的研究对象,这是哲学所涉及的

"事实")只能将哲学历史化。[①]　在"哲学的专业学科"中，事关宏旨
的是理清以往"哲学"之间的实际联系，并源于一种对需要以语文
学方式加工整理和开发挖掘的原始资料的准确认识，从而对"哲
学"进行勘查清理。与此同时，"哲学的专业学科"只能在诠释学
的先行给予的基础上来穿透一个历史语境，这显然具有一种科学
性的特征，因为随着诠释学一起，一些前提条件就产生了作用，这
些前提条件与一种系统研究在形式上、方法上的预先给予有所不
同。之所以不同是因为这些前提条件总是已经事先发见了各个
语境乃至整个语境的"意义"，如果我们不通过"事实"来验证韦伯
自己关于一种全面的技术的"理智化进程"的论说，同样的特征也
会出现在他的解说里。

　　与这种对"哲学"的不可避免的历史化相一致的是另外一种
效应。这种效用并不和历史化已然等同，却无疑导源于这种历史
化。在"哲学的专业学科"中，韦伯的"多神论"表现在正在进行研
究的人不再能忽视过去的"哲学"的幻象特征，"哲学的专业学科"
中的研究者和教师把他们的对象相对化了。如果说以前的哲人
是从这样一点出发的，即在"真理"之争中说出他的终极看法并且
掌握支撑其终极看法的论据，那么现在的情况则是，将这些终极
看法语境化并表明，在多大程度上任何一种看法都有其特定的理
由。与此同时，我们相信，任何一种哲学在它的时代只能把握住
它在实际上所理解的那些结论。在这个问题上，相对化和历史化
表明它们是一体两面的。

　　这样一种相对化和历史化造成"哲学"史在一个相当广的层

————————

①　列奥·施特劳斯总是一再指出，韦伯的科学理解"必然将自身改造为历史主义"
（施特劳斯，《什么是政治哲学?》，前揭，第 25 页）。实际上在韦伯的科学理解中，
哲学别无选择，只能成为一门科学，它把个别的"哲学"弄成自己的对象。因为"进
步"只有在它作为它本身可以被察觉乃至测量的地方才可能实现。对有关善与正
义的知识或者"存在的意义"问题而言，这是不可能的。——原注

面上把自身平均化了。这种平均化另一方面又首先使得"最严格的专门化"成为可能。关于这一点我们相信,任何一个历史语境可以得到如此精细地区分,即使最微小的联系也总是可以一再得到展开。在这种情况下,这种专门化在达到与所有其他的"专业学科"的对象领域内的专门化不相上下的程度后才会平息下来。一个研究者在什么地方进行专门研究,这是随意的、无关紧要的,首要的事情在于他在做。相对化、历史化和平均化无疑是三个标志,它们别无可能必须被称为是虚无主义的。①

于是,"哲学的专业学科"内的科学工作者不得不与这样的"早先的幻象"告别,即认为哲学是一种比所有其他认识方式来得优越的认识。对这些科学工作者而言,哲人是一个非同寻常的形象,一个陌生人,一个梦影。在现代状况下容许像胡塞尔或海德格尔,阿伦特或阿多诺这样的人物有一个学院生涯,这值得注意。在严肃沉思真正的科学的标准的基础上,这些学院生涯是一种显然尚未得到完全祛魅的理性的歧途。这些学院生涯将不再能够得到重演。

随着对哲人和"哲学的专业学科"内的大学教师之间的区分,一个范例经由韦伯的科学社会学得到建立。即便有少数例外与这一范例相悖,这个范例仍旧与一种被彻底理性化的现代精神的有规律的现实性相符。从这一角度看,这样一种对现代性的规定表现为弗里德里希·尼采的回响,他在其早期著作《作为教育家的叔本华》中已经以令人惊异的方式清楚地认识到了

---

① 参见罗伯特·埃登(Robert Eden)的论文,该文包含了对施卢赫特的韦伯肖像的批判,"马克斯·韦伯与弗里德里希·尼采或者社会科学果真摆脱了历史主义吗?"(Max Weber und Friedrich Nietzsche oder: Haben sich die Sozialwisssenschaft wirklich vom Historismus befreit?),原文载于《马克斯·韦伯和他的同时代人》(Max Weber und seine Zeitgenossen),沃尔夫冈·J·蒙森(Wolfgang J. Mommsen)和沃尔夫冈·施文特克(Wolfgang Schwentker)编,Vandenhoeck & Rupre-cht:哥廷根,1988年,第557—579页。——原注

这种差异。[①] 海德格尔在其后期哲学中响亮地强调科学"不思想"，这简直已经为韦伯所预料到了。[②] 即便是当代的乃至一些杰出的大学教师似乎也已经承担了这种韦伯式的后果。[③] 不过，一种真正的哲学思考并不能够在一所大学的教室内建构起来，"哲学的专业学科"内的教席教授也不是智慧之人，这想必非常容易为人所理解。于是我们便想要激烈地指出这样一个问题，哲学是不是从根本上使这样一种区分成为可能。

在接下来的论述中，我们准备把苏格拉底的政治哲学从这样一种历史化的—相对化的—平均化的视角中解放出来。与此同时，我们——天真地——假定，这种哲学以适当的方式达到了它的对象，并据此以一种真实的方式方法呈现了它的真理。于是哲学被回复到了其古老状态。它并不被视为一种"早先的幻象"，相反，它被看作是一种认识，这种认识使得某个人——如果他准备严肃地面向这种哲学——的较好的、较真实的生活得以可能。

---

① 在尼采看来，"哲学教授""充其量是跟随性思维和主题化思维的人（Nach-und Überdenker），不过首先是所有早先思想家的博学的专家"，或者是"能干的语文学家、古董鉴赏家、语言专家和历史学家：但绝不是：一个哲人"（尼采，《作为教育家的叔本华》，KSA1，前揭，第 416—417 页）。尼采的《不合时宜的沉思》越受到他在当时还很活跃的瓦格纳崇拜的支撑，人们就越不能正确地评价它——如果人们把这一沉思归并到这种狂热中。尼采此处显然并不是以非论战性的姿态交给我们去思虑的东西，在韦伯有关"科学作为职业"的演讲中以另一种方式得到了裁决。根据一种对《作为教育家的叔本华》的留心阅读，我们不可避免地会以另一种方式来解读韦伯的文本。——原注

② 马丁·海德格尔，"什么叫思想？"，载于海德格尔，《演讲与论文集》，第 7 卷，弗里德里希-威廉·冯·赫尔曼编，Vittorio Klostermann：美茵法兰克福，2000 年，第 133 页。——原注

中译参见海德格尔，《演讲与论文集》，孙周兴译，北京三联书店，2005 年，第 140 页。——译注

③ 比如，沃尔夫冈·克斯廷（Wolfgang Kersting）在其霍布斯导论中如是写道："我们如今明确地将科学与哲学区分开来，将哲学视为与各门科学相分离的某种独特的东西。"沃尔夫冈·克斯廷，《托马斯·霍布斯导论》（*Thomas Hobbes zur Einführung*），Junius：汉堡，2002 年，第 2 版，第 47 页。——原注

主要部分　政治哲学的诞生

　　当我根据海因里希·迈尔的一个用语，把《苏格拉底的申辩》和《克力同》称为"政治哲学的诞生"[①]时，我的出发点是，在柏拉图哲学中区分苏格拉底对哲学思考的强调和柏拉图对哲学思考的强调是富有意义的。实际上，我认为有充足的理由把这两个早期文本与一种像在《理想国》乃至《法律》中描绘出来的已经得到修正的政治哲学区分开，但如果人们想把这些文本对峙起来，这会是一种误解。在顺便谈到可能是伪柏拉图所作的《阿尔喀比亚德》时，我将回到这个问题上来。

1.《苏格拉底的申辩》

　　在柏拉图的著作集中 Ἀπολογία Σωκράτους［苏格拉底的申辩］

[①]　迈尔，《为什么是政治哲学?》，前揭，第 11 页："在史家可能首先看到苏格拉底之死的地方，哲人恰如其分地看到了政治哲学的诞生。"（中译参见《隐匿的对话》，前揭，第 108 页——译注），亦可参见列奥·施特劳斯，《苏格拉底与阿里斯托芬》(*Socrates and Aristophanes*)，芝加哥大学出版社：芝加哥与伦敦，1966 年，第 3 页："政治哲学包含在我们的伟大传统之中，由此，政治哲学的可能性与必要性似乎得到了担保。根据我们的伟大传统，政治哲学由苏格拉底创建。"（中译参见施特莫斯，《苏格拉底与阿里斯托芬》，李小均译，华夏出版社，2011 年，第 1 页——译注）——原注

的标题是独一无二的。苏格拉底,这个绝大多数柏拉图著作的主角,唯一一次在标题中被提及。这表明,柏拉图在这里对他的主人公进行了特别的描绘。与处决时不同,在庭审期间柏拉图看来是在场的。他看到了处于其政治生活顶峰的哲人本人。在这个30多岁的青年心中发生了什么? 在第欧根尼·拉尔修的传记中我们可以找到有关苏格拉底的梦的轶事(3.3—3.6)。他梦见自己把一只天鹅抱在膝头,天鹅欢快地鸣叫,直入云霄。第二天有人将青年柏拉图介绍给他,而他立即认出了柏拉图就是那只鸟,这表明古代时期人们已经对苏格拉底和其学生之间十分特殊的关系有所察觉。

　　雅典的人们,你们对我的控告者们的话怎么想,我不得而知。无论如何他们几乎让我认不出自己了。我想说的是,他们言之凿凿,却完全没有说出真相。在他们的谎言中至少有一个让我大感吃惊,他们说,你们必须提防,不要被我欺骗,因为我能说会道。(17a)[①]

　　人们常常指出[②],"苏格拉底的申辩"是一个根据一定规则筹划好的法庭陈词,因此其开篇可谓颇为"典型"。苏格拉底立刻断言,他的原告们没有说出真相,不过这个开篇含义更广。苏格拉底在一开场就已经提到了占据他一生的哲学主题。

　　控告者们如此"言之凿凿",以至于苏格拉底几乎认不出自己。控告者们的λόγοι[言辞,逻各斯]导致迷乱,苏格拉底几乎忘

---

① 中译参见严群译本第 51 页;王太庆译本第 25 页。——译注

② 比如,可参见柏拉图,《苏格拉底的申辩》(*Apologie des Sokrates*),恩斯特·海奇(Ernst Heitsch)翻译并评注。Vandenhoeck & Ruprecht:哥廷根,2002 年,第 37、38 页。亦可参见托马斯·迈尔(Thomas Meyer),《柏拉图的申辩》(*Platons Apologie*),Kohlhammer:斯图加特,1962 年,第 9—10 页。——原注

记了自己是谁,因此我们这里触及了试图阻碍人们的自我认识的政治言谈,这种言谈抓住了对一种明智的实践而言显得尤为重要的关键点。谁忘记了自己,谁便丧失了一种政治立场的基础,也就是说,丧失了开端。

控告者们没有说出真相,这与他们企图迷乱城邦的目的相关。他们所制造的迷乱首先是一种有意识的对事实的歪曲。他们声称苏格拉底干了实际上他们自己所干的事情,亦即通过一种精巧的言谈的 τέχνη[技术]来进行欺骗。苏格拉底接下来将会指出,他既不具备也不曾教授这样一种 τέχνη[技术](20c)。

控告者们言下之意指控苏格拉底具有一种智术师式的雄辩术。他们声称苏格拉底淆乱了虚假和真实的 λόγοι[言辞,逻各斯](τὸν ἥττω λόγον κρείττω ποιῶν[把较弱的言辞搞成较强的],18b)。哲人本人坚决与之作斗争。他将说出真相(ἀλήθεια[真理,真实],17b),他不会以控告者们的手法,用漂亮奉承的语汇来粉饰(κεκαλλιεπημένους[粉饰])真理,而是像他向来所作的那样,像他在市场上、在货币兑换处所作的那样,信口(εἰκῆ[无意地,偶然地])道来。

真理无需庞大的雄辩术,换言之,比起虚文伪饰和为这种伪饰所特有的阿谀奉承,真理的说服力来自于另一些源泉。苏格拉底的出发点是,他所说的话是正义的(δίκαια[正义],17c)。真实的事物是正义的而正义的事物也是真实的,这句话不只是表达出了柏拉图的思想。毋宁说,苏格拉底在反思自己的处境:他在法庭受审,在法庭上必须说出正义的东西。哲人本人接着表明他不想以同情的要求来迷惑审判官,与此同时他简直是在警告审判官说,不能凭偏好,而要靠法律来审断(35c)。

正义的事物不需要一种粉饰的言谈,因为它并不想要迷乱别人。相反,它所寻求的是自我认识的明智,只有在自我认识的明智的基础上才可能存在对真实的事物和正义的事物的认识。智术师式的修辞术破坏这一基础,而哲学性的λόγος[言辞,逻各斯]设法使人达到的是一种自我认识。

苏格拉底由此展开了斗争,他直接与敌人进行对峙并且表明了不一致之处。事关宏旨的是哲学与城邦的关系。在哲人眼中,智术师们遵循一种策略,这种策略最大程度地损害哲学与城邦这两者。

> 我已经 70 岁了,如今是我头一遭站在法庭面前。对于这里惯用的辞令,我简直可说是个陌生人。如果我真的不经意间成了陌生人,你们会给与我理解,让我用那种我习惯了的土话及其方式来说话。同样,我现在也向你们提出一个在我看来是正当的请求,撇开我的说话方式——它兴许是更糟的,也有可能是更好的——注意并只重视我说的话是不是正义。因为这是审判官的德性,而说话者则要说出真实的东西(δικαστοῦ μὲν γὰρ αὕτη ἀρετή, ῥήτορος δὲ τἀληθῆ λέγειν)。(17d)①

在法庭面前哲人是陌生人,这不仅是相关于这样的情况,即苏格拉底在垂暮之年第一次拥有必须作公开辩护的经验。不如说柏拉图认为,法庭的位置是留给智术师中的一员的。在《泰阿泰德》中,苏格拉底谈到了这一点,他区分了耽留于法庭位置的人和由哲学(ἐν φιλοσοφίᾳ[在哲学中],172c)所塑造的人,前者是奴隶而后者是自由人。

在《泰阿泰德》中,苏格拉底称之为陌生性之标志的事物乃是支配了法庭的ἀσχολία[没有闲暇](173d)。苏格拉底强调,哲学性的对话也就是真实的对话多么需要闲暇。与此相反,法庭总是匆匆忙忙。除此之外,法庭甚至经常把生命看作头等大事。自由人

---

① 中译参见严群译本第 51 页;王太庆译本第 26 页。——译注

主宰自己的时间,而奴隶则臣服于时间。

此番评议背后的东西,苏格拉底稍后会直接说出。哲学性的生活根本上是一种 ἰδιωτεύειν［过平民生活］(《苏格拉底的申辩》,32a),一种在闲暇中寻求它的属己之物(Eigenes)的生活,而绝不是一种公开的、政治性的生活。实际上,柏拉图从没有让人在这件事情上起疑,即哲人不想进行统治。哲人的真实生活毋宁说在于朋友之间的交谈,这种交谈在对真实事物的探询中而绝不是例如在法庭上习以为常的那样,在纯粹的劝服中找到其意义。

不过,现在(νῦν)苏格拉底必须自我辩护,另一种非哲学式的 ἀσχολία［没有闲暇］的时间由此开始。后来他说,如果他有更多的时间,他可能会令法庭信服自己的清白。哲人对这种时间看得很低,而苏格拉底要尽可能利用它来为作为 πολιτεύειν［进行政治活动］的哲学式生活辩护,不过他并不真的对法庭陌生。色诺芬认为,苏格拉底把自己的一生都理解为一场辩护。他识得始终要去追问真实事物的正义之要求。

因此,法庭情景在一种充满张力的意义上是陌生的,正如同如下这种思想是充满张力的那样:最好的哲学式的生活处于 ἰδιωτεύειν［过平民生活］之中。因为清楚的是,苏格拉底无法背地里过这样一种生活,这可能取决于哲人首先希望去讨论的那些问题。就像无论城邦的局面如何,自己的灵魂都应当成为善和正义的。在这种要求于一次谈话中被提出给另一个人的地方,它就已经是"政治性的"。

苏格拉底是一位雅典公民,这意味着在另一个城邦①的公民的意义上他不是陌生的。就像法庭可能会容许他操自己的土语,所以苏格拉底请求法庭同意他这样做。在这个问题上奇特的地方是,苏格拉底绝没有在实际的意义上操一种陌生的土语。苏格

---

① 指法庭这个地方,它对苏格拉底而言就好像是另一个城邦。——译注

拉底的陌生性在于一种十分特殊的言谈方式。苏格拉底所习惯了的言谈方式乃是法律的语言（die Sprache der Gesetze）（参看《克力同》），也就是说善与正义的言谈方式，哲学的语言。这同时就是他在市场上在兑换货币人员的桌子旁（ἐν ἀγορᾷ ἐπὶ τῶν τραπεζῶν［在广场兑换摊旁］，17c）所惯用的语言，而他可能认为，允许他用这种言谈方式来说话是合理的要求。因为允许用正义的语言来为自己辩护是合理的，而如果法庭恰恰禁止这种语言，这是极其恶劣的。

然而，通过指示来自另一个城邦的陌生人，柏拉图/苏格拉底可能还影射着另一种事物。在《普罗泰戈拉》的开头，苏格拉底评论道，比起阿尔喀比亚德现在的状况还有更美的时候。因为苏格拉底已经见过了一个更美的人。当朋友问他这个人是谁的时候，哲人回答说：Ξένῳ，一个陌生人（309c）。这个陌生人不是别人，正是普罗泰戈拉本人。据此，我们必须从陌生人的角度在苏格拉底有关对迎合城邦的简短评论中认出一种影射，影射城邦准备让智术师们发言。

于是，在苏格拉底辩护伊始，归属性和陌生性的问题就已然具有了核心意义。苏格拉底自称在法庭面前是陌生的，同时他也并非是陌生的，这并不矛盾，因为他区别了两个方面。他是陌生的，因为在其一生中他还不曾站在雅典法庭面前受过审；他并不是陌生的，因为他在法律的意义上得到培养并因此说着正义的语言。这一区别突出了法律——善与正义本身——同其政治性代表之间的不同。

不过，更进一步说，苏格拉底的陌生性在其后来的申辩过程中，将成为一个重要甚至可能是最为重要的主题。于是他看上去像是城邦的敌人（23a），一个ἄτοπον［怪人］（31c），一个怪人，这个怪人只因其牛虻式的行为就已经具有威胁性，但是这一点将会再一次修正前已提及的区别。苏格拉底真正的陌生性在于,他作为任意的个人以一种较为极端的方式说出了真理。从这一角度看,智术师们不能被看作是陌生的,相反,他们是真正的归属者。

法庭的角色此间完全是反智术师的(antisophistisch)。法庭必须致力于查清,是否被告实际上也做出了正义的言说。说出真理是被告的 ἀρετή[德性]。如果他撒谎,他就做出了不正义的言说。对苏格拉底而言,真实的东西是正义的东西。这和法庭的前提相一致。在法庭面前,重要的是查明真实的东西,也就是正义地进行裁判。法庭存在的目的就是这个。当然,这并不意味着,比如说在广场上就不涉及真实的东西。对苏格拉底来说,并不存在某个具有特权的真理之位置,但是法庭同所有其他位置不同的地方在于,在这个位置上,事情完全关乎真实的东西。法庭存在的唯一目的就是使真实的东西被说出并且宣布判决,因此正义的评定和裁判就是它的目标。

众所周知,苏格拉底在公元前399年必须赶赴的那个法庭,由500个经过抽签选出的雅典公民组成。当苏格拉底为自己进行申辩时,他面对的不是单个的审判官,而是数量众多的听众。如果我们做历史考察,这涉及所谓阿提卡地区的民众法庭。而从哲学角度讲更重要的是,在法庭中去认识将自己提升为审判机关的城邦本身。与此相应,这一文本以一个称呼开篇,这一称呼规定了哲人的整个申辩:ὦ ἄνδρες Ἀθηναῖοι,噢,你们雅典的人们。你们,也就是城邦全体,是哲人不得不在其面前进行申辩的人。哲人的法庭是城邦本身。哲人将会在那样一个地方首先对这一称呼加以区分,即在已经被指明这些人中谁像他自己一样谋求公正的东西的地方。

这对接下来的解释而言当然是一个重要前提。哲人的那个法庭(das Gericht)乃是城邦,哲人的那个城邦(das Polis)乃是他的法庭。这一思想无疑令人回想起黑格尔在其"哲学史"中对苏格拉底的阐释,它说明了哲人并不承认并不是由一个他实际上与之相关的裁判机关所支撑的法庭。他只在他所承认的地方为自己申辩,他甚至可能对那个地方感到一定的依赖性。如果没有雅典,苏格拉底将会是什么?如果没有哲人想要花费心思在他们身上的那些人,哲人将会是什么?但是显然,他只能在根本上愿意得到评判的那些人身上花费心思。雅典人准备去倾听哲人的言说。他们甚至承认哲人身上所具有的一种危险。他们以此给了哲人一种不能得到过高估计的尊重,即便这种尊重是批判性的。当城邦将自己变成法庭,它就表明自己是一个把重要意义归诸哲学的城邦。哲人必须针对城邦进行质问。哲人并不对一个无视自己的城邦负有义务。

这一关系复又出现在对话的结构中。这一点无比清晰地呈现在例如柏拉图对话《高尔吉亚》里。在那里,苏格拉底努力将智术师卡利克勒(Kallikles)——他在对话当间突然想要就此作罢——重新拉回到谈话中(505c)①。于是卡利克勒的问题冒将出来:"苏格拉底啊,如果没有人回答(ἀποκρίνεσηαι)你的话,你就完全不能说话了(λέγειν[言说])吗?"(519d)②而苏格拉底回答:"不,我好像可以说话。"苏格拉底考虑到了一种继续独白的情况。哲学性探究可以由他独自一人来完成。尽管如此,苏格拉底还是要求固执的智术师继续说下去:"但是,我的好先生,说下去,为了我们的情谊"。哲人需要他的伙伴,需要回应——即使(或者恰恰?)这种回应存在于控告和迫害中。

哲人的那个法庭(*das* Gericht)乃是城邦,哲人的那个城邦(*das* Polis)乃是他的法庭。这种关系规定了哲学的特征。如苏格拉底所说,哲学并不是关心纯然的城邦俗务、城邦的杂事、政治

---

① 参见《柏拉图全集》,第 1 卷,王晓朝译,第 399 页。——译注
② 参见《柏拉图全集》,第 1 卷,王晓朝译,第 417 页。——译注

家的政治学,而是关心城邦本身(μήτε τῶν τῆς πόλεως, πρὶν αὐτῆς τῆς πόλεως[不应将城邦之俗务放于城邦本身之先],36c)[①]。城邦本身就是城邦的理念,苏格拉底思考它只是为了将他的城邦,即雅典尽可能地联系到这一理念之上。为城邦本身操心的哲学是政治哲学。这个概念涵盖面有多大,它包含什么不包含什么,这些问题我们暂且存而不论。我们首先更进一步说明如下的主张,即作为政治哲学的哲学坐落在与法庭和城邦的关系中,政治哲学需要同政治的对抗张力,它测度着产生哲学王或者关押犯的可能性。对城邦和哲人的关系漠不关心,这对苏格拉底来说是不可想象的——它毫无疑问会破坏哲学思考的真正使命。

对哲学和作为法庭的城邦之间的多种关系的细致区分还有另一个维度,它应当在一开始就得到探究。苏格拉底承认城邦的法庭。然而,他同时泾渭分明地区分了两种控告者,一种是判处他死刑的,另一种是宣告他无罪的。在对从 ὦ ἄνδρες Ἀθηναῖοι [雅典的人们]到 ὦ ἄνδρες δικασταί [进行审判的人们](40a)的称呼的明确修正中,这种区分显示了出来。哲人以其总结词,一个被判死刑的人的告别,转向了这种区分。对那些宣告他无罪的人,那些他称之为自己的朋友的那些人,他才能够适当地称他们为审判官。

这一区分指示着正义本身与法庭之间的差异。对凌驾于自己及其哲学之上的法庭加以承认的哲人,并没有放弃区分正义的代理和正义之为正义。因此,一个法庭有可能错失正义。不过这并不表明,法庭审判权会被取消。因此,即使城邦逐渐陷入不正义,苏格拉底也没有质疑城邦的秩序。

同样,这并不意味着哲人从一开始就已经坐实了法庭做出不正义判决的可能。在第一次判决做出之前,苏格拉底就恳切地提

① 参见前言中译注。——译注

请人们注意法庭和正义的关系。审判官做出审判并不是按个人偏好来赠与权利，而是作出有关权利的判决（κρίνειν［判决］）。他δικάσειν κατὰ τοὺς νόμους［根据法律进行审判］。伪证因此必需被排除在外。否则出席的人中没有人可以虔敬行事（εὐσεβοῖεν［虔敬］，35c）。

εὐσεβοῖεν，虔敬——字面意思是好的敬畏[①]——适用于城邦的法律。城邦的法律构成了苏格拉底最高的裁判机关，它也必须是审判官的最高裁判机关。审判官不能因为比如说被告的诉苦而脱离这一裁判机关的效力。哲人因此具有这样一种任务，让公民们注意到伪证的坏处，而不是像智术师们一样，让人们仅仅把结果，把无罪的判决视为辩护的目的。

苏格拉底把同法律的关系标举为虔敬，这一点极为重要。对法律的忠实（Gesetzestreue）并非源自推理性的论证活动。哲人注意自己权能的界限，同时并没有给这一界限提供论证。当他后来与克力同谈到，他是否应该逃避刑罚，事关宏旨的也不是寻找借以反对法律的论据，而是寻觅这样一种思想，它能够在法律的意义上为其逃脱提供支持。

如我们所知的，他并没有找到这样一种思想。结果不变：苏格拉底自愿服从一个不正义的判决。苏格拉底也就是哲人的这一立场构成了我们思考的核心问题。哲人为何服从城邦的法庭，即使这一法庭强暴了正义本身？我们将从所谓的νόμοι［法律］的效力要求中得到答案。

　　　　已经有很多年了，在你们那儿有许多对我的控告者，他们不说真话。我害怕他们更甚于安匿托士（Anytos）那伙人，尽管后者也相当可怕。……而最最荒唐的莫过于，人们无法

---

① 希腊语 εὐσεβοῖεν 由意为"好的"（εὐ）与"敬畏"（σεβοῖεν）的两个词组成。——译注

得知他们叫什么，也无法指出他们来，只知有个人好像是个喜剧作家。(18b)[1]

　　法庭的初次登场，其开始乃是控告（κατηγορία）。哲学与城邦之间关系的真正张力，首先通过法庭表现出来。法庭之启动将哲人置于申辩的位置上，这是一个令人颇为忧虑的事实，这个事实包含着对一个哲人之梦的批评。柏拉图早已识得了这个梦，但其纯粹形式可能在近代才出现：这个梦就是，哲学不仅凌驾于所有存在者，它还是自己的理性结构的真正源泉。此处所作的阐释，即政治哲学的真实位置乃是法庭，与这种哲学理解形成尖锐矛盾。在色诺芬那里，苏格拉底强调说他把自己的整个生活视为一次申辩。这不仅同样是在柏拉图文本的意义上，它还完全是在哲学式生活的意义上。有这样一种理解，这种理解仿佛是自愿踏入了冷漠之中，是疲惫的征兆，它似乎表明了一种不知不觉就已经爆发开来的广场恐惧症[2]。这种理解即认为，哲学是一种除了向它自己本身以外不需要向任何东西、任何人进行辩解的认识，哲学是一种完全掌握着其对象和自己本身的思想。哲人在法庭前是陌生的，尽管如此，法庭乃是哲人真正的、最佳的位置。

　　苏格拉底害怕城邦中不具姓名的控告。哲人的这一表白已经驳斥了那种对《苏格拉底的申辩》的阐释，这种阐释想要在苏格拉底的辩护中找到一种纯粹的挑衅，一种色诺芬所称的μεγαληγορία［自吹自擂］，一种不恰当的、傲慢的登场，因而同时也是一种对处决的准备（尼采）。撇开这一点不论，这种害怕乃是一个首先令人相当迷惑的事实的要素。苏格拉底惧怕的是，在一种

---

[1]　中译参见王太庆译本第 26 页；严群译本第 52 页。——译注
[2]　Agoraphobie，恐惧症的一种，得这种病的人惧怕空旷的广场或街道。——译注

长期的、匿名的谣言（φήμη）①的基础上，即在一种人们已经习以为常的对其思想的错误理解的基础上，他的辩护将遭到失败。他接下来的辩护针对的就是这一点。

不过这一点的前提是，苏格拉底诉诸一个裁判机关，这个裁判机关不能简单地与法庭相等同。法庭应当查明，苏格拉底是否以符合正义的方式进行言说。因此这种正义必须不仅与哲人的λόγος［言辞，逻各斯］相区别，还要与κατηγορία［控告］相区别。因此正如哲人并不是事先就以正义的方式进行言说，并不是任何一个对哲人的审判事先就是正义的。正义（Gerechtrgkeit），也就是法（Recht）不仅与哲学相区别，而且与法庭相区别。如果情况不是这样，哲人就不可能为自己辩护。法庭会等同于任何控告，哲学会等同于任何辩护。

哲学因此不是正义、法、法律的源泉。苏格拉底根本无意于将哲人和立法者②或者审判官等同起来。按照ἀρετὴ ἀνθρωπίνη καὶ πολιτική［人类与公民的德性］(20b)，哲人和其他人一样也是城邦里的公民。当然，这个观点并不妨碍对哲人和多数人之间的区别的认识。

哲人受到控告。他因此被带上法庭。他和城邦之间的关系因而并不是中立的。苏格拉底明白，他是遭人记恨的（ἀπέχθεια［仇恨］，22e，28a）。他投身于正义之中并不是一种理论上的讨论，而是一种斗争（μαχούμενον ὑπὲρ τοῦ δικαίου［为正义而斗争］，32α）。政治哲学无法占据一个无所谓的位置。它的政治身位始

---

① 原文误植为 φύμη，现修正。——译注

② 众所周知，康德在尼采之前已经将哲人称为"立法者"（参见伊曼努尔·康德，《纯粹理性批判》，延斯·蒂默曼（Jens Timmermann）编，Felix Meiner：汉堡，1998 年，A839/B867)，但康德不是要以此来宣称，哲人"立"事实上的道德法律，他自己是这种法律的源泉。对康德而言，哲人从未享有过通达此种法律的特权。对古人而言情况似乎不是这样。当哲人得到呼召来给城邦创立根本大法时，古人假定了一种特别的认识。——原注

终与城邦的普遍企向不一致。苏格拉底因此给自己找到了一个极为恰当的形象：他是 μύωψ［牛虻，刺棒］(30e)[①]，一根捣乱的尖刺(Stachel)。这样一根棘刺(Dorn)不可能与城邦取得一致。他的目的是令城邦保持清醒，强迫城邦打起精神。这必然导致对朋友和敌人的两极区分。

实际上，《苏格拉底的申辩》、《克力同》和《斐多》就是对友谊和敌意的见证。一边是数量不小的朋友，他们愿意为哲人进行担保(38b)，为他辩解；另一边是敌人，他们想要摆脱这根 μύωψ［牛虻，刺棒］。以友谊为主题的作品表明了这种区分对于哲人而言并不是一个边缘的注脚。亚里士多德甚至在《尼各马可伦理学》中将哲人刻划为一个 φιλόφιλος (1155a29)，一个朋友的朋友[②]。哲人与城邦的关系从不是没有差异的，与此相应的是，哲人同捍卫哲学之事情的人们的关系，同威胁哲学之事情的人们的关系，同样具有差异。

在《苏格拉底的申辩》中，哲人乃是激发并保持城邦活力的刺棒或马刺。在《美诺》中柏拉图用了另一个形象。哲人在那里成了 νάρκη，电鳐(Zitterrochen)，它使触碰到它的东西变得僵硬(80a)。美诺说出了苏格拉底如何经常使他以及其他人变得难堪(ἀπορέω［不知所措］)。哲人有时被刻划为运动的发动者，有时又被刻划为运动的阻断者，这不能被理解为一个矛盾。事关宏旨的是，哲人的 λόγος［言辞，逻各斯］的特异之处在于一种特别的暴力，他代表了一种要求，这种要求成功地由他传达给听众。即使是苏格拉底的爱欲天赋——阿尔喀比亚德在《会饮》中报告了这种天赋——也包含在这种总体关联之中。

---

① μύωψ 这个词有"牛虻"或者"刺马的刺棒"的意思。在本书中作者解释为"叮蜇的昆虫"(stechende Insekt)或"马刺"(Sporn)。汉语中我们通常理解为牛虻。——译注

② 廖申白译为"爱朋友的人"，参见中译本，2005 年，第 229 页。——译注

　　比起实际的起诉人安匿托士（Anytos），梅雷多（Meletos）和
吕贡（Lykon），苏格拉底将阿里斯托芬算作那些更让他害怕的控
告者之一。在《云》中，诗人描绘了一个从任何方面看都有别于柏
拉图和色诺芬笔下的苏格拉底。阿里斯托芬想要呈现一个不信
宙斯的智术师。这个智术师破坏了公民斯瑞西阿得斯（Strepsia-
des）和他儿子斐狄庇得斯（Pheidippides）的关系。不过，这事发生
在斯瑞西阿得斯自己先去当了苏格拉底的学徒，然后又叫他儿子
学习苏格拉底的学说之后。父亲凭着这种学说的帮助，也就是在
"智术师式的"论证的帮助下，驳斥了他的债主甚至可以说辩退了
索款要求，从而得益于这种学说。这种训练的糟糕结局是，在一
个关于最优秀的诗人的争论中（斐狄庇得斯坚持欧里庇得斯，斯
瑞西阿得斯则坚持埃斯库罗斯），儿子以特定的论证击败了父亲，
使得父亲做不出任何反驳。喜剧的结尾是，暴怒的老人起先考虑
是不是应该将苏格拉底和他那伙人告到法庭上，后来又改了主
意，放火烧了苏格拉底和他学生的住处。苏格拉底和他那伙人在
一个奴隶的追打下逃之夭夭。

　　黑格尔曾指出，阿里斯托芬十分清楚苏格拉底式的哲学活动
会给城邦带来怎样的危害。人们不能说，"这种描绘不公地对待
了苏格拉底"。阿里斯托芬"认为苏格拉底的辩证法是一种负面
的东西"。这种"辩证法"教授"对朴素意识中的真理（法律）的扬
弃"。① 黑格尔从中看到了对一种直接的伦理的破坏，城邦有理由
处决苏格拉底以抵御这种破坏。我们无意于对黑格尔的如下看
法进行研究，即认为由于历史必然向前发展的精神，对苏格拉底
的判决是合法的、有根据的，因而以宣告无罪为目的的为苏格拉

---

① 　黑格尔，《哲学史讲演录》I，前揭，第485页。——原注
　　中译参见《哲学史讲演录》，第2卷，贺麟、王太庆译，商务印书馆，1997年，第
79页："苏格拉底的普遍性具有扬弃朴素意识中的真理（法律）的消极方
面"。——译注

底的辩护从根本上讲是无望的。在这里重要的问题是,黑格尔认
为城邦和哲学(不过只是在哲学的这一发展阶段中)之间的冲突
是不可避免的。

　　然而,可以肯定的是,阿里斯托芬所描绘的那个苏格拉底是
我们不可能在柏拉图对话和色诺芬著作中同样发现的。苏格拉
底在这一讽刺画中看到的不仅仅是对他的申辩的威胁。他尤其
感到深受刺痛的必定是,阿里斯托芬将他描绘为一种人,这种人
不仅投身于不敬神的对自然的思辨,而且还掌握能够使较弱的
λόγος[言辞,逻各斯]成为较强的λόγος[言辞,逻各斯]的技术。正
是这一将他描绘为一个智术师的指责,最痛苦地打击到了自称即
便死路一条也始终追随βέλτιστος λόγος[最好的逻各斯](克力同,
46b)的人。是不是诗人想用他的作品来对哲人提出警告? 甚至
于是不是诗人才首先把哲人带上了其独特的道路?[①] 即便如此,
苏格拉底所推测的这部喜剧的效果也绝没有丧失,因为对苏格拉
底的控告就像是从《云》中摘引出的一样:

　　　　苏格拉底做不正义的事,埋头于徒劳无益的东西,他钻
　　研地下和天上的事物,把软弱无力的言辞搞成强大有力的言
　　辞,而且把它们教授给别人。(19b)[②]

　　起诉书(ἀντωμοσία)看起来就是这样针对着哲人。这里的要
点乃是ἀδικεῖν[做不正义的事]:他做不正义的事。为何? 因为他

①　参见施特劳斯,《苏格拉底与阿里斯托芬》,前揭,第314页:"几乎同样难说的是,
　　阿里斯托芬笔下的苏格拉底与柏拉图-色诺芬笔下的苏格拉底之间的深刻差异,
　　是否必定不能追溯到苏格拉底本人的一场深刻转变:追溯到他从少年式地鄙视政
　　治或道德事物、鄙视人事和人,转向成熟地关心政治或道德事物、关心人事和
　　人。"——原注
　　　中译参见李小均译本,华夏出版社,2011年,第330页。——译注
②　中译参见王太庆译本第27页;严群译本第53页。——译注

研究"地下"的事物,也就是哈德斯所管辖的事物,以及"天上"的事物,亦即各种星体。光这一点已经足以令人产生疑虑。更有甚者,他还以智术师的方式把这些教授给别人,但是在这一与一种固定的措辞用法有强烈联系的 τά τε ὑπὸ γῆς καὶ οὐράνια [地下和天上的事物]背后藏着些什么呢? 另一个段落更为清楚地表明:

> 现在告诉我们,梅雷多(Metelos),像你所说的那样,我是怎样败坏了青年? 或者根据你所递交的起诉书来看,我教人们不信仰城邦所信仰的那些诸神,而去信仰另外的、新的精灵(Dämonen)? 你不是说,我用这种教授的方式来进行败坏吗? (26b)①

地下天上的事物乃是诸神。苏格拉底教人们不要再去崇奉这些诸神——尤其是雅典城邦所崇奉的诸神——而去归顺另外的、神一般的生灵。他首先以此让青年,让年轻的一代神魂颠倒。

哲人面临这种指责,它成为了哲人真正的 ἀδικεῖν [做不正义的事],我们因此能够得出结论说,哲学的政治涵义恰恰需要从这种指责当中得到觉察。使得哲人看起来具有破坏作用的东西,是他通过摧毁对特定诸神的一种习传崇奉,教会了年轻一代这些诸神是不值得信仰的。不过,这里所说的"对特定诸神的习传崇奉"是什么意思?

无非是那种标准的秩序,这种标准在城邦中组织起了人们的一般实践活动。哲学思考的政治涵义于是就在于,哲学提出了这样的要求,即,它必须以某种方式来处理对于一个共同体的约定俗成的实践活动而言具有重要意义的对象和事物。由此,涉及这些事物和对象的视域就进入了眼帘,这一视域一直到细节上都是

---

① 中译参见王太庆译本第36页;严群译本第62页。——译注

彻底广阔和开放的。

政治哲学——此处苏格拉底被理解为政治哲学的奠基人——与对人类的共同行动具有重大意义的东西相关。因此哲学能够通过与神学、道德的导向作用的争辩来摇撼这种导向作用。情况无论如何总是，什么是神性的东西和什么是善的东西这两个问题互相关联而又无法得到统一。当哲学提出了这些问题并尝试进行解答，它对城邦而言就具有了一种重要性。哲学乃是政治哲学，无论哲学是否明确地将自己标明为如此这般的东西。

不过，有关这些事物和对象的视域——这一视域赋予哲学思考以一种政治上的重要性——必须得到更进一步地引申。因为显而易见，即便自然哲学的问题也可能达到触动共同生活的一般秩序的地步。当这些问题与神学的事务发生冲突时，这种情况就一再发生。在《苏格拉底的申辩》中，情况同样如此。梅雷多指责苏格拉底，因为苏格拉底声称，太阳由石头组成，月亮由泥土组成，并且以此驳斥一般信念所认为的太阳神赫利俄斯（Helios）和月亮神塞勒涅（Selene）乃是神祇。

自然哲学问题有时可能对城邦生活而言具有重大意义。这表明政治哲学何以必定不仅仅是那样一种哲学，这种哲学在极为狭窄的意义上与政治事物打交道。在哲学触及某个城邦的具有秩序创建作用的标准的地方，哲学总是政治性的。因此，我们必须促使人们注意到，在哲学思考中一种经常得到误解的政治潜能（Potential），这种潜能即便在哲学想要成为一种纯粹理论静观（Theoria）的地方也不可能完全丧失。

尽管如此，并不是任何一种唤起对城邦之反思的哲学都在一种确切的意义上是政治性的。政治哲学始终是哲学思考的一个特殊领域，它致力于在一个善与正义的城邦中正当生活的问题。当苏格拉底将这个问题当作他哲学思考的中心时，他成为了政治哲学的奠基人。从此以后，一种与苏格拉底紧密相连的哲学思考,就要求成为欧洲哲学的一个而且可能是唯一一个主导动机。

　　哲学在政治上的重大意义并不是它单凭一己之力就可以发明出来的。哲学只有在那样的地方才是政治性的,即在它向城邦提出挑战的地方,在它迫使城邦作出决断,是赞同还是反对哲学的地方,在它促使城邦将其置于法庭之上的地方。哲学总是将其视为自己对象的东西,必定触及城邦的利益,而实际上这并不属于哲学自己的支配范围。因为在那个城邦能够使其具有秩序创建作用的标准不受哲人及其思想侵袭的地方,哲学在根本上不可能是政治哲学。更不用提哲学的历史性一步了,这一步一直到今日动摇了哲学的政治涵义,甚至威胁到了它的实质:也就是说,有意识地迁离城邦而进入一个纯粹的哲人共同体,进入学园。

　　柏拉图在公元前385年左右,也就是几乎紧接在苏格拉底被处决之后,在城邦之外建立了学园。我们在第欧根尼·拉尔修那里读到:"在他返回雅典之后,他选择将学园作为他的居住和教学地。这是一个城市周边树木茂盛的体育场,其名字来自英雄阿卡德摩(Hekademos),就像欧珀利斯(Eupolis)在《未服兵役者》(Astrateuten)中所说的:'在阿卡德摩树林的林荫道'"(3.7)学园是哲人的封闭性位置。这个位置聚集起了(此外还在一个崇奉阿波罗和缪斯的祭祀团体中)智慧之友,那些摆脱了城邦及其生活之τέχνη[技术]的人。这个位置表明了,广场(Agora)无法与一种更为深密的ἐπιστήμη[知识]的要求相符合。学园保证了理论静观活动不受干扰。

　　是否有什么政治性的理由,促使柏拉图和他学生一道在城外生活与教学?我们找不到对这样一种关联的暗示,而且柏拉图也绝对不是学园生活方式的发明者。在公元前390年左右,柏拉图已经在南意大利有机会了解在塔壬同的阿尔基塔(Archytas von Tarent)那里一群毕达哥拉斯信徒的生活方式。不过,柏拉图的老师的悲怆命运,对他离弃城邦的决心产生了影响,这毕竟是可能的。

　　如此看来,学园的建立是对城邦及其法庭的逃避——广场恐惧症。哲人在学园里面幻想着一种他不可能再为之受到迫害的真理。在学园里他只遇到他自己。然而,这种对哲学的位置确定的真正问题要来得更为深刻。学园的位置是一种哲学理解的标志,即哲学的真理高于城邦的法庭。当哲学要求一个城邦之外的位置作为其本己的位置,它就与这样一种真理取得了联系,这种真理超出政治性的事物。当亚里士多德在《尼各马可伦理学》第十卷,在 θεωρία[理论静观]中发现了最高的 εὐδαιμονία[幸福]时,哲学就回避了广场。

　　政治哲学受到两种现象的威胁,这两种现象复又集中在同一个危险里。一方面,政治哲学仿佛在那个地方被边缘化了,城邦在这个地方不再对哲学感兴趣,哲人对于城邦的归属也完全被忽视了。另一方面,政治哲学在如下地方受到了摧毁,在这个地方哲人把哲学"移位"(verortet)到与城邦不相干的领域——以这种方式,他从他本人这力面撤回了对城邦的归属。在这两种情况下都出现了一种漠不关心——城邦对哲人漠不关心,哲人对城邦漠不关心。在这种各自的漠不关心达到支配地位的地方,当政治哲学被明确把握为一种政治理论时,哲学自身就不再能够是政治哲学了。哲学既不能支配那种归属,也不能支配这种漠不关心。

　　政治哲学需要对城邦的归属。归属不同于理论性划归。声称哲学在一个共同体(比如说,在一个大学里)中得到从事,这说明不了什么。归属是一种充满热情的、富于感觉的关联,它不是被主张出来的,而是被觉察到的。因此,苏格拉底的 ἀδικεῖν[做不正义的事]导致了法庭审理。如果城邦根本没有觉察到哲人的在场,就不可能以哲学的方式去做不正义的事,而如果城邦只是想摆脱掉哲人,城邦就不需要进行审判。在归属中需要承认的是,归属者没有被放弃——尽管他可能被判以死刑,即便是迫害,也是一种归属的标志。

　　在此,我们需要注意的是,归属在这里被规定为一种充满热情的、亦即有差别①的联系。只有这样,对哲人的迫害证明了其归属这句话才成立。在根本上,这句话得到了相当简便和辩证法式地表达,因此有理由以怀疑的眼光来看待这句话。对苏格拉底的迫害毕竟导致他被清除了。一方面,清除哲人不能被等同于一种归属。另一方面,只有被承认了归属的人才可能被清除。这一疑难是没有什么结果的。它之所以产生是因为它使归属形式化了。如果它被视为一种充满热情的共同生活和对抗生活(Mit- und Gegeneinanderleben),另外一种对立就映入了眼帘。从这个角度看,与归属相对立的并不是迫害或者清除,而是毫无热情的漠不关心。只有在城邦不再觉察到何人归属于它的地方,才会出现一种担心,担心归属变成了一个不适当的概念。在那个地方不再可能去谈论一种 ἀρετή πολιτική[政治德性]。这是一个非哲学的位置。

　　对于城邦的归属是这样一件事的前提条件,即发现苏格拉底在多大程度上与多数人的行为不同(τι ἔπραττες ἀλλοῖον ἢ οἱ πολλοί[你做的与多数人不同],20c)。这种不同的事情即 ἀνθρωπίνη σοφία[属人的智慧]。

　　　　你们雅典人哪,因为我不是通过别的,正是通过一种特
　　定的智慧获得了这一称呼。通过何种智慧呢? 可能正是属
　　人的智慧。因为我在属人的智慧当中算是智慧的,这极有可
　　能。至于我刚才提到的那些人可能拥有一种比属人的智慧
　　更伟大的智慧,再或者我就不知道该说什么了。(20d)②

---

① 上文的“漠不关心”(Indifferenz)一词同这里“有差别”(differenziert)存在字面联系。——译注
② 中译参见王太庆译本第 29 页;严群译本第 54 页。——译注

苏格拉底的智慧是 ἀνθρωπίνη σοφία［属人的智慧］，一种服从人的尺度的知识。苏格拉底把这种智慧区别于莱安提诺（Leontinoi）的高尔吉亚，凯厄斯（Keos）的普罗狄科和厄利斯（Elis）的希毕阿斯的知识，概言之，智术师们的知识。后者显然寻求的是超越于人的尺度。

给 ἀνθρωπίνη σοφία［属人的智慧］以一个并不含糊的定义，这并不容易。这种知识显然与德尔斐的神谕相关。就此而言，形容词"属神的"（göttlich）是形容词"属人的"（menschlich）的对称。苏格拉底意识到了神学差异。然而这种意识、这种知识如何证实自身？

（1）ὅτι ἃ μὴ οἶδα οὐδὲ οἴομαι εἰδέναι.（21d）

对于我不知道的事物我也同样不以为自己是知道的。①

（2）τὸ δὲ ἀδικεῖν καὶ ἀπειθεῖν τῷ βελτίονι καὶ θεῷ καὶ ἀνθρώπῳ, ὅτι κακὸν καὶ αἰσχρόν ἐστιν οἶδα.（29b）

做不正义的事，不服从一个更好者，无论是神还是人，我知道这是卑下而可耻的。②

苏格拉底诉诸一种属人的智慧，这种智慧与一种属神的智慧相联系，其出发点是属人智慧的知识是不可靠的。这种不可靠性首先为存在于相互言谈中的哲学思考奠基。什么是善、正义和美，一言以蔽之，什么是真实，这些问题都以这种不确定性为前提。政治哲学在一种思想实行中显示自身，这种思想实行展开于问答之间的交互游戏。众所周知，苏格拉底在《斐德若》结尾申明，真正智慧的只有神（278d）。智慧之友有赖于对智慧的追求。

---

① 中译参见王太庆译本第 30 页；严群译本第 56 页。——译注
② 中译参见王太庆译本第 40 页；严群译本第 65 页——译注

当苏格拉底从这一方面来看自称是智慧时，我们还必须注意到这与一种静止于自身的、确切无疑的智慧的区别。

凭借着这一对人的知识界限的承认，苏格拉底与他的神协调一致。他典型地凭借这一承认切中了一种完全不同的思想的方式和方法。正是δόξα［意见］受到了这样一种指示的挑战，即人们实际上并不知道许多他假装知道的东西。当δόξα［意见］被否认它事实上知道它自己一般宣称知道的东西时，作为卓有成效的生活之τέχνη［技术］的δόξα［意见］就陷入了困境。我们必须从中认识到苏格拉底与城邦的真正冲突所在：当城邦在一个κοινὴ δόξα［共同意见］的基础上确定正义应当是什么的同时，哲人开始追问，正义实际上是什么。当生活之τέχνη［技术］的不言而喻的合法性受到驳斥，它的可靠性就开始摇摇欲坠。

不过，这种无知和追问只是政治哲学的一种要素，从中无法真正得到解释，何以δόξα［意见］会针对哲人采取行动。整个刺激在于，苏格拉底不只是单纯强调了人们不可能真正认识人们想要认识的东西，他同时还强调他对这一点认识得相当清楚：做不正义的事，不服从一个更善者，无论这个更善者是神还是人，这是坏的。苏格拉底的无知并不导致对伦理事物的漠不关心，哲人从根本上明白无疑地知道他必须如何行动。城邦将苏格拉底视为一个智术师并且不放弃这种δόξα［意见］，这可能与这种苏格拉底式言谈的特点相关。

显而易见，苏格拉底选择了两个否定的表达以指出他确切知道的东西是什么。（在一个更善者显示自己的地方）做不正义的事并且不服从，这是可耻的。然而，这种否定并不能掩盖苏格拉底实际上必然拥有一种肯定的知识这件事，他必然知道判断不正义和不服从的标准。不过，这并不表明苏格拉底真的在如下一种意义上知道这诸多标准或者说这一善与正义的标准，即他能够简单地说出这些标准并因而能够教授它们。苏格拉底始终拒绝对这样一种学说，这样一种真理之 τέχνη［技术］的拥有（比如说在 20c）。哪一种样式的 εἰδέναι［我知道］可以与那种标准相符合呢？

　　如果人们期待对这个问题的答案的内容的一种论证式证明，这个问题的答案必将被判为不够充分和无法令人满意的。对于善与正义在思想和行动中的优先地位，不存在什么论据。为了追求善与正义，在与朋友和敌人的谈话中追问善与正义的时候，对它们的某种特定认识必然已经被设为了前提。因为对善与正义的追问已经包含了一种认识，即这里关系到最重大的事物，对于这种最重大的事物人们一般地都有能力进行参与。对苏格拉底而言，对善与正义的认识是无法探究其原因的：οἶδα，我知道。政治哲学的出发点就是这种无法探究其原因的认识，即善与正义乃是真实的东西。① 政治哲学并不对这种认识加以探讨，因为它视以下事情为真实和确定：一个善与正义的城邦比一个坏的、不正义的城邦要来得好。实际上，所有人都知道这一点，而他知道这一点不是通过功利主义式的或者其他什么论证——他只是直接知道而已。没有任何哲人会去教导人们说，在生活中善与正义事关重大。哲人暗示，他只是回忆起这种已然存在的认识。因此，苏格拉底的这种认识是一种无需首先通过论证来加以证明的。

　　哲人对城邦的归属由此才得到合乎实情地理解。当政治哲学涉及一种认识，对于这种认识所有人都分有，但并不是所有人都能够对其进行主题性考察之时，政治哲学的共同体就在一种严格意义上显示出来了。城邦需要政治哲学，因为城邦必须一再被促使去注意到，在城邦生活中善与正义事关重大。一个没有时时

---

① 列奥·施特劳斯，《什么是政治哲学？》，前揭，第 10 页："然而，所有的政治行动本身都指向了关于善的知识：关于善的生活，或者关于善的社会。因为善的社会是完整的政治的善。"——原注

　　中译参见《什么是政治哲学》，李世祥等译，华夏出版社，2011 年，第 2 页。——译注

注意这种认识的城邦将会是一个死去的城邦。μύωψ［牛虻，刺棒］和城邦作为巨大马匹的比喻十分准确地切中了这一事实：一头无法再活动的动物将会是一个死亡的躯体，一具尸体。然而这样一种对政治哲学之归属于城邦的建立，同时包含着将这种归属废除的可能。

因为苏格拉底的刺激首先建立在这一自明的事情上——每个人，也就是说，每个将哲人判处死刑的城邦成员，都认识善与正义。不过，苏格拉底的这些同乡人，这些审判者，必然立刻明白，他们对这种认识并不十分感兴趣。① 生活的 τέχνη［技术］提供了很多理由，让对善与正义的认识变得无关紧要。它以自我保存为目标，而不是一种为生活的 τέχνη［技术］设置界限的善。与多数人不同，苏格拉底不仅仅对最好的 λόγος［逻各斯，言辞］有所认识，他还奉行这种 λόγος［逻各斯，言辞］。这种 λόγος［逻各斯，言辞］即做不正义的事，并且不服从一个更善者是坏的，善与正义才是生命的真谛。当生活的 τέχνη［技术］总是把根据 δόξα［意见］而生活的人从他的知识，从善与正义的优先地位那里引开的时候，苏格拉底始终毫不分心。

哲人的这种毫不分心——它通常只有通过一种特定的 σχολή

---

① 在这方面我要反对埃里克·沃尔夫（Erik Wolf），他写道："不如说（判决的——原作者标）原因在于，苏格拉底试图将其所谓的 ἀδικία［不正义］解释为根据 δίκαιον［正义］的行为，解释为真实而唯一可能的 δίκην εἰπεῖν［正义地言说］。通过这种方式，（柏拉图极力否认这一点）他在一个完全不同的、崭新的、对 οἱ πολλοί［多数人］而言无法理解的（他们无法领会其哲学思考的核心）意义上谈论 δίκαιον［正义］和 ἀδικία［不正义］。"参见埃里克·沃尔夫，《希腊的法权思想》，第 3 卷，第一部分"苏格拉底的法哲学和古代喜剧的法律诗"（*Griechisches Rechtsdenken* Ⅲ，1. Rechtsphilosophie der Sokratik und Rechtsdichtung der alten Komödie），维多里奥·克劳斯特曼出版社：美茵法兰克福，1954 年，第 47 页。一种智性上没有能力领会的意义上的"无法理解"，并不是苏格拉底的辩护理由。不如说其理由是，如苏格拉底可能要求的那样，他们无法"理解"所有人都"知晓"，但却并不去做——真正地去做——的东西。

[闲暇]才可能——对城邦的公民而言是可疑的。为什么所有人或多或少都同意,生活的 τέχνη[技术]占据着一种优先地位,同意日常生活远离于真实和正义,有一个人却能够始终逗留在真实的近旁?这种哲人的不可理解的坚定,导致了那种将苏格拉底判以死刑的敌意。政治哲学对城邦的归属的基础因此始终包含着一种废除和分裂的危险,这种废除和分裂可能复又导致一种哲学的畸变,导致诡辩术的人尽可夫①,当然也同样造成善与正义的城邦的死亡。苏格拉底尚未认清这种危险。相反,他的出发点是,别的人会在他死后相继到来,他们会延续他进行哲学活动的方式和方法(39c)。

除了一种无知和对城邦自身是什么的牛虻式追问之外,政治哲学还要求一种特殊的实践活动。如果政治哲学仅限于一种单纯的无知和源于无知的追问活动,它仿佛就只不过是它自己的一个影子,一种没有哲人的哲学。当然,它还不会是诡辩术,因为诡辩术恰恰不是在追问活动中,而是在生活和授课的一种特定的 τέχνη[技术]中得到实现。但它不会是完整意义上的哲学,也就是说,一种通过生活来证明自己的思想。与此同时,它会成为一种无生命的理论,这种理论在简明的意义上只作为一种单纯理论活动和抽象活动。苏格拉底式的无知不仅由对"事关重大的东西"的认识所规定,它也由对这种认识的实践践履所规定。

只有这样,政治哲学才能为自己进行合法性证明。单纯追问的立场并不能做到这一点。一个并不在哲人的实践活动中得到表现的牛虻式特征(Myoptik)会是如下事情的表征,即我们仅仅把它与煽动者联系起来。就像对他而言重要的只是作为追问的追问,事关宏旨的也只是作为骚动的骚动,这一切和苏格拉底无

---

① 直译即"卖淫"。——译注

关。城邦对之严肃以待的政治哲学，其正当性在于，它活出了(leben)对善与正义的某种特别认识，它把自己的追问活动通过这种方式建立在这种特别认识的基础之上。

不仅不同于政治家、诗人和手艺人，而且不同于智术师，苏格拉底懂得区分知识（Wissen）和虚假知识（Scheinwissen）的必要性。所有的认识都需要审查，需要其理据。与此相反，δόξα［意见］并不十分认真对待这一点，它容许这样一种λόγοι［言辞，逻各斯］，这种λόγοι［言辞，逻各斯］可以通过不同于准确审查的方式得到合法性证明（比如说通过说话人的政治地位）。

无知之知（Das Wissen des Nichtwissens）构成了政治哲学的牛虻式特征。呼唤着实践活动的对善与正义的认识赋予了政治哲学牛虻式特征以建构性力量。此外还有Γνῶθι σαυτόν［认识你自己］，自我认识，它对于苏格拉底而言具有如此重要的意义，以至于我们必须将其视为ἀνθρωπίνη σοφία［属人的智慧］，即政治哲学的核心要素。原因在于，只有属人的智慧才为无知之知奠基并且使善与正义表现为一种需要认识的东西。

就像我们所说过的，ἀνθρωπίνη σοφία［属人的智慧］能够做到这一点，因为它在与德尔斐神的关系中意识到了神学差异。然而这里需要追问的是，这种意识如何得到更准确地描绘？需要排除的是这样一种可能性，苏格拉底将自己的智慧在严格意义上同德尔斐神隔离开。情况绝不是，苏格拉底谋求一种无神论的认识。ἀνθρωπίνη σοφία［属人的智慧］恰恰保持了一种同神的特殊联系。在哲人苏格拉底的智慧止步之处，神性者的要求出现了。无论在《苏格拉底的申辩》还是在《克力同》中都显而易见，苏格拉底的理性在一个还有待探讨的方面撞上了一个界限，在这个界限上神的不可辩驳的意义显明而出。苏格拉底远不是将人类尺度中的智慧与神性者隔绝开，相反他知道，服从神的尺度才有可能是智慧的。

关于我的智慧,它是否确实是一种智慧以及这种智慧的
内容是什么,在你们面前我想以德尔斐的神作为证人。你们
知道凯瑞奉(Chairephon)。……他问,是否有人比我还要智
慧。毕体亚(Pythia)[①]自己知道,没有人更智慧。(20e—
21a)[②]

《苏格拉底的申辩》、《克力同》和《斐多》,这三部曲由德尔斐
的神及其箴言的在场所支配,而在前两部作品中甚至都没有提到
神的名字。明确无疑的是,光明之神(Licht-Gott)[③]在哲学的开端
中起了举足轻重的作用。在哲学朝向自己本身的解放活动中,可
能没有其他神话中的神祇像阿波罗一样意义重大。

阿波罗直接代表了有朽者(Sterblichen)和不朽者(Unsterbli-
chen)之间的差别。它是德尔斐的神,希腊人根据一块造型特别
的石头将德尔斐称为"大地的肚脐"(ὀμφαλός γῆς)。与人相分离并
且脱离于神庙的日常环境,神接见寻求建议的人并通过女预言者
来回答他们的问题。[④] 在《理想国》中,柏拉图将德尔斐神称为祖
国的顾问(πάτριος ἐξηγητὴς [祖传的顾问],427c)。赫拉克利特在
一个著名的残篇中描述了这种回答方式:"掌管德尔斐神谕的主
人,既不言说,也不隐藏,而是显示。"[⑤]神掌握一种认识,对于这种

---

① 指德尔斐神庙中阿波罗的女祭司。——译注
② 中译参见王太庆译本第 29、30 页;严群译本第 55 页。——译注
③ 指太阳神阿波罗。——译注
④ 参见《德尔斐的神谕:历史与文本》(*Das Orakel von Delphi: Geschichte und
   Texte*),玛丽昂·吉贝尔(Marion Giebel)编,雷克拉姆:斯图加特,2001 年。——
   原注
⑤ 参见《前苏格拉底思想家残篇》(*Die Fragmente der Vorsokratiker*),赫尔曼·第尔
   斯(Hermann Diels)和瓦尔特·克朗兹(Walther Kranz)编,Weidmann:Hildesheim
   第 6 版,1951 年,22B93。——原注

认识他既不说出也不隐瞒。他进行显示，也就是说，他以隐藏它
的方式进行言说，以言说它的方式进行隐藏。神谕的接受者有一
个任务，把所听到的内容转化到生活情境中去。如果他不能做到
这一点，就会像希罗多德所记述的吕底亚的国王克洛伊索斯
（Kroisos）那样，导致致命后果。不过即使是一种"错误的"解释也
是一种化为己有的活动。无论寻求建议的人如何理解神的话语，
他都从神那里接受了属于他自己的东西，他的天命。

　　阿波罗让有朽者以歧义的方式来分享他的知识，这种特点使
阿波罗有一个别称 Λοξίας，斜面或者弯曲者。[①] 他不是有朽者的
朋友。他保持在差异内，拒绝参与到人类的行止中去。荷马在
《伊里亚特》[②]中指出了这一点。在第 21 卷，诸神陷入相互争吵，
站在希腊人一边的波塞冬向站在特洛伊人一边的阿波罗发出战
斗的挑衅，阿波罗回答说：

　　　　震地者（Erderschütterer）！你会认为我失去了健康的
　　　理智，
　　　　倘若我为了有朽者而同你交战，
　　　　那些不幸的有朽者，如同树叶，一度
　　　　充满朝气享受着田野的果实，

---

①　参见瓦尔特·布尔克特（Walter Burkert），《古风与古典时期的希腊宗教》（Griec-
　　hische Religion der archaischen und klassischen Epoche），Kohlhammer：斯图加特、
　　柏林、科隆与美因茨，1977 年（《人类的宗教》，第 15 卷），第 213—214 页："间接的、
　　隐晦的启示显然恰恰属于阿波罗；因此他被叫做 Loxías，'斜面'；一个被神攫住的
　　巫师的一些极难理解的意见，以通常有意显得歧义的、不确定的文句表达出来；正
　　确的释解常常首先要经过惨痛的经验，在第二、第三次尝试之后方能水落石出。
　　神性者对古人而言特别可得领会，但即使在这种地方，阿波罗也仍然是迢远者
　　（der Distanzierte），而非可以掌控的东西。"——原注
②　《荷马全集》（Homeris Opera），大卫·B·门罗（David B. Monro）与托马斯·
　　W·艾伦（Thomas W. Allen）编注，第 1 卷，牛津，1920 年，第 21 卷，第 5 章，第
　　461 行以下。——原注

却复又渐趋消亡,死去。不,让我们尽快

停止交战！让他们自相残杀。

　　　　　　　　——沙特瓦尔特(Schadewaldt)译文①

　　阿波罗是"遥远之神"(Gott der Ferne)②,他以"偏斜"③的方式言说,维持着同有朽者的差别。阿波罗通过隐匿自身来要求人类认识到他们有朽的本质并明智地维持在这种本质当中。谁若是不能做到这一点,谁就会面临危险。有朽者应当注意这一差别。希腊悲剧表明,狂妄(睨傲神明(Hybris))地轻忽这一差别将会招致严重后果。在埃斯库罗斯的《阿伽门农》中,[阿波罗]神的名字被回溯到 ἀπόλλυμι [毁灭,杀死] 或者 ἀπόλλυμαι [毁灭,杀死]④,亦即毁灭。所以女先知卡珊德拉的呼喊并非偶然:"阿波罗啊(Ἀπόλλων),阿波罗啊,/道路的守护者,我的毁灭者(ἀπόλλων)。"⑤由此看来,[阿波罗]神的"偏斜"是威胁性的。

　　在《苏格拉底的申辩》中,可以再度发现这种神和有朽者之间的疏离。苏格拉底评说道,神是真正智慧的,神想要以其箴言来告诉人们,属人的智慧相当可怜乃至毫无价值(ἀνθρωπίνη σοφία

---

① 此处据德文译出,亦可参见《罗念生全集》,第 5 卷,上海人民出版社,2004 年,第539 页。——译注

② 参见瓦尔特. F. 奥托(Walter F. Otto),《希腊诸神:希腊精神之镜中的神性者形象》(*Die Götter Griechenlands: Das Bild des Göttlichen im Spiegel des griechischen Geistes*),维多里奥·克劳斯特曼出版社:美茵法兰克福,1961 年,第 5 版,第 77页。——原注

③ schräg,斜的、怪异的、不合常规的,即上文所说的阿波罗的别称"斜面"(Schräge)的形容词形式。——译注

④ ἀπόλλυμι 的中动态形式。这里阿波罗的名字 Ἀπόλλων,与 ἀπόλλυμι 有词源关系。——译注

⑤ 吉尔伯图斯·默里(Gilbertus Murray)编,《埃斯库洛斯七大悲剧集》(*Aeschyli septem quae supersunt Tragoediae*),1955 年,第 2 版,牛津,《阿伽门农》,第 5 场,第 1080 行。——原注

ὀλίγου τινὸς ἀξία ἐστὶν καὶ οὐδενός①，23a)，但是这种 ἀνθρωπίνη σοφία
[属人的智慧]恰恰就是哲人的知识。

　　凯瑞奉是向女预言者、神的"女祭司"求问的人。城邦不仅知
道他，而且他——不同于苏格拉底——还是多数人的朋友
(ἑταῖρος ἐν τῷ πλήθει)，这件事并非无关紧要。虽然他不再在世(在
《卡尔米德斯》一开始他还出现过)，但他的兄弟可以证明凯瑞奉
在德尔斐听到的内容:最智慧的人是苏格拉底。

　　法庭的反应是喧嚷一片，以至于苏格拉底必须像常常要做的
那样劝诫人们安静下来(μὴ θορυβεῖτε, ὦ ἄνδρες [你们不要吵闹])。
法庭对此并不进行追究，因为德尔斐是一个无可争议的权威。人
们肯定不愿意被人认为自己正准备把城邦中最智慧的人，越出城
邦界限的最智慧的人处以死刑。

　　显然，苏格拉底并没有愉快地对待凯瑞奉的消息，他的第一反
应是这个消息不可靠:" τί ποτε λέγει ὁ θεὸς καὶ τί ποτε αἰνίττεται②;"
神那样说是什么意思呢，他想要暗示什么呢? 起初他并不知道该
如何理解神谕。" ἐγὼ γὰρ δὴ οὔτε μέγα οὔτε σμικρὸν σύνοιδα ἐμαυτῷ
σοφὸς ὤν；③"(21b)因为我自己知道，我一点也不智慧。当神谕把
苏格拉底标明为最智慧的人的时候，围绕着此事的一种自我认
识就业已开始了。因为被如此刻划的人自问着，这一标明是否
可信。这种自我认识正在于,苏格拉底并不把自己视为一个智
慧的人，或者说一个神(《斐德若》,278d)，而是把自己视为智慧
之友。

---

① 此句意思即前文"属人的智慧相当可怜乃至毫无价值"。中译参见王太庆译本第
32 页;严群译本第 57 页。——译注
② 此句意思即下文"神那样说是什么意思呢，他想要暗示什么呢?"。中译参见严群
译本第 55 页;王太庆译本第 30 页。——译注
③ 意思即下句"因为我自己知道，我一点也不智慧。"中译参见严群译本第 55 页;王
太庆译本第 30 页。

众所周知,苏格拉底径直尝试去反驳神谕并表明,还有更智慧的人。但是政治家、诗人和手艺人绝没有表明自己更智慧。所有人最终都只拥有一种虚假的知识(Scheinwissen),一种在苏格拉底的追问面前不堪一击的δόξα[意见]。苏格拉底知道,自己远离一种仅仅是虚假的认识,因此确定了自己是城邦中最智慧的人。但即使在这个时候,苏格拉底仍然进一步追问:

> 一直到现在,在公民和陌生人中哪里有我所认为的智慧的人,我仍按照神的神谕到处去探访和研究;而当他向我显出并不智慧时,我就扶助了神并且表明,他并不智慧。在这件事上我不得清闲,无论在城邦事务,还是家庭事务中,我都无暇去发表什么有价值的看法,而我也因为对神的侍奉而陷入百般贫困。(23b)①

从苏格拉底开始去检验多数人的"智慧"时起,他就没有停止过他的追问。显然,哲人将首先令他成为哲人的那样一项使命与德尔斐的判断联系起来。正是这项使命令他成为μύωψ「牛虻,刺棒」,也就是为神的缘故去证实那些自认为智慧的人其实并不智慧,但是苏格拉底侍奉的是神,而他毫不怀疑,比起城邦他更服从于神(29d)。这意味着他绝不会服从不再进行哲学活动的禁令,这种服侍的灾难性后果不仅在于一种人所共睹的贫困,更有甚者乃是诉讼本身。

不过,这里出现了一个问题。我们说过,属人的智慧(与属神的智慧相比它是没有价值的)并没有抛弃与神的联系,而是在神学差异中将其保持。因为政治哲人知道,城邦的秩序同诸神联系在一起。然而,除此之外还有一种使命,就像施特劳斯所说

---

① 中译参见王太庆,《柏拉图对话集》,第32页。——译注

的,"一个任务"①,牵涉到哲人苏格拉底。这一使命在希腊语中叫做θεία μοῖρα[神的命运](33c)。因此有一种神性的命运,一种指引,根据这种命运,这一命运导向的是受命者的幸福还是不幸福,这个问题是无关紧要的。哲人是被处决还是达到统治,这对于神而言并无所谓。

如果把这一神性的天命派遣(göttliche Schickung)视为苏格拉底的哲学思考的唯一源泉,这会是一个误解。如果我们作此理解,那么我们就必须把苏格拉底所说的一切看作悉数出自此一源泉。神性的天命派遣就会成为哲人之诞生,成为其绝对的开端。哲学会成为一份神的礼物(抑或是一次掠夺?)。属人的智慧就拥有了一个神性起源。在苏格拉底的所有表现中,似乎没有一处表示出在与神有关的这一方向上,他想要走得如此之远。

苏格拉底强调了自己的思想和生活中独立于神的动机。他这样解释说,对于智术师式的、为生活之故的生活之τέχνη[技术],他从根本上视为坏的并因而视为遭到废止的。即便是做某种与哲学思考不同的事情,比如说从事某项公民职业等不同的活动,对他而言也不在考虑之中,而且在前已述及的神的特征中——假设苏格拉底并没有以哲学的方式清除这种特征——也几乎没有可能从中引出一项趋向善与正义的教育使命。②

对政治哲人而言对神谕的真正解释在于,他的牛虻式或者

---

① 参见列奥·施特劳斯,"耶路撒冷与雅典",载于《柏拉图式政治哲学研究》,前揭,第168页以下。施特劳斯相信可以这样解决这个问题:"我们立刻看到苏格拉底的任务起源于人类的发动能力(initiative),起源于苏格拉底的伙伴之一的发动能力。"(第171页)施特劳斯考虑的是凯瑞奉讲述了神谕的故事,但是苏格拉底相信自己受命于一种神性的天命派遣。——原注

② 当苏格拉底在《理想国》中主张,善还要高出存在(ἐπέκεινα τῆς οὐσίας[善高于存在],509b)时,格劳孔喊着阿波罗的名字。苏格拉底看出格劳孔以此来嘲笑自己。——原注

麻醉活动回溯到女预言者的箴言。对本邦公民的公开检验乃是一项神的使命，但这需要得到更为具体地说明。这种使命在于苏格拉底的信条中，即他只促使他的听众注意两件事，关心自己本身，也就是为自己的灵魂操心，以及关心城邦本身（36c）。然而，为自己本身操心意味着，努力达到自我认识。苏格拉底正是将这一使命同德尔斐神联系起来。[1] 我们必须考虑到，政治哲人的出发点正是这种自我认识。

有两篇对话证明了苏格拉底如何将这种认识自己本身的呼召与其哲学思考从根本上联系起来。《卡尔米德斯》和晚期的《斐德若》强调了这种呼召。我将在稍后考察这两篇对话。

在自我认识和政治哲学之间关系的问题中，《阿尔喀比亚德》无疑具有特殊重要性[2]。这篇对话甚至没有别的问题而只是在说明这种关系，它最为决定性地联系于《苏格拉底的申辩》的一个基本主题，这一主题也在柏拉图对话的其他许多地方被触及。在我说明了苏格拉底如何在《斐德若》中谈到自我认识的问题之后，我会仔细探究苏格拉底和阿尔喀比亚德之间困难重重的对话。

---

[1] 此外，苏格拉底知道，这一箴言源自古老的斯巴达哲人们，他们把这一箴言赠献给德尔斐神庙（参见《普罗泰戈拉》，343a-b）。——原注

[2] 从施莱尔马赫起，《阿尔喀比亚德》《阿尔喀比亚德》前篇被视为一篇伪柏拉图对话。老的语文学家像维拉莫维茨-莫伦多夫都同意这一甄别，有些研究者则反对这个看法：比如保罗·弗里德兰德（Paul Friedländer），《伟大的阿尔喀比亚德：理解柏拉图的一条道路》（*Der Grosse Alcibiades：Ein Weg zu Platon*），Friedrich Cohen：波恩，1921 年；或者奥托·阿佩尔特（Otto Apelt）的柏拉图《阿尔喀比亚德》前后篇（Platon：Alkibiades I/II）（Felix Meiner：莱比锡，1937 年，第 3 版）的译者导言；较晚近时期的比如克里斯托弗·布吕尔（Christopher Bruell），《论苏格拉底式的教育：柏拉图短篇对话导论》（*On the Socratic Education：An Introduction to the Shorter Platonic Dialogues*）（Rowman & Littlefield：Lanham，Boulder，纽约与牛津，1999 年）似乎也以此为出发点。尽管这篇对话在古典时代是一个得到广泛阅读和评注的文本（比如普罗克洛的评注），对它的阅读却已经陷入危机。我不想也无力加入到对话之真伪的讨论中。如果这一文本不是真作，我们毕竟可以认为，它抓住了一个蔓延在柏拉图许多其他对话中的问题。——原注

在《卡尔米德斯》中有一个说法：

> 因为我本人几乎想说，认识自己本身，并且赞同那个在德尔斐树立这条箴言的人，正是明智（Besonnenheit）。因为树立这条箴言在我看来是神向［走入神庙］来的人打招呼，用来代替"高兴见到你"。就好像高兴见到你这样的招呼并不正确，我们不要勉励获得高兴，而要变得明智。……因此就像箴言所说的，而我也这样认为，认识你自己与变得明智是同一个意思……（164d-e）①

这里说话的人不是苏格拉底，而是格里底亚（Kritias）。他的表达同样有点结结巴巴。因为当他惊奇地表明，人们在进入阿波罗神庙的时候不会得到一声Χαῖρε［高兴见到你，你好］的问候——而这种惯常的问候至少可以从比如说在大街上相遇的朋友们那里得到——时，我们不能将其理解为格里底亚的反讽。当然，当他在自我认识中对明智做出揣度的时候，他看起来是知道明智的真实涵义的。

不过神所说的东西谜一般难解，像一个占卜师（αἰνιγματωδέστερον, ὡς μάντις［谜一般的，像占卜师］），格里底亚说。许多人把神谕理解为神的一个συμβουλή［建议］而非问候，并且从神谕当中得出自己的生活准则（比如说Μηδὲν ἄγαν［毋过度］）。然而谜团在何处？谜团恰恰在于，格里底亚相信，只有当他把神谕与神本身联系起来时，"认识你自己"这条神谕才获得了它的全部意义。

某条生活准则（比如说毋过度）要求成为任何一种生活情境下的尺度Maß。无论我吃得太多还是过于鲁莽，节制（Mäßigkeit）②

---

① 中译参见王太庆，《柏拉图对话集》，第88页。——译注
② 注意节制（Mäßigkeit）与尺度（Maß）的词根联系。

始终都是一个不错的建议。认识你自己是从神那里接受一种尺度。认识自己在这里意味着，在与神的差异当中认识自己。神学差异是多方面的，比方说，它包括神的不朽或者毫无痛苦。而人类因其有朽首先在任何时候都不可能具有为神所拥有的知识。认识你自己作为明智的要求，告诉前来德尔斐朝圣的人们，他们在那里分享了一种具有神性起源的智慧。

这对于哲人显然有着巨大影响，至少是对那些没有为自己的求知欲设置界限，抑或也不愿意被人设置界限的哲人而言。亚里士多德在他的 θεωρία［理论静观］的倾向中，合乎逻辑地反对这种明智诫命。面对神性者，理论并不停止脚步，人类是被召唤着去认识神性者的（参见《尼各马可伦理学》，1177b，第 33 页以下），但是当《卡尔米德斯》对话以走投无路的方式（aporetisch）应对明智的澄清结尾时，苏格拉底对 Γνῶθι σαυτόν［认识你自己］是负起责任的。自我认识对苏格拉底而言是一种在 ἀανθρωπίνη σοφία［属人的智慧］意义上的哲学式自我认识。

苏格拉底是如何与 Γνῶθι σαυτόν［认识你自己］的要求符合一致的，《斐德若》做出了说明。当漫游至城墙时，苏格拉底提及玻瑞阿斯（Boreas）①的祭坛。斐德若问苏格拉底，他是否相信玻瑞阿斯神话。哲人坦言，他没有兴趣去深思对人马（Kentauren），克迈拉（Chimären），戈耳戈（Gorgonen）等等进行谈论的神话，但也不想冒犯它们。之后他评论道：

> 对此，我绝没有闲暇去从事。其原因，我的朋友，正在于此。我尚且一直没有能力依照德尔菲神谕去认识我自己。因此在我看来，只要我在这方面仍旧是无知的，去关注别的东西就是可笑的。因此对这些事物我随它去，并信任其他人

---

① 北风之神。——译注

所相信的东西,正如我所说过的,我并不考察此类事物,而是考察我自己。考察我是不是一个怪物,比提丰(Typhon)来的更为复杂和怪异,还是一个更为温顺与简单的生物,生性分享着一定程度上神性而平实的部分。(229e-230a)

首先令人惊讶的是,苏格拉底承认,他尚且一直没有能够按照神谕完成对自己的认识。难道自我认识的命令是没有结果的? ἀνθρωπίνη σοφία[属人的智慧]无法形成积极的知识? 或许,与其说它在于结果,毋宁说在于那个自我探问的活动? 事实上,Γνῶθι σαυτόν[认识你自己]不是δύναμις[力,潜能],不是能力,至少不是像一种特定手艺那样的能力。

不过,苏格拉底的自我认识面临两种可能。要么苏格拉底比起有一百个头颅的龙—神(Drachen-Gott)提丰——即那种神话生物当中的一个——还要复杂和可怖,要么他就是一种更加温和与单纯的生灵,本性当中分有着某种神性的、知足的部分。苏格拉底的话显得让人费解,他转换话题速度很快。斐得若被转移注意力,他被问道,是不是他们无法到达其远足的目的地。

苏格拉底的自我认识面临两种特有的可能,柏拉图想用这个来告诉我们什么? 提丰是一个有着各种面向的、卑劣而野蛮的动物。他对善与正义一无所知。当苏格拉底把自己描绘为ἄτυφος[平实的],他暗示的是Τυφῶν的名字。τῦφος的意思是烟雾(Τυφῶν在风暴和火山的火焰中显示自身),但它也有空洞的转义。泰坦巨神是傲慢自大的。苏格拉底有可能是这样,不过或许也是另一种样子,即他本质中包含某种神性的东西和谦卑的东西。他知道什么是善与正义,这是可能的。甚至有可能,他生来(φύσει[自然产生])就知道善与正义,而不是依赖一种先行的商讨。这或许意味着,自我认识面临这样两种可能,即认识或者不认识善与正义,而这同样意味着相反的情形,即分有可怖的东西和空洞的东西。

如此看来，ἀανθρωπίνη σοφία［属人的智慧］可能就是有关善与正义问题的自我探究。这种自我探究包含触及可怖之物和卑劣之物的可能。是不是苏格拉底谜一般的坦白就此得到解答了呢？毕竟可以由此澄清这样一点，在ἀανθρωπίνη σοφία［属人的智慧］中的自我认识在多大程度上是政治哲人的一个前提条件。政治哲人必须试图弄清楚，他是倾向于野性与可怖的东西，还是明智地追求由自然所给与的善与正义。

没有其他的对话像《阿尔喀比亚德》那样，完全直接地涉及Γνῶθι σαυτόν［认识你自己］的问题。① 其前提在于苏格拉底的这样

---

① 在对话伙伴苏格拉底和阿尔喀比亚德——哲人和政治家——之间的关系中，对话的主题光谱已经预先得到了认识。在一些盘诘术的叮蛰式审查之后——他起初显得不情愿——阿尔喀比亚德必须承认，在政治事物以及有关正义、善和有用性的问题上，他一无所知。他不再知道他应该说什么，以至于他看上去完全疯癫（verrückt）了（ἀτεχνῶς ἔοικα ἀτόπως ἔχοντι［我看起来完全像是笨拙而疯癫的人］，116e）。苏格拉底发现，雅典所有的政治家——包括阿尔喀比亚德的叔叔与监护人伯里克利（119a）自己——都像阿尔喀比亚德那样无知。这一确认规定了接下来的聊天进程。如果阿尔喀比亚德想要成为一位真正的政治家，那他就不能以自己的城邦为参照。相反，他必须诉诸诸敌人的首领，也就是波斯与斯巴达的国王（120e）。然而苏格拉底并没有要求阿尔喀比亚德自己选择一个范例。只有当阿尔喀比亚德在同他们的比较中能够看到，在对政治事物的一种切身准备中，什么是不应当追求的时候，波斯人与斯巴达人才应当成为榜样。苏格拉底此间向他的听众十分粗暴地解说到，在占有物或者财产的问题上去衡量说薛西斯（Xerxes）或者阿尔塔克瑟克塞（Artaxerxes）是强大有力的，这是完全不可能的。人们必须思考，是什么将希腊人同波斯人和斯巴达人区分了开来。于是苏格拉底强调说："而我相信她［阿麦斯忒荷蒂丽丝（Amestris），薛西斯的母亲］会说，在他的事务中，人们应该信赖明智与智慧。因为在希腊人中，只有这才是值得称道的。"（123d）［中译参见《阿尔喀比亚德》，梁中和翻译并注疏，华夏出版社，2009年，第140页——译注］苏格拉底由此达到了通向真正的谈话主题的门槛。阿尔喀比亚德必须思考本己的东西，从而能够实现他的希望。希腊人本己的东西此处被称为明智与智慧。苏格拉底在其申辩辞中已经明确地将对自己本身的关心与对城邦本身的关心，刻画为其优良行为（εὐεργετεῖν［优良行为］，36c）的两个本质要素。《阿尔喀比亚德》的作者是否有意识地联系到《苏格拉底的申辩》，这个问题我们暂时不去讨论。从事情本身的角度看，它与之有关。——原注

一种认识,即,阿尔喀比亚德必须首先认识自己,从而为他人、为城邦行动。苏格拉底和阿尔喀比亚德的关系令柏拉图哲学的一个首要问题成为主题。这篇对话在过去引起了一种不同凡响的兴趣,原因就在于对话典范性地处理了这个问题。在这里,哲人遇到了才华横溢而又野心勃勃的人,这个人想要进入雅典的公民大会(εἰς τὸν Ἀθεναίων δῆμον,105b),从而能够影响城邦的命运。智慧之人遇到了将来的政治家,前者很快向后者表明,离开了智慧之人(ἄνευ ἐμοῦ[没有我],105d),他将无法希冀①获得成功。对于他和他的事务,智慧之人拥有这样一种力量(δύναμις[力,潜能]②)。

苏格拉底以如下方式提出了有关自我认识的问题:

> 苏格拉底:那么,人们能够以何种方式发现自我本身(das Selbst selbst)呢(τίιν' ἂν τρόπον εὑρεθείη αὐτὸ ταὐτό)?因为如此一来我们兴许同样可能找出,我们自己是谁。如果自我本身是不可知的,那么我们也不可能找出我们自己。
>
> 阿尔喀比亚德:是的。(129b)③

因此,苏格拉底修正了问题:作为苏格拉底,我自己是谁?并附加了这样的问题:什么是自我本身?是的,他甚至断言,不回答这个问题,我们就完全无法认识,作为我们所是之物,我们是谁。苏格拉底在有关ἄνθρωπος[人]这个概念的拆解分析(Dihairese)④

---

① 实际上,在谈话伊始,ἐλπίς[希望]是一种始终具有导向作用的态度。因此苏格拉底简明扼要地径直提问:ἀλλὰ νῦν ἐπὶ τίνι δή ποτε ἐλπίδι ζῆς[你在何种希望下生活]。(105a)但是现在,你在何种希望下生活?——原注

② 原文误作为 δύμαμις。——译注

③ 中译参见《阿尔喀比亚德》,梁中和译,华夏出版社,2009年,第158页。——译注

④ 这里指涉辩证法。柏拉图的辩证法通过分析与综合(διαιρέσεων καὶ συναγωγῶν)进行。可参见《斐德若》266b。Dihairese 这个词我们有时也译作"划分"。——译注

中赢得了一个暂时的答案：自我乃是 ψυχή［灵魂］(130c)。这个回答是暂时的，因为它也只是发现了当下的自我(ἕκαστον［每个］)。苏格拉底现在似乎想要在此先搁置一下问题。自我本身似乎是无法得到认识的。然而，他很快冒险尝试去斩断戈尔迪之结：

> 苏格拉底：亲爱的阿尔喀比亚德，如果灵魂想要认识自己本身，它不就必须自己观入到灵魂之中，并且最大程度地观入到灵魂中生长得最善的地方，也就是智慧中去吗？并且在观入到某种别的与之相像的东西中去，就像所发生的那样。
>
> 阿尔喀比亚德：苏格拉底啊，我想是这样的。
>
> 苏格拉底：在灵魂中，除了认识和洞见所在的部分，我们还能指出比这更具神性的东西吗？
>
> 阿尔喀比亚德：我们指不出这种东西。
>
> 苏格拉底：在灵魂本身中这种东西与神性者相像。谁洞察了这种东西并且认识了所有神性者、神以及真实的思想，谁也就能够最好地认识自己本身。
>
> 阿尔喀比亚德：当然。(133b-c)[1]

因此，自我认识成为了一种成熟的 θεωρία［理论静观］的任务。当然，在这一段落中苏格拉底没有提及自我本身。尽管如此，这一段落表现了对第一个规定的提高，即自我是灵魂。作为灵魂的自我在一种在神性事物当中的再认识中(in einem Wiedererkennen im Göttlichen)来到自我那里，它在一个属己的 τόπος［位置］瞥见了神以及真正的思想。

尽管这样一种思想延续了可能在《斐德若》中开始的倾向，尽

---

[1] 中译参见《阿尔喀比亚德》，前揭，第 171—172 页。——译注

管这一倾向可以被标示为是柏拉图式的(然而在《法律》这一政治性巨著中,晚期柏拉图强调说,神是一切事物的尺度(716c)),这一思想仍然离开了一种 ἀανθρωπίνη σοφία [属人的智慧]的界限。①此外,这样一种神学式的解决办法,似乎径直与德尔斐神谕的最初意图,即,严格区分属人的与属神的知识,相抵牾。如此看来,去确定在柏拉图的文本中苏格拉底和柏拉图之间的差异,这可能是富有意义的。

实际上,对于政治哲学而言,自我认识的这种神学解释是一个巨大难题。在基督之前的时代,这一解释遭遇了一种政治神学的可能性。如果神性者,神,或者乃至本原之神,是真理,是善和正义,那么政治哲学就只能建基于某种神学的基础上。由此,它就必须面对这样一种神学所包含的所有难题,更别提在没有基督教的情况下——就像神义论问题的情况——来解决基督教神学首先自近代以来随之带来的那些艰难了。

在《苏格拉底的申辩》中,我们无法找到一种政治神学的起点。阿波罗诚然强烈地在场着,而且苏格拉底受到不敬神的控告。此外,文本以"神"这个词结尾。然而, ἀανθρωπίνη σοφία [属人的智慧]恰恰在于,它知道何种问题是合适的,何种不合适。最优秀的人应当关心自己本身并且关心城邦本身,这一思想似乎无需联系于神学定理(Theoreme)就是充分的。政治哲学的诞生处于这样一种神学发展之前的领域。正因为如此,对于想要放弃神学的政治哲学而言,它才具有巨大的重要性。

因此,无论《阿尔喀比亚德》如何将《苏格拉底的申辩》中出现的问题接受过来,它都只能以如下方式解决这个问题,即它引入

① 这一段落实际上在柏拉图研究中被认为是后期添加的。布吕尔因而没有解释这一段落。参见布吕尔,《论苏格拉底式的教育》,前揭,第19页以下。与此相反,我认为没有理由作出这一假定。——原注

那些在早先文本中不曾认识到的知识。此外,柏拉图早期对话中对苏格拉底的描述及其在色诺芬文本中的回响,容易让人以为苏格拉底对神学式的问题解决方式不感兴趣。甚至可以从中发现一种对神学式的问题解决方式的强烈怀疑。不过,同样必须承认的是,这种怀疑受到同"他的"神阿波罗的明确联系的支撑。

苏格拉底教导人们关心自己本身——自我认识——并且关心城邦本身,这两种"关心"实质上是同一种。因此,在自我认识中我们面对灵魂,在其中我们遭遇到城邦的秩序原则,善与正义,同样也包括愤怒与野性,甚至自我认识有可能一直通向与神的切近。自我认识就是灵魂—认识(Seelen-Erkenntnis)。在这种认识中,并不是个人的灵魂史得到发现,而是自身与城邦之间适度或者无度的关系。对灵魂诸部分的爱欲性解释(《斐德若》)以及政治性解释(《理想国》)随之得到实行。

在自我认识中哲人保持着尺度。智术师同样知晓尺度,但却超出于它。因此,柏拉图在他的对话《欧蒂德谟》中描绘了智术师欧蒂德谟(Euthydemos)和苏格拉底之间一次十分滑稽的谈话。在谈话过程中,智术师——苏格拉底讽刺性地称他为一个智慧之人(295a)——想要教导苏格拉底,智术师总是通晓一切(296c)。实际上智术师的知识使他确信,总是能够将较弱的λόγος[言辞,逻各斯]变成较强的,确信他的λόγος[言辞,逻各斯]无须遵循超越的法则。如果目的是要在谈话中去证成这样一个命题,即人总是通晓一切,那么智术师会找到达成这个目的的相应手段。指出这样一回事是多余的,即一贯主张的对一切的通晓,蔑视在自我认识中所接受过来的尺度。

　　因此你们这些人啊,个个都能周游列国,游说青年人。而这些青年人本可以随意跟任何一个公民无偿交往,却被说服断绝那种交往,付钱与他们本人往来,并对此满怀感激。

（《苏格拉底的申辩》,19e)①

　　苏格拉底一再表现出对智术师们的不解,他们为自己的学说索要物质财富或者金钱(χρήματα［钱财]）。他明确地说明,说他为自己的 παιδεία［教育]索要过金钱,这是不真实的(19d)。哲学学说是无价的,这种信念并不是完全拒斥金钱的自负哲人的单纯姿态。就像苏格拉底并不是自己选择了贫穷,而是由对阿波罗神的服侍得到合理性说明(23b),他也容忍了提议为自己支付一命那②乃至——在朋友们的劝说下——30 命那的罚金(38b)。他同样意识到,他所与之交谈的那些人拥有最多的闲暇(μάλιστα σχολή,23c),也就是说他们属于这样一些公民,这些公民有条件能够和像苏格拉底这样的一个人一起消磨时间。支付报酬对哲学活动而言是不合适的,这一思想要来得更为深邃。对苏格拉底而言,这首先并不和由于财富而从劳动中解放出来(Freisein)有关,而是和另一种自由有关。③ 对哲人而言,对哲学的倾向这个问题涉及这样一种自由,这种自由必定不能被理解为免于某物的自由(Freiheit von …),而是为了某物的自由(Freiheit für …)。后面这种自由有着不同于第一种自由的别样源泉。而当苏格拉底在一种相当不同寻常的尺度中处理有关金钱的问题时,这是因为对金钱的追逐是一种错误的自由理解的结果。

　　城邦生活在不小的程度上存在于它的经济性组织。苏格拉底完全考虑到了这个事实,这可以作为我们的出发点。哲人此间提出的问题是,这种生活的经济性组织对个人而言最终能够取得何种重要性。人们准备在多大程度上投入到经济性事实中? 哲

---

① 中译参见严群译本第 53—54 页;王太庆译本第 28 页。——译注
② 古希腊货币单位,100 德拉克马＝1 命那,60 命那＝1 塔兰同。——译注
③ 注意“解放”(Freisein)和“自由”(Freiheit)在原文中的字面联系。——译注

人必须为这种准备设置一个界限。苏格拉底以最清楚的方式发问:"最善的人啊,作为一个雅典人,来自最伟大的,在智慧和力量上拥有最为卓著的声名的城邦,如果只关心如何尽可能多地挣钱,如何获得名誉与声望,却对聪慧、真理和拥有一个尽可能善的灵魂漠不关心,你不感到羞愧吗?"(29d)①苏格拉底反对的是这样一种意见,对生活的操持在所有事情中都占有一种优先性。苏格拉底反对的是这样一种观念,生活是唯独重要的事情:不惜一切代价地活下去。

认为生活及其经济性组织——金钱——始终是最重要的事物,这种意见不仅是对一般生活可能性的狭隘化,它还是哲学需要严阵以待的敌人。一边是金钱、虚荣和名声,一边是聪慧、真理和一个善的灵魂,此间的区别是柏拉图在《斐多》中谈到的 χωρισμός [分离](67d)的回响。这里事关宏旨的是这样一种决断,人是想顺从身体的命令——在柏拉图看来它导致战争、骚乱和冲突(66c),还是专注于自己的灵魂并随之一般地专注于本质性的哲学问题。在这些问题中,同样要算上对真正的城邦的追问,即对政治哲学的实事(Sache)的追问。随着生活之为生活乃是"最高的善"——奢华的生活是真正的自由——这样的论断,这种政治哲学必须被视为是完蛋了的。

苏格拉底反对这种论断。人应当投以最高程度关注的不是生活之一般,而是善的生活(ὅτι οὐ τὸ ζῆν περὶ πλείστου ποιητέον, ἀλλὰ τὸ εὖ ζῆν②,《克力同》,48b),也就是说,善的、美的、正义的生活(εὖ καὶ καλῶς καὶ δικαίως③)。这种思想是牛虻式思想中的一种肯定性要素,却有着否定性后果,因为随着这一思想,哲人移出了

---

① 中译参见王太庆译本第 41 页;严群译本第 66 页。——译注
② 此句意思即前文"人应当投以最高程度关注的不是生活之一般,而是善的生活"。——译注
③ 此句意思即前文"善的、美的、正义的生活"。——译注

城邦的联盟而成为城邦的敌人。智术师们并不抱有这种思想,这种思想对他们而言是不可接受的,他们因而站在城邦一边,他们和城邦共同具有这样的信念,生活之为生活或许(此处这意味着原则上)必须被置于善的生活之先。

智术师们的 τέχνη[技术]就是为生活服务的(《苏格拉底的申辩》,20d),这种 τέχνη[技术]让较弱的 λόγος[言辞,逻各斯]看上去较强,让较强的 λόγος[言辞,逻各斯]看上去较弱。这种策略实际上具有这样一种本质性的意义,也就是说,即便人们代表着较糟糕的事情,也可以让一场辩论获得胜利。这是生活之为纯然生活(Leben als bloßes Leben)的 τέχνη[技术],一种无差别的、完全只是功能运转的成功策略。当苏格拉底与此相反,强调他愿意始终追随 βέλτιστος λόγος[最善的逻各斯],他是在拒绝这种生活的 τέχνη[技术]。凭着这一拒绝,哲人保留了与城邦的差异以及一种政治哲学的可能性。对生活的 τέχνη[技术]的拒斥是自由的否定性一面,这种自由以肯定性的方式存在于对善的生活的抉择中。

在这里我想离开本题引入色诺芬的《回忆苏格拉底》(第 1 卷,第 6 章)来继续我的解说。色诺芬报告了智术师安提丰(Antiphon)与苏格拉底的谈话。智术师评议道:

"我亲爱的苏格拉底",他说,"我认为你是正义的(δίκαιον)、但完全不认为你是智慧的(σοφόν)。你自己似乎也承认这一点。至少对于和你的交往活动(συνουσία)你分文不取。尽管如此,如果你认为一件外套、一座房子或者其他什么所有物有一些价值的话,你就不会以低于它们所值的价钱给别人。显然,如果你相信同你的交往有一些价值的话,你也不会要求一个低于它所值的价钱。你并不出于贪婪(ἐπὶ πλεονεξία)而进行欺骗,因此你可能是正义的。但你并不智慧,因为你并不懂得什么有价值的东西(ἄξια)。"①

　　安提丰,这个生活的技匠,从苏格拉底的交往活动分文不取这个事实中得出结论,哲人必定相应地也对自己的交往活动评价不高。在此,他挑动正义的ἀρετή[德性]和智慧的ἀρετή[德性]之间的冲突。对于安提丰来说不言而喻的事情是,苏格拉底足够正义,不会变得贪婪。不过这没有提供给他攻击哲人的可能。因此,真正的智术师式的论证在于,苏格拉底的正义显示在如下一回事上,他自己承认无法提供什么富有价值的东西。哲人公正地对待自己和他人,故而似乎不愿意为他的交往活动收钱。应该强调的是——安提丰足够冷静,他能承认贪婪可以作为收钱的可接受的理由。不过,他知道凭借如下这种论据并不能触动哲人,即苏格拉底因为毫无贪婪之心而对金钱无所渴望。因此,他相当狡猾地以苏格拉底的正义内涵来论证苏格拉底对金钱的放弃。
　　然而,苏格拉底的回答是尖锐的:

　　　　我亲爱的安提丰,在我们这里(παρ' ἡμῖν)人们是这样认为的,对于自己的美丽,就像对于自己的智慧一样,既可以做一种美好的使用,也可以做一种丑恶的使用。如果某个人为了金钱而将自己的快乐(βουλομένῳ)贩卖给随便什么人,那么我们就把他叫做卖淫者(πόρνον)。但如果某个人赢得了一个他认为品行无可指摘的有情人(καλόν τε κἀγαθὸν ἐραστὴν)做朋友,我们就把他叫做是明智的(σώφρονα)。在智慧的问题

---

① 色诺芬,《回忆苏格拉底》,W·吉尔伯特(W. Gilbert)编,莱比锡,1907 年(托伊布纳图书馆(Bibliotheca Teubnerina)丛书),第 1 卷,第 6 章,第 11—12 节。——原注
　　中译参见《回忆苏格拉底》,吴永泉译,商务印书馆,2012 年,第 36—37 页。——译注

上，情况同样如此(ὡσαύτως)：谁为了金钱而将智慧贩卖给随便什么人，人们就把他叫做智术师，而如果谁将他所拥有的一切好东西(ἀγαθόν)都教给人们公认有着优良素质的人们，并且让这些人和自己成为朋友，在我们看来，他做了一个正派公民(καλῷ κἀγαθῷ πολίτῃ)所做的事情。我亲爱的安提丰，我自己也更加对为拥有优良的朋友而感到高兴，就像其他人在一匹优良的马、一只优良的狗或者一只优良的鸟上感到高兴一样。而如果我有什么好东西，我就会告诉他们。并且让他们与其他在我看来对他们的德性(ἀρετήν)有好处的其他人结交。我还打开古老的智慧之人通过写在书本里而留下来的财宝，和朋友一起巡察它们。而如果我们发现了什么美妙的东西，我们就将它挑选出来。我们将彼此成为朋友视为一种巨大的收获(μέγα κέρδος)。①

哲人立即认出了生活的τέχνη［技术］。在安提丰狡猾的说辞背后，隐藏着的是无能于甚或是拒绝去下决心赋予哲学以生活的经济组织之一般条件之前的优先地位。苏格拉底如何回应自己的交往活动分文不取这件事？哲人令我们注意到，"在我们中间"为其交往活动而收钱的人被称为πόρνος［卖淫者］。因而智术师是一个卖淫者(这个想法同样可以在《智术师》的第一个划分(Dihairese)那里找到(222e))。因为苏格拉底断言，情爱或智慧是一回事。在与他人的交往活动(συνουσία②)中贩卖知识，就是精神的卖淫。

显而易见，苏格拉底在和妓女赛阿达泰(第3卷，第11章)的交谈中把智术师的κολακικὴ τέχνη［谄媚的技术］和πορνεία［卖淫

---

① 色诺芬，《回忆苏格拉底》，第1卷，第6章，第13—14节。——原注

　中译参见《回忆苏格拉底》，前揭，第37页。——译注

② 交往活动的希腊语 συνουσία 也指性交。——译注

联系在一起。谄媚人的 λόγος［言辞，逻各斯］吸引和引诱愿意被引诱的人去做一些事情，那个人越喜欢做，谄媚就越成功。当苏格拉底历数赛阿达泰可以用来取得成功的各种手段，她矫揉造作地说：ἐγὼ τούτων οὐδὲν μηχανῶμαι，我并不使用它们。苏格拉底这样回答这句不太可信的话，最好的引诱是 κατὰ φύσιν［根据自然］而得到使用的引诱。我们因此必须不把以成功为鹄的的 κολακικὴ τέχνη［谄媚的技术］理解为丑角的引人注目的举动，而是理解为一种以自然的方式显现出来的配合，这种配合比之直露的阿谀逢迎要更为有效。

说智术师是卖淫者，这无疑是刻薄的评论。在贩卖思想和提供性爱之间进行类比，这证明了一种对生活之 τέχνη［技术］的深刻不信任。这让智术师的那种乐于在公民们愿望面前的卑躬屈膝，在一种刺眼的光亮中显现出来。这背后显然藏有一种对一般的城邦日常生活的批判。让 βέλτιστος λόγος［最善的逻各斯］退居经济意图之后，谁同意这种看法谁就是在出卖真理，出卖其参与真理的人类原初能力。智术师背叛了哲学之自由。他把较弱的 λόγος［言辞，逻各斯］弄成较强的，就像一个卖淫者为客人进行服务。根据《克力同》里对法律的一个粗俗表达，这样一种人卑躬屈膝地生活着（ὑπερχόμενος［卑躬屈膝］，53e）。在柏拉图哲学的语境中，这样一种实践活动必定比出卖身体更加无耻，这种主张并不是牵强附会的。哲人，朋友的朋友，作为哲人有能力只选择处于生活的 τέχνη［技术］之外，也就是经济活动之外的友谊。

既美又善的公民，亦即真正的政治公民，远离这种卖淫活动。他以另一种方式，一种明智的方式来赢得他的朋友。是善和美本身，在共同的、充满爱欲的交流（Mit-teilen）①中让友谊产生。如

---

① 作者将德语 mitteilen（交流）一词分写，显示出其字面意思"共同（mit）—分享（teilen）"。——译注

同苏格拉底所阐明的,友谊根本上只能在生活的 τέχνη[技术]之外显现。就像亚里士多德后来把出于用途和快乐的友谊,同源自善的友谊区分开来一样(《尼各马可伦理学》,第 8 卷),苏格拉底这里也同样分隔了供应和需求的经济关系,也就是说将不真的友谊与真实的友谊分隔开来。

作为一种意识到友谊和敌意之间的差别的哲学,政治哲学粉碎生活的 τέχνη[技术],打破它并且试图将其转化。它首先要求的是对生活的实际利益的忽略,无论是自己的利益还是政治的利益。

> 一心想着为你们每个人作出我所相信的最大的善事,尽力劝说你们每个人不要首先顾虑那些私人琐事,而要关心你们自己本身,如何去成为最优秀、最理性的人;也不要顾虑城邦杂务,而要关心城邦本身,并且按照同样这种方式来关心一切其他事情。(36c-d)①

在这里区分苏格拉底和柏拉图是富有意义的——即使这种区分总是成问题——人们可以声明,这番话可能出自柏拉图而非苏格拉底。苏格拉底区分了作为多的存在者和作为一的存在者本身,亦即存在者的 ιδέα[理念]。当我们考虑到,苏格拉底在这里特别针对的是他的天才学生,那么柏拉图在文本的这个地方回忆起了自己可能就不会令人惊讶了。因为当苏格拉底说这番话的时候,聆听苏格拉底的在场的人当中有柏拉图。如果不是对柏拉图,这番话还可能是对谁说的呢? 除了这位哲人还有谁更遵循了这番话呢?

此外,当苏格拉底坦言,他认为他所给与雅典人的最重要的

_____

① 中译参见严群译本第 74 页,王太庆译本第 48—49 页。——译注

东西,是对自己的灵魂和城邦本身的关心时,他本人不就是这种关心灵魂和城邦的哲人吗? 此处得到彰显的不是政治哲人苏格拉底本人吗? 苏格拉底在他真正的遗嘱执行人面前说出了自己的遗言。①

苏格拉底的善举集中于两个目的。那些倾听他的人应当关心自己,关心自己意味着关心其灵魂(ἐπιμέλεια τῆς ψυχῆς [关心灵魂]);而关心其灵魂又意味着,忽略生活的直接需求并将自己作为一个并不沉湎于这些需求的人来加以认识。此外,他们不应当关心城邦的日常事务,而要关心城邦本身。关心灵魂和自我认识以最善和最理性的东西为核心。谁如此关心自己,谁就不会迷失于生活的 τέχνη [技术]。而且谁如此关心自己,谁就能够关心城邦本身。

苏格拉底无疑关心着自己的灵魂,他无条件地遵从这样的信念:做不正义的事在任何情况下都是坏的。不过,人们要问,苏格拉底如何关心城邦本身。政治哲人苏格拉底是否有把这种关心表达为一种得到系统性处理的政治哲学? 如果人们不打算把《理想国》首先划归苏格拉底名下,人们就必须回答:绝对没有。那么他可以终究被称为一个政治哲人吗? 毫无疑问。

苏格拉底独独关心着雅典城邦,无论是作为士兵还是作为政治负责人。作为牛虻式的哲人他为雅典城邦效了最大的力。然而如果他不具有这种行为的观念,不具有对使得一个城邦成为真正城邦的东西的洞察,他就没有能力做到这些。而只有就他认识最好的 λόγος [言辞,逻各斯],并且在他的 ἔργα [行为]中活出了这种 λόγος [言辞,逻各斯]而言,他才具备这种洞察:做不正义的事

---

① 参见布吕尔,《论苏格拉底式的教育》,前揭,第 137 页:"我们因而有理由认为《苏格拉底的申辩》提供了一个苏格拉底和柏拉图的谈话,它是(一定还有很多这样的谈话)唯一一个我们的作者允许我们目击的两人的谈话。"——原注

在任何情况下都是坏的,遵从法律在任何情况下都是好的。他在雅典城邦的围墙之内为了城邦坚决地实现了这种认识,以便令城邦比如说对于智术师的机巧保持清醒。他有能力做到这一点,因为他将超越于雅典的城邦自身保持在视野当中。

那使得苏格拉底成为地道的政治哲人的东西就是这种限制于最好的 λόγος[言辞,逻各斯]的约束,以及从这种 λόγος[言辞,逻各斯]当中导出的 ἔργα[行为]。政治哲人,在一个特定的城邦中生活并在其中现身的哲人,首先是一个行动着的哲人。他通过教授最好的 λόγος[言辞,逻各斯]并活出这种 λόγος[言辞,逻各斯]而主张着善与正义。当不正义的事情发生,他就会到场,追问真实的城邦。不再记住这种洞察并且把自己提升为一种单纯的有关城邦的理论(Theoria)的政治哲学,已经背叛了政治哲人。它畏惧迫害,却——如同霍布斯或者康德的例子所表明的——直到近代都无法逃脱这种迫害。苏格拉底不仅仅从历史学角度来看是第一个政治哲人。当帕托契卡谈及一种"苏格拉底的遗产"[1]时,他指的是这种实际的对善的主张,即使城邦威胁要杀害他并且真的杀害了他。

这种对最好的 λόγος[言辞,逻各斯]的主张——即做不正义的事在任何情况下都是坏的,善与正义应当处于统治地位——需要同一种"表态"区分开。在政治语境中"表态"多半指的是,一个应当说服其他 δόξαι[意见]的 δόξα[意见]得到提出。在对最好的 λόγος[言辞,逻各斯]的主张和证实中,涉及的不是这样一回事。谁通过自己的实践活动确证善与正义,关及的不是"态度",而是遵从在这种有关善与正义本身的 λόγος[言辞,逻各斯]中所包含

---

① 让·帕托契卡,《柏拉图与欧洲:1973 年夏季学期的私人研讨班》(*Platon et l'Europe. Séminaire privé de semestre d'été 1973*),Éditions Verdier:Lagrasse,1983 年,第 98 页。——原注

的东西。做不正义的事在任何情况下都必须避免，这种 λόγος［言辞，逻各斯］所说明的自然无非是应当如此这般行动。当政治哲人活出这种 λόγος［言辞，逻各斯］的时候，他并不是为了引人注意。

> 因为如果你们杀死了我，将无法找到另外一个如此这般的人，这个人——即便这么说显得可笑——纯粹是由神分派给城邦的。就像一匹高大而高贵的马，由于它的身形庞大而变得懒惰，它依赖于像牛虻一样的东西来使它保持清醒。我想是神把我作为这样一个人负载在城邦上的，我整天到处绕着你们转，不停地刺激、劝说并责备你们每个人。(30e)①

当苏格拉底把自己称为一个 δόσις τοῦ θεοῦ［神的礼物］，神的礼物的时候，他意识到了其中的荒谬。这件礼物是一种祸害。当他把自己刻画为一只牛虻的时候，他知道，对于雅典公民而言他必定是极为触目的。苏格拉底恭维城邦是一匹高大而高贵的马，而这匹马正趋于懒散。它自己并不能清醒地对如何能够变得善与正义的问题加以认识。它僵固在习惯中，即便这些习惯是坏的。牛虻进行攻击，以便让它一次又一次从中惊醒过来。

作为 μύωψ［牛虻，刺棒］的哲人因而是扰乱者，是令人败兴的人，是一个可疑的主体。他不仅进行劝服，他甚至还出现在不受欢迎的地方，留在那里，不停地进行咒骂。是神派遣了这样一个人，这句话不是以反讽的方式说出来的。② 因为他只能被当做负担来接受。

---

① 中译参见严群译本第 67 页；王太庆译本第 42 页。——译注
② 众所周知，在《伊利亚特》第一曲中（第 43 行以下），阿波罗给特洛伊前的希腊人送去了瘟疫，从而对他们强奸了他的一位祭祀的行为进行惩罚。苏格拉底是否也有可能是一种惩罚呢？——原注

当然，在这一肖像背后存在着盘诘术，从公民的 λόγοι［言辞，逻各斯］中取出真实的东西。经过一种巧妙的追问，他们陷入随后被指出来的矛盾之中。结果便是一种无路可去（Aporie）。哲人并没有教给他们任何东西。他从一种无知出发并且持留在这种无知当中。他因而可能留下了一种致命的印象。在谈话中被逼得陷入矛盾，这是令人扰乱因而是惹人气恼的，而且审查者的无知（das Nichtwissen des Prüfenden）也没有什么正面建设。哲人首先彻底显现为一个只是说不的人，一个捣乱的人，也就是一个纠缠不休的人。牛虻式的 λόγος［言辞，逻各斯］只有在拆构（Destruktion）的过程中才是建构性的（konstruktiv）的。①

对挑衅的误解随苏格拉底而起，真正的挑衅在于对他人观点乃至知识的无知特征的唤起，这种唤起具有清除伪装的意义，无论这种伪装是偏见还是空洞的博学。无论如何，苏格拉底的挑衅绝不是从这样一种博学层次开始的，相反，它的意图是在无知的前提下摇撼这种博学。对挑衅的抵抗或者攻击基于如下误解，即，认为挑衅者想要显示自己的优越。雅典人的法庭同样抱有这种误解。

凭借其 μύωψ［牛虻，刺棒］的自我描述，苏格拉底给人感觉似乎有那么一刻是通过多数人的眼睛来观察自己。政治哲人因此无法改变这样一件事，他扮演着一个令人不快的角色。如果他坚持自己让城邦变得更好的目的，他就必须接受这个角色。这里，与智术师的面貌的差别比在任何其他地方都更为鲜明。在其阿谀奉承的优雅中，智术师表现了一个与令人捉摸不透的、蜇人的昆虫极为对立的形象。

---

① 　关于以开显的方式（freilegenden）进行的苏格拉底式谈话的结构，参见伽达默尔总是值得阅读的著作：《柏拉图的辩证伦理学：对〈斐莱布〉的现象学阐释》（*Platons dialektische Ethik. Phänomenologische Interpretationen zum 'Philebos'*），Felix Meiner，莱比锡，1931 年。——原注

在这里可能提出的一个问题是,盘诘术是否是一种 τέχνη［技术］,甚至是一种 τέχνη πολιτικη［政治技术］。至少后来《智术师》主张这一点(231a),它甚至促使我们考虑,存在一种基于这种 τέχνη［技术］的、源自高贵种族的诡辩术(σοφιστική γένει γενναία［源自高贵种族的诡辩术］,231b)。然而,在《苏格拉底的申辩》和《克力同》中,苏格拉底绝没有把盘诘术标示为是一种 τέχνη［技术］,也根本没有标示为一种 τέχνη πολιτικη［政治技术］。在我看来,这与如下一点联系在一起,即他在这些对话中极其强调这种方式的言谈的牛虻特征。把苏格拉底作为这样一只令人厌恶的牛虻派遣给城邦的是神。无论是不可支配的命运的事实,还是这样一种言谈的根本的令人不快,都不可能涉及 τέχνη［技术］。只有在盘诘术超越了其牛虻特征,却又始终无法将其抛弃的地方,它才会变成一种可以教授的技术。

> 如果我又说,对人而言最大的善,就是天天讨论德性以及其他东西,讨论你们听见我谈论的东西,听见我对自己和别人进行审查(prüfen),而不经审查的生命对人而言是没有生命价值(Lebenswert)的,那么,我这样说的时候,你们就更加不会相信了。(38a)[1]

牛虻式的交谈是一种拆构性的交谈,不过它以为了人们的最大的善为导向。通过这种交谈,人们达到德性。就此而言,牛虻式的提问不是别的,恰恰是一种助产术式的提问。通过对德性的显露,通过对它的回忆,人们经验到他与生俱来[2]所一直知道的事物,即,成为勇敢、正义、明智和智慧是好的。

---

[1]　中译参见严群译本第 76 页;王太庆译本第 50 页。——译注
[2]　von Natur aus 直译为出于自然。——译注

　　对苏格拉底而言,这样一种交谈是最大的善。它是那种使善的生活得以可能的东西,并且就是善的生活本身。没有这种存在于对自己和他人进行日常的牛虻式审查中的善,生活就不值得过。这对多数人而言(这些多数人感到被这种牛虻式的审查所扰乱乃至受到威胁)并不令人信服。即使苏格拉底经常将这种交谈刻画为最大的善,多数人还是为他们的生活设立了另一种目标。

　　对政治哲人而言,有关德性的持续交谈是最大的善。这指出了他对政治的基本态度。无论对个人灵魂还是对城邦而言,德性都是拯救者。政治可能并不始于道德,但它不能放弃对公民的德性教化。公共机构及其合法性只能从一种在个人灵魂中显现出来的正义那里得到保障。完整意义上的国家并不是单纯的生活的组织。

　　确实,多数人把牛虻式的审查经验为一种挑衅,亦即一种恰恰并不容许的要求。对他们而言意味着扰乱的东西,对政治哲人而言意味着幸福。政治哲人在与μισανθρωπία［厌恶人类］相接近的μισολογία［厌恶论证］中看到了最糟糕的东西(《斐多》,89d)。因此在对牛虻式的审查的仇恨中,表现出了对言辞和人类的仇恨(Reden-und Menschenhaß)。但在柏拉图看来,这种仇恨来自于一种对人类言辞的过度信任。仇恨言辞和人类的人是失望的爱者。与此相反,政治哲人的立场基于一种特别的人类认识(τέχνη περὶ τἀνθρώπεια［有关人性的技艺］),这种认识了解,只存在少数的善和恶。根本而言,针对着牛虻式审查的对言辞的仇恨,源于一种对智术师的言辞的失望的信任。政治哲人最终被混淆为被戳穿了的智术师。

　　　　这可能显得怪异,我走来走去,花大力气给个人提建议,
　　　却不敢公开地进入你们的公民大会,向城邦提建议。但是就
　　　像你们经常听到我说的那样,也就像梅雷多在他的诉状中所

嘲笑的那样,这样做的原因在于,我遇到了某种神性的、精灵般的东西。从我小时候起就有某个声音出现,每次它在让我听见它的时候,都阻止我想去做的事,却从未鼓励我做任何事。正是它反对我从事政治事务(τὰ πολιτικὰ πράττειν[从事政治事务]),而我认为它的反对是完全有道理的。(31c-d)①

苏格拉底经常谈到他的标志或者那个稀罕的声音(参看《斐德若》,242b),他将其叫做某种神性的或精灵般的东西,因而被称为"精灵"(Daimonion)。在他还是孩子的时候这种声音就出现了,并且每次对他而言总是意味着某种否定的事物。他的控诉人在其诉状中拿这件事取笑他,却没有注意到,这种声音不能简单地和不敬神指责联系起来。这种声音有时也被阐释为"苏格拉底性格中的虔敬面向"②的时刻。然而,如果说去谈论苏格拉底的"虔敬面向"在根本上绝非易事,那么这种解释的困难也就显而易见了。

苏格拉底得到一个声音。苏格拉底看上去根本就像一个梦者,因为无论是在《克力同》(44a)还是在《斐多》(60e)中,都讲述了哲人的真正的梦。如果人们想要以现代的方式说话,人们可以强调,哲人有一种通达一个前反思领域乃至无意识的独一无二的通道。不过即使这种解说也不会十分令人信服(这并不意味着,这种解说因此就必定是错误的。)

在这一意义上,伯纳德特曾把精灵称为是"完全自然的"③。

---

① 中译参见严群译本第 68 页;王太庆译本第 42—43 页。——译注
② 恩斯特·海奇(Ernst Heitsch)的《苏格拉底的申辩》评注就是如此。参看柏拉图,《苏格拉底的申辩》,恩斯特·海奇翻译并评注,Vandenhoeck & Ruprecht:哥廷根,2001 年,第 129 页。——原注
③ 塞斯·伯纳德特,《苏格拉底的第二次航行:论柏拉图的〈理想国〉》(Socrates' Second Sailing: On Plato's Republic),芝加哥大学出版社:芝加哥与伦敦,1989 年,第 149 页。——原注

如此看来,它可能是与自然性的东西的联系,这种联系可能潜在地规定了苏格拉底在一切领域的哲学思考(尽管苏格拉底在很多地方禁止了那种对如下一件事的怀疑,即他并不把"自然"奉为一个优先的哲学对象)。然而,精灵是"完全自然的",这一提示可以告诉我们什么呢?难道是说,它绝不是神性的来源?这不可能是伯纳德特的意思,尤其是苏格拉底明确地将其描述为 θεῖόν τι［神性事物］。那么自然就是这种"神性事物"的来源吗?

施特劳斯在一封给雅各布·克莱因(Jacob Klein)的信里简短地写道,"对 δαιμόνιον［精灵］的正确翻译"是"νοῦς"［努斯,心灵］[1]。这看起来也是一种别出心裁的"翻译"。苏格拉底谈及 θεῖόν τι［神性事物］。νοῦς［努斯,心灵］被刻画为这样一种东西。这预设了一种苏格拉底式的隐微的言谈方式,但是这种言谈方式在这里通过什么得到合法性论证?难道通过这一点,即他并不指望多数人接受这样的想法:真正的神性事物是理性?

引人注目的是,这个声音只是劝阻,从不提出要求。它以此阻止哲人以不正当的方式行动(μὴ ὀρθῶς πράξειν［不正当地行动］,40a)。λόγος［言辞,逻各斯］的这种方式方法在牛虻式的言谈中结构性地重现。μύωψ［牛虻,刺棒］叫醒,亦即否定城邦的懒惰。作为 μύωψ［牛虻,刺棒］的苏格拉底显现为不受欢迎的、破坏性的否定者。这似乎使得一种类比可以成立:苏格拉底之于城邦,就像那个声音始终对苏格拉底进行劝阻。盘诘术并不表现积极的知识,根据苏格拉底自己的说法,他也不掌握这种知识。如此看来,苏格拉底可能就是城邦的精灵。

然而,这仍然不能让我们理解,苏格拉底为何把这种声音称为某种神性事物和精灵般的东西。这样一种声音同怎样的神性事物具有联系?这种联系又是何种联系?赫拉克利特有一句著

---

[1] 施特劳斯,《霍布斯的政治科学及相关论文和书信》,前揭,第560页。——原注

名的话：ἦθος ἀνθρώπωι δαίμων［性情是人的保护神］(DK 22B 119)。
对这句话有很多可能的翻译，其中之一可以是：人身上特有的东
西(das Eigene)就是他的命运。否定性的声音因此可以被刻画为
苏格拉底的特有的东西。而且事实上苏格拉底本人就是城邦的
这样一种否定之音。μύωψ［牛虻，刺棒］的否定之物建基于自知的
无知之中。这又往回指向德尔斐的神谕，也就是指向阿波罗。就
苏格拉底在由阿波罗所委任的自我认识中经验到他自知的无知
而言，他的特有的东西就可能是这位哲人的命运。那么苏格拉底
的精灵也就是分派给他无知之知的声音？

　　精灵劝阻哲人公开参与城邦的政治事物。苏格拉底此前已
经对此进行了说明。那些倾听他的人不应该关心日常的政治活
动，而要关心城邦自身。苏格拉底作为政治哲人所追寻的并不是
日常政治。对哲人而言事关宏旨的是另一种政治知识。尽管如
此，这里出现的并不是无关紧要的问题。

　　　　　因为你们必定知道，雅典的人们啊，如果我很久以前就
　　参与政治事务，那我早就已经一命呜呼，既不能对你们也不
　　能对我自己有什么益处了。如果我说出了实话，请不要生
　　气。因为一个人严肃地对抗你们或者其他民众团体，企图阻
　　止城邦里的许多不正义的事和违法的事，就无法保全性命。
　　谁如果真想为正义而斗争，他就必定要过一种隐退的生活，
　　决不能过公共性的生活。(31d—32a)①

　　苏格拉底此处所说明的东西，看起来是一种直接的反对。这
种反对不仅针对先前直接说道的东西，而且针对这一文本的中心
论题。如果政治哲学的位置是城邦的法庭，苏格拉底如何可能声

────────────

① 中译参见严群译本第68页；王太庆译本第43页。——译注

称,哲人的生活是一种处在 ἴδιον[私有物]之中,处在自己的和私人的东西中的生活? 诚然,δημοσιεύω[公共化]在含义上并不等同于 πολιτεύω[治理城邦]。苏格拉底警告的是,哲人不接受公共职务。这当然绝不代表他不应当公开谈论政治事物。正因为苏格拉底 ἐν ἀγορᾷ[在广场上]这样做了,他才不得不自我辩护。

苏格拉底报告说(32a—32e),他如何在两次政治事件中(一次甚至是作为普吕坦内(Prytane))冲撞了统治者的决定,并因而令自己的生命面临危险。我们姑且不论苏格拉底此处表明了,何以不服从一个不正义的判决,并不等同于对城邦的公开决议不作抵抗;这一报告让我们更清晰地看到了这样一种意见的轮廓,即为正义进行斗争最好是在一种隐退①的生活中。在这种情况下,如果作为哲人想要为正义而斗争,接受一个政治职务就尤其危险。对苏格拉底而言十分清楚的是:任何一个城邦都有不正义的事情和违法的事情。因此,最好在一个并不十分惹眼的位置——像广场那样——去为正义负责。

实际上,ἰδιωτεύειν[过平民生活]远没有排除一种在广场上的生活和言谈,亦即排除 πολιτεύειν[治理城邦]。以追问正义并且在其实践中坚守正义的方式而想要为正义进行斗争的哲人,必须为此寻找一个免于临近着的迫害的位置。这个位置必须提供给他这样的可能,不干涉政治事务,而是关心城邦本身。苏格拉底的出发点是,以哲学的方式对那种反思严肃以待——亦即对有关正义,有关城邦本身的事物的反思——,也就是牛虻式的哲学思考,与城邦的利益,与其生活的 τέχνη[技术]相抵牾。他从这一点出发是想要表明,他完全不希望一种来自城邦那方面的对牛虻式哲学思考的可能的漠不关心。人们要么是哲学的朋友,要么是其敌

---

① zurückgezogen,基本意思为隐退,这里指与以直接担任公职的方式而现身于公共领域相对的一种闲居不仕的生活。——译注

人,在苏格拉底看来不存在第三种可能。

城邦对 μύωψ［牛虻,刺棒］的反应具有攻击性,μύωψ［牛虻,刺棒］生活在一种永远的迫害的危险中,这对苏格拉底而言显而易见。出于这一原因,他必须以隐退的方式生活。隐退地生活因而完全不是指放弃牛虻式的哲学思考,而是寻求一种如此这般的哲学思考在其中得以实行的生活方式。哲学史证实了这一想法。所有政治哲人,一直到现代,都不得不考虑到审查和迫害。因此重要的事情是建立能够应对这种局面的生活方式。只有在城邦内所有宗教的和伦理的实践导向实际上都成为私人事务时,哲人才不再需要考虑一种隐退的生活,但是如此一来,根本就不可能再有一种政治哲学思考了。到最后,一位"哲人"的声音被我们闻知的方式将会跟比如说一个成功的健美教练一样。

因此苏格拉底的提示,即哲人应当隐退地生活,以便在那里为正义而斗争,与我们的主张,即政治哲学的真正位置在法庭,并不矛盾。相反,我们现在可以更明晰地勾勒出这一主张。哲人隐退的生活是这种情况的一个必要元素。城邦的迫害情势要求一个为 μύωψ［牛虻,刺棒］所准备的庇护地,即便这个庇护地本身是广场。一种城邦之外的生活,一种对迫害的完全摆脱,并没有进入苏格拉底的视野。

相反,苏格拉底不仅清楚哲学生活原则上的威胁。他还同样意识到,这种威胁只是一种与统治要求相应的另一面向。如果政治哲人也愿意在实际上支持其观点,他就必定以理性的方式主张这种统治要求。

　　　像我这样一个人,配得到什么呢? 你们雅典的人们啊,如果我如实按照身份来评价自己的话,那就应该得到某种好东西。好东西是我应得的。而一个有闲暇来对你们做出提醒的穷人,一个行善的人,会需要什么东西呢? 雅典的人们啊,没有什么比在普吕坦内安的膳食更适合这样一个人了。这远适合于你们当中在奥林匹亚赛会上通过赛马或者比赛或双马或四马的马车而得胜的人。(36d)①

毫无疑问,苏格拉底知道他以看起来悖论的方式提出将荣誉作为对自己的惩罚,这必定显得极为异乎寻常,但是人们是否可以从中推论,苏格拉底仅仅是想挑衅法庭?他原本不是可以表现得"更圆滑"、"更合作"吗?

我们注意到,苏格拉底稍后同意将 30 命那视为其"刑罚"。然而确切无疑的是,他认为在普吕坦内安的膳食要来得更为合适。何种想法埋藏在这种独特的自我评价之下?

普吕坦内安是雅典最高公职人员——即所谓的普吕坦内——的办公地。它保存着城邦的社火(Herd),并且对我们的语境而言可能不无重要的是,它还保存着(成文的)诸法律条文。②在普吕坦内安中进餐因而被视为城邦的一种通行荣誉。城邦成员的卓越成就,比如奥林匹亚获胜者的成就,通过这种行动而得到公开赞赏,但是由于普吕坦内安是一栋具有政治意义的建筑,苏格拉底可能觉得,他作为关心城邦本身的人,在里面能比一个运动员得到更好地尊重。

然而,更为重要的是,将生活的 τέχνη〔技术〕连同这一起诉搞乱,这是苏格拉底的策略。他,贫穷的以牛虻方式行善的人,对城邦而言显现为捣乱者的人,不仅应当得到城邦的供养,还应当受

---

① 中译参见严群译本第 74 页;王太庆译本第 49 页。——译注
② "……在这当中有普吕坦内安,第一执政官的驻地,同时也是城邦的神圣的社火以及官方进餐的地方,特别是一些有功的公民偶尔会被邀请到那里去,而奥林匹亚获胜者和僭主刺杀者的后代经常被邀请到那里去。"克里斯蒂安·迈尔(Christian Meier),《雅典:一个世界历史的新开端》(*Athen. Ein Neubeginn der Weltgeschichte*),Siedler:柏林,1993 年,第 2 版,第 449 页。——原注

到尊敬，甚至应当被赋予权力。在城邦要求整体一致和共同约定并且根据其自己的经济学为此给与报酬的地方，苏格拉底要求适合于主张不同见解（Nonkonformismus）的报酬。

在这一要求背后隐藏的无非是后来柏拉图在《理想国》中以一种十分奇特的方式表达出来的思想，即，城邦的统治者必须是哲人，或者现实执政的统治者应当进行哲学研究，两者的结果是一样的（《理想国》，473d）。如果人们以准三段论的方式进行论证，这一思想就很好理解：最好的政治是城邦的理念在其中得到认识的政治；哲人们具有这种理念认识；因此他们就是最好的政治家。但是这一"知识"忽略了由柏拉图自己观察到的这一思想的潜在问题。

实际上，进行哲学研究的统治者这个思想是极为含混的。首先，哲人们自己似乎并不对这个"位置"特别有热情。他们因而必须被迫接受权力（520a）。此外我们必须时刻牢记，人们谋杀了哲人，因而哲人的权力主张在洞穴之喻中被明确拒绝了（517a）——而就在苏格拉底讲述这些之前，却刚刚说明了，多数人可以被彻底说服去容忍进行哲学研究的统治者（500d-e）。政治哲人的命运似乎是模棱两可的：如果城邦是埋性的，它可能会对哲人是真正的统治者这回事加以承认，但实际上城邦却以暴力阻止这件事。

在苏格拉底的反诉中，即他应当得到在普吕坦内安的膳食，或者在进行哲学研究的统治者的思想中，真正令人不安的东西在于对案件审理的参与者的政治"定位"的变动。哲人危及到了城邦的政治秩序。城邦以此给与哲人一种得到严肃对待的意义。而哲人并不关注一般公民孜孜以求的东西（36b）：金钱，良好的生活环境，官职。哲人并不生活在城邦的中心，他是一个边缘人物，即便说他是一个受到城邦重视的边缘人物。当苏格拉底提出一次在普吕坦内安的膳食提供的时候，他是在为哲学要求政治公共领域内的片刻之久的核心位置。然而威胁性的、对公民的一般标准——即生活的τέχνη[技术]——加以否定的边缘人物出现于权力的中心——这必定引起刺激。

不过,苏格拉底此处是极端反讽的。自吹自擂和挑衅表现为隐蔽的自谦,因为哲人表现得完全低于那样一种水平,即他先前通过把白痴式的哲学思考(idiotischen philosophieren)刻画为真正的 πολιτεύειν[治理城邦]而标示出来的水平。真正的哲人不会想要在市政厅进行统治,这并不说明他根本上不想要进行统治。

当然,法庭几乎没有理解苏格拉底的极端反讽的评论。公民们只是将其视为哲人的一种更进一步的挑衅。人们根本上只是想要在苏格拉底的辩护中认出一种牛虻式的攻击,而这种攻击必定会导致死刑判决。不过我试图驳斥这种观点。

> 但是,你们雅典的人们啊,柏拉图以及克力同、克力托布洛斯(Kritobulos)和阿波罗多罗斯(Apollodoros)在此处要求我提出 30 命那的判罚,他们这方面愿意为此进行担保。因此我建议罚这个数目。他们这些人对你们而言是可信的公民,可以担保这笔钱。(38b)[1]

在苏格拉底从自己本人的财产情况出发,把 1 命那的报酬作为反诉要求归在自己名下之后,他认可他的朋友们想要筹措的高得多的 30 命那的数额。哲人的这种准备参与法庭的规则,明确地与这样的阐释相反对,即想要在苏格拉底的申辩中发现一种唯一的挑衅以及由此对其判决的默许。[2]

---

[1] 中译参见严群译本第 76 页;王太庆译本第 50 页。——译注

[2] 参见布里克豪斯/史密斯,《诉讼中的苏格拉底》,前揭,第 225—230 页。布里克豪斯和史密斯能够表明,苏格拉底提到的作为罚金的 1 命那(μνᾶ)的数额绝不是"a trifling sum"[无关紧要的数字],亦即无关紧要的数字。我们因此以苏格拉底不想死为出发点,虽则他也不愿意不惜任何代价地活下去。然而还要必须得到表明的是,这种"不惜任何代价活下去"在《苏格拉底的申辩》的语境中指的是什么。——原注

在色诺芬那里,哲人拒绝提出一个反诉。与此不同,柏拉图的苏格拉底严肃地进行辩护,并不放弃表明自己清白的意图。支持这一点的还有,他先前表达了这样的意见,如果在另一种给与被告更多时间进行辩护的法庭程序中,他原本可以 πείθω[说服](37a)法庭相信他的清白。提供 30 命那的偿付表明,他并没有排除无罪释放的可能。我将在稍后探讨,苏格拉底另一方面在多大程度上并不惧怕自己的死亡这个问题。

然而,对偿付的准备现在似乎显示出与生活的 τέχνη[技术]保持一致。苏格拉底准备好了为生活付钱。那么我们如何能够声称,苏格拉底从一开始就拒绝了这种 τέχνη[技术]? 不止如此。苏格拉底让人确信,他是无辜的,指控在根本上是一种恶的诽谤。他决定追随他的朋友们的要求,这不是为怀疑提供口实吗? 法庭能在这种对偿付的准备中发现某种不同于认罪的东西?

苏格拉底自己为这种对金钱的偿付的要求提供的论据是:οὐδὲν γὰρ ἂν ἐβλάβην (38b)①。因此这样我就不会有损害了。苏格拉底同意为自己要求一笔罚金,因为这并不损害他。然而,不造成损害的惩罚并不是一种惩罚,这乍看起来像是一种诡辩。因为可以明确的是,法庭并不会对在他自己看来可能的 1 命那的偿付加以考虑,而朋友们想要担保的 30 命那,才看起来是一个要得到认真对待的数额。

然而,实际上毫无争议的是,苏格拉底没有赋予金钱本身以生活技术方面的重要性。他的决定如此明确,即按照他的神的指令生活在贫困中,并且把对钱财的捞取视为对一个哲人而言有失尊严,就像对一个妓女那样。支付一笔相当可观的钱款——这笔钱不是他本人所能承担的——并不会对他造成损失,这是可

---

① 意思即后文"因此这样我就不会有损害了"。——译注

信的。

如此来看他遵从了他的打算,即他作为无辜的人不能受到惩罚。准备遵从朋友们的劝告并且愿意支付 30 命那,并不是听从生活的 τέχνη[技术]。从生活的 τέχνη[技术]的角度看,这种准备甚至是令人捉摸不透的,因为失去钱财,这通常被认为是巨大损失,苏格拉底却轻松地接受。其他人"卖淫"所为的东西,在他那里完全形同无物。钱财的惩罚无法很深地伤及到他,凭这句话,苏格拉底在他表面上从事着这种经济学的地方仍旧摆脱了生活的 τέχνη[技术]的经济学。

这就好像某人拥有一件工具但却并不真正接触它,或者说并不让自己被这件工具所接触。虽然苏格拉底利用了这一起诉的功能,但他始终不为所动。苏格拉底的这种不为所动,对于把金钱视为一种客观力量的人而言是完全无法理解的。这无疑十分令人困惑,甚至显得疯狂(ἄτοπος[怪异的,无位置的]),而且 μύωψ[牛虻,刺棒]的效果与苏格拉底的这种令人困惑的不可把握性(Ungreifbarkeit)可能具有不小的联系。

然而,在那群朋友(那群柏拉图以典型的方式提及的朋友)准备为他们的老师做担保之际,哲人之申辩的另一种特征随之显露。我已经指出过这样一点,哲人在法庭面前能够对哲学的朋友和敌人做出明确区分。对政治哲学而言,对一种在与城邦的张力中寻觅其自我理解的哲学而言,友善或敌对是政治事物本身的一种特征。当苏格拉底在法庭面前提及那些人的名字,这些人即使在整个城邦针对着他的时候仍然支持着他,友善就成为了具有政治涵义的决断。哲人并非孤身一人,他能够指出这样一些听众,他们准备为了他而做担保。

你们中的多数人都可以作为我的证人(μάρτυρας),我要求你们曾听过我说话的人互相之间打听和交流一下。而你

们中很多人都听过我说话。(19d)[1]

　　哲人对于城邦的归属以这样一件事为前提,存在不是哲人的人,他们通过为哲人作证来为这一共同体进行担保。作证(Zeugen)或进行证明(Bezeugen)不同于仅仅知道哲学和哲人的存在。为某人作证以一个法庭或一个类似法庭的主管机关为前提。此间重要的事情是,要么报告某件事实际上是如何发生的,亦即回答这样一个问题:某事如何发生? 要么告知某事到底是否发生,亦即回答这样一个问题:某事发生了吗? 当苏格拉底诉诸证人,他就明确地利用了他对城邦的归属。倘若不存在可以具体提名的证人,那也就不存在对城邦的归属。

　　证人的陈述不同于一种中立且漠不相干的报告。证人为他的陈述做出担保,他通过亲自保证得到证明的东西是真的来为某人或某物作证。在我们的语境中这意味着,证人为苏格拉底作证并且当他为苏格拉底作证时,他也在为法律作证。在较晚期的罗马的法律系统中,这一流程被制度化了。在罗马的“十二铜表法”[2](公元前 450 年)中,被告具备这样的权利,比如说,当公职人员团体(Imperium des Magistrats)判处死刑时,被告可以进行辩护并且呼求民众的帮助。provocatio ad populum[向民众申诉]是被诉人的权利,即让他的判决由一个更大的群体进行检验并且在某些情况下被撤销,这是一种唤起决断的呼求。苏格拉底诉诸那些听过他谈话和教学的人,因为他们可以证明他的清白。

---

① 中译参见严群译本第 53 页;王太庆译本第 27—28 页。译文不同。——译注
② 《十二铜表法》,鲁道夫·迪尔(Rudolf Düll)编,Heimeran:München,1971 年,第 4 版;马克斯·卡泽尔(Max Kaser):《罗马法权史》(Römische Rechtsgeschichte),Vandenhoeck&Ruprecht:Göttingen,1967 年,第 2 版,第 42—43 页;泰奥多尔·蒙森(Theodor Mommsen):《罗马的国家法权》(Römisches Staatsrecht),第 2 卷,第一部分,Hirzel:Leipzig,1887 年,第 3 版,第 110 页以下。——原注

在法律关系中,证人的担保行为自然有其后果。他可能在法庭面前由于他证词的虚假而被控告。证人为他的证词负责。就此而言,证人可能成为广义上的牺牲者。当证词仿佛自己也受到指控时,当证词表现出对被证明之事的不合规程的同情时,这样的事情就会发生。谁为苏格拉底作证,谁就可能是在为恰恰应当受到追究的事情作证。因此,这样一种证词做好了一种准备,不回避被追究的危险。归属因而同样意味着团结,亦即与被追究者团结一致,即使这种团结本身也受到追究。对这样一种团结的准备,才是对漠不关心的一种完全克服。

然而,这样一种团结对苏格拉底而言甚至也并不重要,他想到的是另外一种证词。为了成为哲人而对城邦的归属有所需要的哲人,要求一种证词是因为他关心自己在城邦中的行为的后果。哲学本身不应当随着对哲人的死刑判决和死亡而消失。如此来看,为苏格拉底作证的行为意味着流传下这样一种可能性,即有朝一日另一个"苏格拉底"能够出现。苏格拉底自己也在《斐多》中提出了这样一种寻找另一个"苏格拉底"的要求。在《斐多》中他提醒人们注意,在希腊甚至是在蛮族那里还有很多准备继续推进哲学之事情的人(78a)。因此,哲人对城邦的归属内含着哲学之事情对城邦的归属。没有这样一种归属,没有为哲人以及哲学之事情提供见证的准备,就不可能有政治哲学。

为哲学作出这样一种见证的前提是,证人曾实际听过苏格拉底如何在广场上进行谈话。在《高尔吉亚》中,柏拉图细化了哲学与其证明之间的关系。在与波卢斯(Polos)的对话中苏格拉底提醒人们注意,只有真正可以被称为是哲学之证人的人,才能在对话中被哲学所说服。这件事的前提是,哲人自己做出见证(472b-c)。那些准备为苏格拉底作证的人因此是这样一些人,他们的灵魂被哲学所触动。当他们准备为哲人作证时,他们也在为哲学作证。出乎意料的,有相当多的人投票反对死刑判决,但他们失败了。

哲人的证人没能阻止死刑判决，但这并不代表他们的作证没有意义。苏格拉底能够从支持他活下去的投票数字中推断出，城邦并不会处于从根本上禁绝政治哲学的状况，而显然这就是城邦的目的：

> 但是现在你们这样做是以为已经从对你们自己的生活的说明中解脱了。然而，就像我说的，事情会以完全不同的方式结束。会有更多的人来审查你们，迄今为止我都在制止这些人，而你们并没有注意到。他们更加年轻因而会更加令人感到不快，而你们也会更加恼怒。因为如果你们相信，你们可以通过判处一个人死刑从而杜绝有人指责你们不正义的生活，那么你们的如意算盘是打错了。(39c/d)①

苏格拉底做出了预言（χρησμῳδέω），多半是那些死期将至的人才会这样做，对他的杀害不会产生人们预期的效果。那些他迄今为止能够将他们吸引在自己身边的人，那些他能够因此挖掘出他们的探问精神的人，现在将会出现并进一步惹怒城邦。哲学并不能被死刑判决所阻止。

这么说其实根本不是什么预言。它基于这样的认识，一个城邦决不能完全控制住政治哲学的运作领域并因而将其摧毁。暴力毕竟不能证明自己乃是达到这样一种目的的合适手段。暴力甚至还会加强那些人的参与，他们作为哲人的证人将会继续哲学的审查。只要一个城邦没有真正成为一个正义的城邦，就会有提醒城邦去想到这种正义的人存在。对哲学的不同关系——即使这种关系是迫害和死刑判决——带来的是哲学活动的生命力。

---

① 中译参见严群译本第 77—78 页；王太庆译本第 52 页。——译注

只有表现为不动用暴力的漠不关心,才会不仅导致哲人的死亡,而且导致哲学的死亡。

苏格拉底之死就像是他牛虻式的、不妥协的 λόγος[言辞,逻各斯]的悲剧性后果,如同一个开头充满希望的故事结果却以悲剧收场。然而,这一看法将那样一个问题的涵义简单化了,即死亡在同生活的 τέχνη[技术]的关系中起到什么作用。因此我们应当将所谓的苏格拉底的生活的悲剧特征悬置起来,从而能够去回答这样一个问题:一种以批判态度去面对生活之 τέχνη[技术]的生活,同死亡的关系是否必然不同于对这种 τέχνη[技术]加以肯定的生活。政治哲人必须对此具有清醒的认识:当他认可真正的政治的目标不是一种不惜代价的生活这一思想的时候,这意味着什么。

> 你们雅典的人们哪,真理就是这样的。一个人自己将自己指派在某处——这是最好的情况,或者他由一位主人(Herrscher)指派在某处,在我看来,他就必须在那里坚持着,经受风险,除了羞耻其他都不考虑,无论是死亡还是其他什么东西。(28d)①

我们知道,在伯罗奔尼撒战争中,苏格拉底作为步兵参加过多次战役(波提戴亚(Potideia),德里昂(Delion),安菲波里斯(Amphipolis))。在《会饮》中(219e—221c),阿尔喀比亚德对他所热爱的老师的行为做了最简单明了的赞美。哲人具备 ἀνδρεία[勇敢],勇敢的 ἀρετή[德性]。战争就是勇敢的证明。

然而,如果我们把勇敢局限在战士的德性上就太过短浅了。τάξις[战阵,位置]不仅仅是战斗队列,而且还是个人塑造其实践

---

① 中译参见严群译本第 65 页;王太庆译本第 39 页。——译注

行动并且不得不去塑造其实践行动的秩序，位置。这个位置有时候是个人自行挑选的，有时候并不是。苏格拉底提醒人们注意，在我们自行决定某个位置的情况下，这一决定可能并不是基于知识。我们自认为，在这个位置上，这个秩序中，我们能够发挥出我们最好的东西。

即便我们是不情愿地被一个上级，一个更具权势的人指派到这一位置上的，我们也必须坚持。这一思想指向的是战斗队列先于个人，序列先于个体，整体先于环节，秩序编排先于被排序者。此处涉及的是统治秩序的一般本质，因而涉及城邦的秩序——涉及法庭的统治。谁不坚持于被指派给他的、他自己并不中意的位置，谁就否定了秩序的优先权。

生活的 τέχνη［技术］，如果我们把握其实质，并不认识这样一种秩序。它不惜代价地追求存活，想要维持生计。① 这种技术的特征在这样的士兵身上表现出来，他想方设法逃避任何战斗，又不表现得像个逃兵。他总有某个办法对付过去。这种总有某个办法显示在对任意的、仅仅在收入上有所不同的职位的争取上。生活的 τέχνη［技术］它本身是最甜美、最舒适的，所以不惜代价地存活不能被理解为"为存活下去所进行的斗争"（Überlebenskampf）。维持生计几乎不是一种乞丐的行为，而毋宁是管理者的行为，对他而言，能够做到维持生计就是富庶。当某一秩序不再带来收益，这一特点就会将这一秩序更换，更不消说去面对"斗争"的危险了。

生活的 τέχνη［技术］不能忍受法庭，它不知道任何它不得不隶属其下的秩序。谁一心只想维持生计，就会试图逃避法庭。人们可能做了不正义的事，但就像一首狂欢节流行曲所说的，"我们

---

① 此处为德文习惯用语 das Sich-über-Wasser-halten-sowieso，字面意思是无论如何保持在水位线上。——译注

所有人都是小小罪犯"①。在"所有人都是小小罪犯"的地方就不可能存在审判官,所以也就没有法庭。在生活的 τέχνη［技术］中,仿佛已经成为不言而喻之事的欺骗起到不小的作用。它总是在寻找法律的漏洞,寻找逃避指控的机会。如此看来,生活的 τέχνη［技术］就是十足的机会主义。

　　勇敢是那样一种德性,凭借它苏格拉底即使在法庭面前也"坚守立场"。因为处死苏格拉底的疑难在于,不敬神的指控在何种程度上是有理据的。这一指控似乎指向这样一种秩序,城邦认为,在哲人的行为中这一秩序受到了破坏。出于这一理由,苏格拉底即使在监狱里也反复表示他对于德尔斐神的忠诚。苏格拉底是否可能实际上已经破坏了对城邦而言如此重要的雅典诸神及其祭祀的秩序? 许多研究者并没有领会回答这个问题的艰难,泛泛地谈论一种"司法谋杀"(Justizmord)②。不过无论如何,这一解释有着这样一个优点,苏格拉底的勇敢得到了加强。指控不单单错误,它远过于此而到了卑鄙无耻的地步,即便如此,苏格拉底仍然尊重法庭。

　　对苏格拉底而言,即使我们没有选择我们所处其中的秩序,在秩序中的坚持也仍旧是某种真实的东西。这就是勇敢,它即使在危险中也固持在善或善的生活(Gut-Leben)中。勇敢因此顾及着持久性,顾及牛虻式哲学活动的内在坚定。μύωψ［牛虻,刺棒］知道城邦将他视为自己的敌人。即便是死亡的威胁,抑或恰恰是死亡的威胁,也无法令其畏惧。对于生活的 τέχνη［技术］而言,这种坚定是彻底不可理喻的。坚定对它而言完全是最为陌生的东

---

① 1971 年,由维利·米洛维奇(Willi Millowitsch)演唱的狂欢节歌曲,歌名为 Wir sind alle kleine Sünderlein(我们都是小小罪犯)。——译注

② 曼弗雷德·富尔曼(Manfred Fuhrmann)在他的《苏格拉底的申辩》的翻译后记中就是这样认为的。参见柏拉图,《苏格拉底的申辩》,希德对照本,曼弗雷德·富尔曼翻译并编辑,Reclam:Stuttgart, 1986 年,第 104 页。——原注

西。生活的 τέχνη[技术]以驴子在《布莱梅市的乐师》中所说的话作为箴言,并据此行动:"对你来说'处处'都可以找到比死亡来得更好的东西"①。实际上,在某人自行指派或者被指派的地方之外,人们"处处"都可以找到这样的东西。

因此,对于善的四重性而言,在正义、明智与智慧之外,勇敢是不可或缺的。哲人需要过人的勇敢,但他的出发点是,他的思想和行动不会受到多数人的回报。② 他也不能在这样的问题面前退缩:死亡是使人类的一切活动都变得毫无差等的边界,还是严肃的任务同存活下去的 τέχνη[技术]相分离的道路分岔处。

因此,勇敢对于哲学的确证必不可少,这在《苏格拉底的申辩》中变得显明可见。即使哲人在法庭面前陷入被判死刑的危险,哲人也不会去拥护生活的 τέχνη[技术]。这也是为何《苏格拉底的申辩》可以被视为"政治哲学的诞生"的原因之一。政治哲人必须是一位勇敢的哲人。

在这个地方,自然加入了全部有关"牺牲"与"英雄主义"的语义学。这引起一种假象,仿佛哲人为他的事业而"牺牲",仿佛他正是在这种"英雄主义"中赋予了哲学以超人式的意义。早在早期的教父学的护教学说(patristischen Apologetik)中,耶稣基督区分于苏格拉底,这与上述假象是联系在一起的。我们想这样提出问题:拒不服从生活的 τέχνη[技术]的勇敢,是一种"牺牲"的勇敢吗? 必须以自由的方式得到实行的哲学,要求"英雄主义"吗?

---

① "布莱梅市的乐师"是《格林童话》中的一篇,可参看《格林童话全集》,杨武能、杨悦译,译林出版社,1994 年,第 78—80 页。——译注

② 在这个地方可以指出,ἀνδρεία[勇敢]一词在《新约》中是缺失的。在我看来其原因在于,比起 ἔρως[爱欲]基督更喜欢 ἀγάπη[圣爱]。在 ἀγάπη[圣爱]中我们无条件地喜爱他人,无论他人的生活态度如何。对阿尔喀比亚德而言,苏格拉底作为男人是有吸引力的,因为他不仅仅在战争中证明了自己的男性气概(ἀνδρεία[勇敢])。我们不得不像基督本人那样去爱最怯懦的机会主义者,这对苏格拉底和柏拉图而言可能是荒谬的。——原注

阿尔喀比亚德在《会饮》中用荷马史诗中的一句诗(《奥德赛》,第 4 卷,242 行)来赞美哲人。海伦和墨涅拉奥斯(Menelaos)交谈并将奥德赛称为一个 καρτερός ἀνήρ①(220c 行),一个强有力的男人。这可以证实,苏格拉底至少在他的朋友们面前表现为是一个 ἥρως[英雄]。另一方面,将苏格拉底和奥德赛相比较,可能是他的诡计。苏格拉底本人在其申辩词中,间接地把自己和阿喀琉斯并列(28c),而在后来比如说斯多亚派,确实在哲人这种坚定不移的立场中看到了 ἀπαθεία[不动情]的榜样,甚至以这种方式为自杀辩护,自杀仿佛证实了对生活的 τέχνη[技术]的最终胜利。②因此,即便有生命危险也仍旧坚持真实事物,这样的人才是勇敢的。

当我们将勇敢或者坚定不移——即使在死亡的威胁下——视为政治哲学的一种重要 ἀρετή[德性]时,对死亡在政治学中的意义的强调还有另外一种理由。政治事物的对象是多数人的生活,是生活的 τέχνη[技术],是对它的维持,亦即对基本需求的照料与处理,即便是亚里士多德也了解政治学的这一基础。在《尼各马可伦理学》等处他主张,城邦为了利益和生活而存在(1160a10)。当苏格拉底在《克力同》中做出说明,单纯生活本身绝不是最高的东西,正义而善的生活才是时,这一对政治事物的还原性解释对他而言也是熟知的。然而,如果多数人的纯然的生活,亦即城邦的纯然存在,是政治的第一事务,那么死亡就成为了politicum[政治性的],因为生活的 τέχνη[技术]考虑的是避免死亡。任何生活的政治学因而必然同时是死亡的政治学。

一种从活着的 factum brutum[粗野事实]中导出其政治学的

---

① 意思即后文"强有力的男人"。——译注
② 参见爱比克泰德,《哲学谈话录》,2, 2;马克·奥勒留,《沉思录》,7, 55;塞内卡,《致卢西里乌斯的信》(*Briefe an Lucilius*),70;亦参见伊壁鸠鲁《给美诺克乌斯的信》(*Brief an Menoikeus*)(127)中的 ἀταραξία[无纷扰]。——原注

生活,自始至终从事的是将他所谓的界限,死亡,推在自己前面,因为死亡无法得到彻底废除。自我维持的生命反抗着死亡。"生计"占据着它的注意力。可以肯定的是,死亡对"利维坦"中的公民而言并非最糟糕的事情。即使是霍布斯也知道,存在着比死亡更糟糕的生活状况。① 尽管如此,君主的统治却是建立在"恐惧"之上,即君主拥有唯一的生杀大权。在《克力同》中,苏格拉底将哲学的理性与一种多数人的实践对立起来,只要他们能够,这些多数人就轻率地谋杀,此后又乐于让人存活(48c)。政治统治的终极(Eschaton)就是生和死的区别,因为在任何一个君主的决定中,无论它是一个个人或一个团体,总是以隐蔽的方式连带证实着这样一种决定,谁可以或不可以活下去。

的确,我们由此触及到了"例外状况"(Ausnahmezustand)的概念(施米特),因为有关公民的死或者生的决定只有在这样的地方才会成为现实,即城邦的存在本身受到威胁之处。只有当城邦受到攻击时——这就是苏格拉底的情况——或者当多数人的数量过人之时,也就是说,城邦不能满足对这些多数人的基本需求的照料时,城邦才会完全公开地进行杀戮。在这两种情况下,城邦都迫近着一种它所不能容忍的不稳定状态。一种自我维持的政治学因此根本上服务于对秩序的单纯维护。当苏格拉底在《苏格拉底的申辩》中说,他不会屈服于任何用死亡来威胁他去打破法规的人(32a),并且说,他在何种程度上因为其对抗着腐败城邦的某些决定的政治行动而面临着被杀害的危险时,我们能够看到,从自我维持的政治学到让某个人生让另一人死的暴力,其道路是如何之短(这种暴力还强调,某个人只有以其他人的死的方

---

① 参见托马斯·霍布斯:《哲学的要素:论人、论公民》第 2、3 卷,(*Vom Menschen. Vom Bürger*: *Elemente der Philosophie*,II/III),京特·加夫利克(Günter Gawlick)编,Felix Meiner:Hamburg,1994 年,第 104 页。——原注

式才可以生存下去）。

当死亡在《苏格拉底的申辩》中赢得了一种不可忽视的政治重要性时，前面所谈到的主题的两种维度就构成了一种关系。政治哲人只有在无惧死亡的坚定不移中才能达到他的最佳状态。合理地看，这是包含着坚定不移的善的生活，因为善的生活（das Gutleben）总是必定要冒险牺牲纯然的生活。[①] 由于城邦在死亡中看到了一种政治事务，这种政治事务非常明确地同城邦的统治要求联系在一起，因此死亡指示了这种坚定不移。

如果说我们想要依循对哲学的英雄式论证，如果说我们必须确认，对生活的 τέχνη［技术］的拒绝可能包含牺牲，那么我们想要坚持的是，苏格拉底并没有主动寻求死亡，他将自杀维系于一种神性的许可。[②] 苏格拉底诚然在《苏格拉底的申辩》中流露了这样的想法，他坚决排除为了生命，即为了无罪释放而背弃哲学活动（29d）。但是他却同意金钱惩罚，依靠他朋友们的担保而提出金钱惩罚的建议。因此政治哲人作为 μύωψ［牛虻，刺棒］并不蔑视生命。但是他看到，死亡无法成为他接受生活的 τέχνη［技术］的理由。他并不汲汲求取生命（ἐπιθυμεῖν ζῆν，《克力同》，53d）。这里有

---

① 没有其他人比康德更好地了解这一点。参见康德，《纯然理性界限内的宗教》，前揭，B114："另一方面，恶的原则还始终被称做这个世界的王，在这个世界里，那些人虽然如此信服善的原则，仍然要始终绝对这里被看作恶的原则的迫害的那些生理上的苦难、牺牲、对自爱的伤害做好准备。因为这个世界的王只是对那些如此把尘世的幸福作为自己的终极目的的人们，才在自己的国中给予奖赏。"——原注
中译参看《康德著作全集》，第 6 卷，前揭，第 84 页。——译注

② 认为苏格拉底剔除了自杀的可能性，这大约是一种误解。列维纳斯在《异于存在或超越本质》中尚这样认为："……由此推论出，《斐多》中判定自杀有罪的相关段落的意义，并不简单只是虔诚"（Autrement qu'être ou au-delà de l'essence，Nijhoff：Den Haag，1978 年，第 89 页）。相反，在我看来，苏格拉底在《斐多》中仅仅是说，除非神规定了某种自杀的必然性，不要去这样做（πρὶν ἀνάγκην τινὰ θεὸς ἐπιπέμψῃ［除非神规定了某种必然性］，62c），这并不是非理性的（οὐκ ἄλογον［没有逻各斯，没有理性］）。而这意味着，完全可能存在自杀的必然性。——原注

了苏格拉底在《斐多》中所维护的,哲学作为一种"死亡练习"的规定的萌芽。当苏格拉底在法庭前已经开始阐述反对死亡恐惧的理由时,这种对哲学的规定在《苏格拉底的申辩》中就已经显示出来了,而且实际上对哲人而言,就像单纯生活本身并不表现为最好的东西一样,死亡也并非是最糟糕的东西。对善与正义本身的背叛,对如下一种活动的背叛,即一再从头开始追问善与正义,不让它们成为可任意支配的事物以至于人们在根本上能够将善与正义抛弃——对哲学的背叛——,这才是哲人的耻辱。

　　苏格拉底并没有让这样的耻辱成为自己的罪责。他将政治哲人的坚定不移付诸行动。谁能否认,上述背叛正是现存秩序的代表。苏格拉底清楚明白地看到并坚持了这一点。

> 　　但是你们这些人啊,避免死亡并不很难,困难得多的是避免邪恶。因为邪恶比死亡跑得更快,而现在我这个速度缓慢的老人被那个跑得较慢的给抓住了。但是我的指控人啊,既身强力壮又充满狂热,却被跑得较快的邪恶给抓住了。现在我诚然要离开了,被你们宣判了死刑,但是那些指控人实际上被宣判了堕落和不正义,而我服从我的宣判,就像他们服从他们的。(39a-b)[1]

　　摆脱充满死亡威胁的情况,这并不困难。生命(一直)怂恿着这种摆脱。苏格拉底可以有各种摆脱的理由。比如他强调,自己是三个孩子的父亲(34d)。战士丢弃他的武器,以逃避战斗。被控方在审讯时带上自己的孩子从而博得同情,获得轻判。但这种方式是错误的。人们存活下来了,其行为却是恶劣的。

　　苏格拉底被判处死刑,但他在辩护过程中没有招致什么恶劣

---

[1]　中译参见严群译本第 77 页;王太庆译本第 51—52 页。——译注

的事情。指控方继续活着,但他们在道德上是失败的。他们做出了恶劣而不正义的判决,他们因此是真正的罪犯——他们侵害了善与正义本身,是有罪的。他们必然过着一种苏格拉底认为没有生命价值的生命。当哲人知道自己的行为是正义的时候,他服从判决。当指控者保持堕落和恶劣之际,他们也始终接受着他们的判决。

苏格拉底因而直言不讳。他将真正的情况公诸于世。法庭的判决是不正义的。它不起作用。它简直自我矛盾,它对自己的堕落本身负有罪责。它没有设法查明作为正义的真相。哲人称控诉者既身强力壮又充满狂热。他们拥有权力但他们滥用了它,因为他们没有能够控制自己针对 μύωψ [牛虻,刺棒]的怒火。城邦因而戕害了自己的恩人(εὐεργέτης)。

> 但现在已经是离开的时候了,我去死而你们去活。我们中谁的情况更好,除了神之外没有人知道(ἄδηλον παντὶ πλὴν εἰ τῷ θεῷ)。(42a)[1]

在诉讼之前,在诉讼过程中,精灵都沉默不语。苏格拉底没有受到鼓动去对抗审判官。在法庭前的最后一些话涉及对儿子们的照料。人们应该像哲人对待城邦那样对待哲人的儿子们。人们应该督促他们关心 ἀρετή [德性],而不是财富或者类似的什么东西。

现在"已经"是时候了。为什么说"已经"? 此刻已然来临。苏格拉底并不徒劳地抵抗它。他消除了对此的任何疑问,他不可能不勇敢地走向他的命运。然而判决突如其来。苏格拉底还不愿意去死。只有在判决得到确认的时刻哲人才迎候他的命运。

---

[1]　中译参见严群译本第 80 页;王太庆译本第 55 页。——译注

柏拉图用θεός［神］一词来给《苏格拉底的申辩》结尾，就像《克力同》一样，这显然并非无关紧要。神具有一种任何其他人——包括哲人——所不具有的知识。只有他才知道，生与死哪个更好，因此最后而真实的判决归神所有。

当政治哲人想要经验有关城邦中的生活的最后真理时，他转向神性事物。无疑的，这并不是没有问题的。对灵魂与城邦的关心能够离开神的在场吗？ἀνθρωπίνη σοφία［属人的智慧］最后不是一种指向神性事物的智慧吗？我们将在稍后尝试进一步回答这些问题。

《苏格拉底的申辩》的出发点提示了很多问题。首当其冲的显然是：哲人为何屈服于法庭显而易见的不正义？我们已经指出过，苏格拉底将真正的审判官等同于宣判他无罪的那些法庭成员。政治哲人——按我们的主张而言，其真正的位置在于城邦的法庭——区分正义本身和其在实际组织机构中的代表。按照苏格拉底的看法，在指控面前宣判他无罪的人，是以真实而正义的方式进行了宣判。从中绝不能得出被审判的人必须听从城邦的法庭。当他能够清楚明白地说明，城邦的判决是堕落而恶劣的时候，为何他不以正义本身的名义否定城邦进行这样一种错误判决的权利？这个疑问构成了《克力同》的核心问题。

2.《克 力 同》

哲人决意承认城邦的法庭是一种哲学所不能凌驾其上的真理，政治哲学的可能性与此联系在一起。这一认识和另外一种认识相关，即政治哲学需要对城邦的归属，但是这并没有说明如下这一重要问题：当哲人承认城邦的法庭时，他将其承认为这样一种正义的代表，这种正义并没有完全消融在其代表之中。δίκη［正义］并不等同于代表着它的δικαστήριον［法庭］本身。我们已经指出过,如果法庭就是正义本身的话,那就没有任何受到指控的人能够做出自我辩护。是的,甚至可能不再有什么"指控",指控本身就可能已经是判决。

苏格拉底非常明确地知道,审判官的判决不正义。我们不可将这一评价解释为哲人的一种"主观"意见。对我们而言,除了将处死苏格拉底视为不正义,根本不存在其他可能。现如今不言而喻的,在源于自然的正义,即柏拉图之前的希腊人称为 θέμις[习惯法],不成文法的东西,和一种实定的法律之间,存在差异。这种差异能够使我们推断,在对苏格拉底的审判中存在着对阿提卡的实定法的纯然误解。然而,文本中并没有任何对此的暗示。

苏格拉底在一切方面都认为审判完全是不正义的,但他又不躲避惩罚,个中原因并不容易领会。如果我们像沃尔夫那样,在他对"希腊法权思想"的机敏解说中所做的那样,在苏格拉底那里真的把一种对 δίκαιον[正义]的"主观"看法设为前提,那么苏格拉底从这种"主观"看法中推导出躲避不正义的惩罚的权利,这是非常好理解的。为躲避一种不正义的惩罚——人们几乎不能称其为"逃跑"——这一行为进行合理论证,这甚至可以不单是基于上述这样一种"主观"看法。然而,就像我们将要看到的那样,苏格拉底对法律和正义的看法诚然是激进的,却并不是"主观"的——如果"主观"的意味着,苏格拉底以其对善与正义的认识而与城邦的"客观"看法产生矛盾。他事实上已经和城邦产生矛盾了,这毫无疑问,但是我们并不是在一种"主观"认识中发现这种矛盾的源泉的。

尽管一个不正义的法庭审判了他,苏格拉底却留了下来,并没有躲避死刑。我们可以立即排除一种解释这一做法的可能性。苏格拉底并不认为毫无反对地接受城邦的任何规则安排是正确的。相反,他以公开反对的方式,冒着生命危险作为普吕坦内避免着他认为不正义的规则安排(32a-e)。这自然让问题变得更加复杂。我们不能认为，苏格拉底将城邦的单纯规则排在正义之前。

众所周知，这个问题既同苏格拉底对正义的行为的理解有关，又同 νόμοι［法律，习俗］，法律的作用有关。在《苏格拉底的申辩》中，在梅雷多的控告者的那次独特揭发中，法律的意义已经宣示出来了。苏格拉底在那里发问，究竟谁能够让年纪较轻的人（ὁι νεώτεροι）变得更好。梅雷多回答说：ὁι νόμοι［法律，习俗］。苏格拉底并不想听到这种仓促的回答，他想要听到的是，τίς ἄνθρωπος①，哪种人（24d/e）。以他对此问题的回答，梅雷多蒙受了智性上的耻辱。

然而，苏格拉底并没有反驳梅雷多的回答，即 νόμοι［法律，习俗］让青年人变得更好。相反，梅雷多的回答令苏格拉底将他的问题提得更加尖锐，并且赋予这个问题以非常宽广的意义：Αλλ' οὐ τοῦτο ἐρωτῶ, ὦ βέλτιστε, ἀλλὰ τίς ἄνθρωπος, ὅστις πρῶτον καὶ αὐτὸ τοῦτο οἶδε, τοὺς νόμους②；但我问的并不是这个，我最好的朋友，而是，哪种人首先了解法律？这不是众多问题中随意的一个，相反，它可能是一个对哲学的命运而言独一无二的问题：哪种精通法律的人能够提高青年？

因为这对苏格拉底而言也是不言而喻的：只有懂得法律的人才能够，才可以教育青年。他必须具有有关善与正义的知识。然而：存在一些比哲人还要精通法律的人，这难道不可能吗？比如说立法者？

根据这个问题，《克力同》追查了有关正义的行家（ἐπαΐων）。位置改变了。苏格拉底在监狱里，克力同在天明时分拜访了他，

---

① 意思即后文"哪种人"。——译注
② 意思即后文"但我问的并不是这个，我最好的朋友，而是，哪种人首先了解法律？"。——译注

发现他的老师还在睡觉。为了不打扰睡觉的人，克力同保持安静。哲人在醒来以后必定会了解到，在宋尼安(Sunion)海角已经可以望得见从德洛斯(Delos)开来的船了，而船的抵达代表着行刑的日子。时间因此所剩无几。

苏格拉底梦见一个穿着白色衣服的美丽女人对他说，他将在三天之内抵达肥沃的弗替亚(Φθίην ἐρίβωλον[肥沃的弗替亚])，在这三天时间里他还有机会在对死亡的沉思中同他的朋友们告别。这对克力同而言是一个非同寻常的梦(ἄτοπον τὸ ἐνύπνιον[非同寻常的梦]，44b)。梦中那个白衣女人对苏格拉底说的话指涉着阿喀琉斯。弗替亚是阿喀琉斯的家乡，就像荷马在诗歌《伊利亚特》中多次提到的那样。它是"十分肥沃的"(《伊利亚特》，第一卷，第155行及第九卷，第363行，即苏格拉底所谓的引用处，莎德瓦尔德译本)，这属于阿喀琉斯也就是荷马所用过的修饰词。在梦中苏格拉底和阿喀琉斯相比较。这实际上并不令人惊奇，他本人就在法庭前将自己和这位英雄联系起来(《苏格拉底的申辩》，28c)。在那里，ὑός τῆς Θέτιδος[忒提斯之子]①是勇敢的模范，苏格拉底在其对抗着城邦的坚定不移中就以这种模范为导向。对于杀死赫克托耳，阿喀琉斯并没有畏缩不前，尽管他的母亲告诉他，他会跟随被杀者而去。不过值得注意的是，苏格拉底本人并没有预先说出那样的话。此外不能忘记，阿喀琉斯绝不应该回到弗替亚，他自己也知道这一点(《伊利亚特》，第18卷，第150行)。

但对哲人而言，这个梦是具有启发意义的(ἐναργής)。它预示了死亡。不过这个梦不是一个噩梦，女人以温柔的方式告诉了哲人梦中的预示。死亡仿佛不包含恐惧。天明时分，苏格拉底从梦中醒来——这可以成为对死亡的真实理解。他对克力同表示感激，因为克力同选择让哲人继续睡下去使哲人得以梦见自己的

----

① 指阿喀琉斯。——译注

返乡。

　　然而,令苏格拉底吃惊的是,监狱看守这么早就让他进来了。克力同承认自己收买了监狱看守,由此显露了一个在接来下的谈话中将起到重要作用的主题。我们已经知道了这个主题:金钱的"政治"意义。此外引人注目的是,柏拉图将哲学和生活的 τέχνη[技术]的关系进一步尖锐化。明确无疑的是,哲人的朋友之一克力同,也赋予了生活的 τέχνη[技术]以不可忽视的作用。当苏格拉底以较严厉的态度针对克力同表明了自己的哲学活动的特定要素时,我们可以推测,哲人的如下认识处于背景之中,也就是说,即使是哲学的朋友也可能屈服于多数人的力量(δύναμις τῶν πολλῶν[多数人的力量],46c)(这些力量从哲学的角度看是消极的),而且实际上已经屈服了。

　　对话以哲人与多数人之间的冲突开始。克力同说出了如下一番话,而这恰恰看起来像是一种指责:

　　　　但是苏格拉底啊,你现在看到了,考虑多数人的意见这
　　是必要的。正是现在所发生的事情表明了这一点,如果有人
　　在他们那里遭到诽谤的话,多数人不仅能够做出最微小的恶
　　事,还能做出最巨大的恶事来。(44d)①

　　在克力同看来,苏格拉底走得太远了。为何哲人必须针对多数人而始终不渝地只坚持于真理? 多数人已经表明了,他们不愿让自己一同去做哲人所思考的事情。就像克力同所认为的,人们必须顾及多数人的力量所能达成的事物。他们可以干出最糟糕的事情,也就是杀死哲人。然而苏格拉底并不同意这一点。多数人既不能做出最大的恶事,也不能做出最大的善事。他们既没有

————————

① 　中译参见严群译本第 99 页;王太庆译本第 58 页。——译注

能力非理性地行事,也没有能力理性地行事。

　　此间应当明确起来的是,多数人的力量不是一种准认识的—理论的力量(quasi erkenntnis-theoretische),即只在意见与知识的理论论争中显露的力量。苏格拉底自己说出了这一点：Ἀλλὰ μὲν δή, φαίη γ' ἄν τις, οἷοί τέ εἰσιν ἡμᾶς οἱ πολλοὶ ἀποκτεινύναι. (48a)①。不过,人们可能会说,多数人有能力杀死我们,而他们轻易地(ῥᾳδίως)就会这样做,但过后又想要让被杀死的人立即活过来。这一切都不是出自理性,就像苏格拉底所补充的(48c)。然而,不仅是牢狱和死亡,还有没收金钱(ἀφαίρεσις［没收］,46c),都能够对他们构成威胁。

　　引人注意的是,苏格拉底首先标示出多数人的力量的暴力特征,他尤其将它与一种民主式城邦联系起来。不过最终而言这无关紧要。苏格拉底知道,政治权力完全通过剥夺或允许生命的暴力得到资格认定,这是有关生与死的政治学的权力。与城邦的对峙必须意识到这一事实。苏格拉底不可能绕过这样一个事实,因此城邦用暴力进行回应。② 城邦对哲人提起诉讼,为的是堵住他的嘴,也就是将他毁灭。克力同看到了这一点,他方寸大乱。

　　这位朋友知道,他必须完成怎样一件吃力不讨好的任务。他由哲人的朋友们派遣而来。实际上,他来这里是为了劝说哲人逃跑,说服他相信留下来是愚蠢的。他知道,他必须解决一个无法解决的问题。他的劝说尝试因此是无效的。这些劝说尝试从一开始就表现为是无关紧要的、始终善意的诡辩。苏格拉底并不考虑他的帮助者准备带来的牺牲品。问题不在金钱上,但是如果哲人并不想让克力同来支付这笔钱,那么外邦人也在此备候。苏格

---

① 意思即后文"但是人们可能会说,多数人有能力杀死我们。"——译注
② 施特劳斯,《论僭政》,前揭,第 38 页："这一社会将一直试图对思想实施僭政。"——译注

拉底在别的城邦不会得到欢迎,这也不是事实。此外,他不能像他的敌人们那样干同样的事,如他的敌人们所愿让自己被杀害。而对于他的儿子们,他要思考教育的问题。不逃跑,这是不是最舒适的事情(τὰ ῥᾳθυμότατα[懒散的事],45d)?最后哲人还要考虑,当他被处死以后,他的朋友们将如何自处。人们会以为他的朋友们并不想提供帮助。因此可行的是:Μία δὲ βουλή[一个建议]。只还有唯一一种建议:苏格拉底必须同意逃跑,无论付出多大代价,但克力同可能已经知道并且实际上很可能已经预计到的事情发生了。哲人并不认同这些诉诸 δύναμις τῶν πολλῶν[多数人的力量]的"论据"。根本而言,克力同与苏格拉底从一开始就说着无法相互调和的话。

发生了必定会发生的事:苏格拉底在简短表明了他将克力同的方式视为糟糕的(χαλεπός)之后,开始了一次研究。Σκοπεῖσθαι[权衡]——"我们必须权衡一下,应该做什么。"因为哲人想要忠于自身。就像向来如此的,他想要遵循最好的原则(βέλτιστος λόγος[最好的原则],46b)。这一决心绝非无关紧要。它说明了在一种探讨中,被查明为最具理性的东西,同样必须得到实行。① 最佳的原则是从这一原则中产生的行动的动因。苏格拉底因而强调,他不能在此时,即陷入不幸境地之时背叛他曾经奉为最佳的 λόγος[言辞,逻各斯]。一朝为真,永世为真。正因为永世为真,哲人必须遵循最佳的原则。

---

① 列奥·施特劳斯,《论柏拉图的〈苏格拉底的申辩〉与〈克力同〉》,载于《柏拉图式政治哲学研究》,芝加哥大学出版社:芝加哥与伦敦,1983 年,第 66 页:"行为比言辞更可信:苏格拉底的确是待在牢中,他选择了留下来,他有一个告诉他留下来的logos。但这个 logos 与他说服克力同的那个 logos 是同一个吗?我们前面已经说过为什么这不大可能。那么,就有两个不同的 logoi 得出了同一个结论。"(中译参见《柏拉图式政治哲学研究》,张缨等译,华夏出版社,2012 年,第 92 页——译注)不过我认为,苏格拉底的 λόγος[言辞,逻各斯]应该被理解为所有苏格拉底对克力同所说的 λόγοι[言辞,逻各斯]的 ἀρχή[开端,原则]。——原注

于是研究是在这样的前提下进行其罕见的进程的,即苏格拉底决不顺从于较弱的 λόγος[言辞,逻各斯]。首先需要检验的是这样的思想,即人们应该遵循好的意见而对坏的意见不加遵循。好的意见是理性的,坏的意见是非理性的。掌握了理性意见的人是 ἐπιστάται καὶ ἐπαίοντα[行家里手](47c)。例子很容易找到。当某人锻炼自己的身体时,他应该重视谁的赞扬与责备? 当然只是医生或者体操教练的。苏格拉底很容易就指出,在善与正义的原则上,情况亦复如是。在这些事情上,也存在着行家。

一个医生与体操教练的专门知识对运动员的身体产生或正面或负面的影响。一个糟糕的建议可能对他具有直接的破坏性。苏格拉底确认说,带着一个毁坏了的身体的生活是不再有价值的。在正义与不正义的问题上,一个糟糕的建议产生的影响要更加恶劣。这种建议破坏的不是身体,而是灵魂——克力同和苏格拉底,两人都认为这是更加成问题的。[①] 苏格拉底从中引出结论,在做出有关善与正义的决定时,依靠多数人的意见是错误的。

然而,克力同主张,人们必须比苏格拉底的做法更加严肃地对待 δύναμις τῶν πολλῶν[多数人的力量],还没有完全由此被驳倒。苏格拉底自己也做出反驳说,在善与正义的问题上始终寻求行家,这固然是对的,但多数人能够把"我们"(48a)杀死,这也是实情。清楚明白的是,克力同劝苏格拉底逃跑的徒劳尝试,这是出于对哲人的忧虑,因为死刑判决确实会得到实行。这些尝试无疑代表了哲人其他朋友们的想法,因此苏格拉底接下来借以反对他自己的反驳(克力同以隐含的方式触及了这一反驳)的论据,具有一种超出谈话的直接动因的重大意义。这一论据即:

---

① 需要注意克力同通过对监狱看守的贿赂行为已经自行驳斥了这一态度。克力同只是在理论上遵循最好的原则。——原注

ὅτι οὐ τὸ ζῆν περ πλείστου ποιητέον, ἀλλὰ τὸ εὖ ζῆν (48b)①，人们必须对善的生活，而不是对纯然的生活投以最高的关注。不过，这里的善同时就是美与正义（καὶ καλῶς καὶ δικαίως[以及美以及正义]）。

这一说法不仅针对多数人的意见——按照这种意见，无时无处地考虑其社会性发展是首要的——此外，这一说法还针对为他担心的朋友们的愿望，即苏格拉底无论如何都必须避免迫近着的处决。因此，这是那种 λόγος[言辞，逻各斯]，它将生活的 τέχνη[技术]具有对于伦理的或政治的，亦即哲学的要求的优先性的观点涤荡净尽。在苏格拉底看来，这是那种将哲学生活解放向自身的 λόγος[言辞，逻各斯]。

一种不正义的生活同哲人是不相称的。克力同同意这一点。因为这并不代表这一论据在谈话的这一阶段禁止苏格拉底逃跑。如果说只有善的生活才是一种哲学生活的话，苏格拉底为何不能下决心逃跑？毕竟克力同和苏格拉底都认为，对哲人的审判对任何正义都是一种嘲讽。苏格拉底也承认这一点。因此他为接下来的对话引入了进一步的前提。他自己将这一前提称为一个 ἀρχή[开端，原则](48e/49d)。② 因为这一前提不仅对对话的进程而言，而且对整个苏格拉底的思想而言都具有最重大的意义，它需要更为详细地引用如下：

> 我们（φαμὲν）是说，人们在任何情况下都不可以做不正义的事，还是在某些情况下可以做，在另一些情况下不可以做？抑或不正义的行为在任何情况下既不是善的也不是美的，就像

① 意思即后文"人们必须对善的生活，而不是对纯然的生活投以最高的关注"。——译注
② 参见格列高利·弗拉斯托斯（Gregory Vlastos）对 ἀρχή[开端，原则]的解释，《苏格拉底：反讽家与道德哲人》（*Socrates: Ironist and moral philosopher*），剑桥大学出版社：剑桥，1991年，第194—199页。——原注

我们经常同意的那样，而且就在刚才也还同意这一点？(49a)①

ἀρχή［开端，原则］的这个第一部分联系于在之前以及刚才都提到过的内容。我们在先前已经说过，不正义的行为在任何情况下都不是善的。这里的情况同样如此。实际上，苏格拉底在其申辩词中声称自己知道，做不正义的事并且不听从一个更好的人，这在神或人面前是恶劣且可耻的(29b)。他当然已经尝试过特别凭这种认识来说服他的朋友们。就在刚才他还和克力同一道确认了，不应该关注单纯的生活本身，而应该关注善的生活，亦即一种依循善与正义的生活。无论单纯的生活本身的 τέχνη［技术］是隐含着一种不正义的行为甚或根本就是上演着不正义的行为，只要正义的生活是真实的生活，那么不正义的行为在任何情况下都既不善也不美。

然而，克力同似乎已经忘记了这种很久以前已经谈论过的认识。他贿赂了看守并且将 δύναμις τῶν πολλῶν［多数人的力量］作为一条论据来引入，逃跑仿佛就是从这一论据中自动得出的结论。多数人的力量能够进行谋杀，它坚持一种不被扰扰的生活的 τέχνη［技术］的特权。如果苏格拉底表示愿意停止哲学活动，它就愿意放弃对哲人提起诉讼。不正义的行为在任何情况下都是坏的，这个 ἀρχή［开端，原则］似乎并不具有足够的说服力。当苏格拉底和他的朋友们先前对此达成一致时，他们不是像儿童一样吗(49b)？② 但是对 ἀρχή［开端，原则］的怀疑本身是不具有说服力的。苏格拉底于是继续道：

　　苏格拉底：或者在任何情况下都像我们当时所说的

---

① 中译参见严群译本第 105 页；王太庆译本第 64 页。——译注
② 指苏格拉底和朋友们的讨论是否只是"儿童游戏"，可参见本书前言第 1 节内容。——译注

(ὥσπερ τότε ἐλέγετο ἡμῖν［就像我们当时所说的］)那样,不管多数人是不是同意。我们的处境可能要比现在更加糟糕,或者更好一些,这不去管它,对做不正义的事情的人而言,不正义在任何情况下都既是坏的又是可恶的。我们说没说过?

克力同:我们说过(Φάμεν)。

苏格拉底:因此人们在任何情况下都不能做不正义的事?

克力同:当然不能。(49b)①

苏格拉底强化了这一原则,即不正义的行为在任何情况下都是坏的。他的方式是,首先,将多数人对此的意见解说为无效;其次,也是更重要的,将自己的处境解说为在这条原则面前无关紧要。我们过得坏还是好的问题在这条原则面前并不重要。这条原则永久有效。

然而,苏格拉底并没有止步不前,他要向克力同彻底准确地说明这一点,要立即让克力同注意到这一原则的后果:

苏格拉底:但是如果人们在任何情况下都不能做不正义的事,那就意味着即使一个曾遭受不正义的人也不能做不正义的事,这和多数人所相信的不同。

克力同:可能是这样吧。(49b)②

在任何情况下都禁止做不正义的事,从这一原则中必然导出的是,即使某人自己曾遭受不正义,他也被禁止去做不正义的事。苏格拉底并没有解除这一思想的效力。他并不是以提问的形式

---

① 中译参见严群译本第105—106页;王太庆译本第64页。——译注
② 中译参见严群译本第106页;王太庆译本第65页。——译注

表达这一思想的。而克力同畏缩了并且变得胆怯。苏格拉底可能是有道理的,因此哲人必须再一次解释这一原则:

　　苏格拉底:怎么样? 人可不可以对别人做坏事,克力同?
　　克力同:人绝不可以对别人做坏事,苏格拉底。
　　苏格拉底:怎么啦? 如果某人过得恶劣,他就对他人也施以坏事,这是正义的还是不正义的?
　　克力同:绝不是正义的。
　　苏格拉底:因为让人遭受恶劣的事同做不正义的事没有区别。
　　克力同:这是对的(Ἀληθῆ λέγεις)。①

　　因为克力同畏缩了,苏格拉底变得更加明确。做不正义的事意味着干下恶劣的行为,意味着对某人做不正义的事。这一行为是否被允许,克力同必定已经否定了这个问题。然而克力同总表现出还没有完全被说服。苏格拉底提醒说,多数人将仇恨,亦即一种报复性的做坏事视为正义的。当作坏事不被允许这条原则是真实的原则时,上述这种情况还是可能的吗? 克力同现在无法再畏缩了:做坏事在任何情况下都是不正义的。正是苏格拉底表达出了这一论证,即做坏事并不能同做不正义的事区分开。克力同现在被说服了。

　　做不正义的事在任何情况下都是坏的,因而不被允许,对这一原则的解说,柏拉图给了很大篇幅。这首先是因为多数人认为必须有一种 Νέμεσις[复仇女神],一种顾及到平衡的报复(49c)。然而这一想法中完整的含义内含着这样的可能性,即某人自己遭受痛苦并不是让另一人遭受痛苦的理由。众所周知,此处涉及稍

---

① 中译参见严群译本第 106 页;王太庆译本第 65 页。——译注

后在《高尔吉亚》中进一步推导出来的思想，即在任何情况下做不正义的事都要比遭受不正义的事要来得更加恶劣更加可恨（καὶ κάκιον καὶ ἄισχιον，508e）。

显而易见，这一前提几乎将逃跑的可能性排除在外。城邦对哲人做了不正义的事。苏格拉底以隐含的方式表明了，这一不正义并不能提供逃跑以正义的理由。如果苏格拉底以这种方式解释发生在他身上的不正义，那他就会同自己一直要求的对善与正义的认识相矛盾。不过，这一前提只是几乎排除了逃跑的可能。逃跑并非不正义，这种可能性总是存在的。

在解释《苏格拉底的申辩》时，在相应位置我已经提请注意，有关善与正义的认识并不是以论证的方式得到引入的，相反，苏格拉底将其视为无从深入追究的、仿佛天然的出发点。对于在《克力同》中对如下这样一个问题进行探究的ἀρχή［开端，原则］而言，这也具有更大的重要性，即苏格拉底的逃跑能否得到合理论证。苏格拉底和克力同有关"做不正义的事在任何情况下都是坏的"这一原则的对话，相比于作为一种使各论据得到平衡的论辩而言，它更是一种练习：Φαμέν, ἢ οὔ; Φάμεν①。我们说没说过？我们说过，而当我们这样说的时候，我们就遵从了它。遵从的东西就是σιδηροὶ καὶ ἀδαμαντίνοι λόγοι②，那铁一般的、刚强的原则。它们就像一条牢固至极的锁链，无法打开（《高尔吉亚》，509a）。这些原则总是道出相同的东西（482a）。③ 苏格拉底已经意识到了不

---

① 意思即后文"我们说没说过？我们说过。"——译注

② 意思即后文"铁一般的、刚强的原则"。——译注

③ 参见色诺芬，《回忆苏格拉底》，前揭，第4卷，第4章，第6节："当希毕阿斯听到苏格拉底有关正义的这番话的时候，就似乎开玩笑地问：'我亲爱的苏格拉底啊，你还是在讲我老早以前就听过的那老一套吗？'苏格拉底回答：'我亲爱的希毕阿斯啊，更闻所未闻的是，我不仅在讲老一套，我还讲的同一个题目。但你却见多识广，可能无法就同一题目作同样讲述哩。'"——原注

中译参见色诺芬，《回忆苏格拉底》，前揭，第162页。——译注

可论证性的麻烦状况。他知道，只有少部分人会接受这一ἀρχή［开端，原则］。因为对此并没有一种共同的商讨过程（没有κοινὴ βουλή［共同的商讨］，《克力同》，49d），也就是说没有一种论证式的反复考虑。政治哲学的ἀρχή［开端，原则］只能作为基础被接受下来，除此之外它无法得到进一步论证。① 在我们探究活动的这一关键地方，事关宏旨的无非是任何"规范性的"政治理论的基础与论证可能。

随着对ἀρχή［开端，原则］的这种解释，对知识与意见的区别的通常理解就显得有问题。通常理解主张的正是意见这一边的非理性以及知识那一边的论证式理性。在苏格拉底对这一ἀρχή［开端，原则］进行主题讨论的时候，他一直以论证的方式反对着那些错误观点而贯彻着ἀρχή［开端，原则］，情况当然是这样。这也是毋庸置疑的。但是在我看来明白无误的是，这一开端对于多数人的意见而言是非常陌生的，因为这一开端虽然能够在一场谈话中被证明为真，但它本身出于一些特定理由在谈话中永远无法被支配。谈话在哪里开始，它也在哪里结束。② 同铁一般的、闪光的原则的关系，对苏格拉底而言不再通过追问得到标示，而是通过明智与勇敢，如果说不是通过虔敬的话。对苏格拉底而言，知识是一个ἀρετή［德性］的问题，这一ἀρετή［德性］决不会由于δόξα［意见］不想认识任何东西而对δόξα［意见］不加以注意。

当苏格拉底用下面这样的评论来辅助对铁一般的、闪光的原则的谈论时，以上所说就变得清楚明确了。苏格拉底评论道，他

---

① 对此，皮埃尔·阿多（Pierre Hadot）在他的自然是具有某种流行性的《苏格拉底颂》（Eloge de Socrate）中，以如下方式把握了这一点："若人们未曾体验正义，就永远无法理解正义。和一切本真的现实一样，正义是无法定义的。"——原注

② "论据"到头来是一个闭合的循环。为什么善与正义对我们而言应当是首要的？因为只有这样生活才会变得善与正义。为什么生活应当成为善与正义？因为善与正义对我们而言是首要的。——原注

虽然不知道如何看待这些原则，但是他从没有遇到过这样的人：他能够主张另外的东西而不使自己变得可笑（《高尔吉亚》，509a）。在对 ἀρχή［开端，原则］的认识中有无知在起作用。ἀνθρωπίνη σοφία［属人的智慧］的自我认识关及无知。它回溯到无知，从而——或许——在无知的背后寻觅某种别样的东西。一种纯净不杂的理性，一种纯净不杂的知识，亦即一种未被无知搅浑的认识，这种认识只有神拥有（《斐德若》，247d）。因此神乃是真正的 σοφός［智慧］。对人而言，铁一般的、闪光的原则是"从自然那里"被给与的，如果人无法释解它们，那就不得不遵循它们。

开端的这种无从追思的特性对于理解苏格拉底的哲学具有巨大意义。正义与善是 φύσει［自然产生］被给与的。① 因此苏格拉底在《泰阿泰德》中反对普罗泰格拉及其人是万物尺度的命题（homo-mensura-Satz）而认为，不能够将合理与不合理、虔敬与不虔敬的区别建立在共同意见（κοινὴ δόξα［共同意见］，172b）的基础上。相反，这种差异以自然的方式存在。存在一种自然的知识秩序，它超出了城邦的习俗。凭着这一秩序哲人具有了一种标准，根据这种标准哲人能够建立一个善与正义的城邦秩序。

普罗泰戈拉是约定主义的代表，这种约定主义并不以一种自然方式被给与的尺度为导向，而是以多数人的意见为导向。不过如今这一点已经变得清楚，即这种约定主义并不是任意的，它在总体上以一般而言舒适和有用的东西为导向，而所谓舒适的东西就是对身体及其纯然活动而言舒适。身体的生命是某种有用的东西。φύσις［自然］和 δόξα［意见］或者 νόμος［法律，习俗］之间的苏格拉底式对立不是因此摇摇欲坠了吗？

φύσις［自然］乃是纯粹的存在。所有存在着的东西最终都从 φύσις［自然］中产生出来。因此如下的主张可能是错误的，即认为

---

① 参见列奥·施特劳斯，《自然权利与历史》，前揭。——原注

普罗泰戈拉以其人是万物尺度的命题指向某种"非自然的东西"。当苏格拉底认为,正义与不正义之间的区别是以 φύσει[自然产生]的方式被给与的,他并不是要主张,对这种区别的约定主义式的理解处于自然的范围之外。毋宁说苏格拉底提醒人们注意,约定主义放弃了从根本上说所有人都拥有的一种自然认识。当然,当约定主义以对身体而言舒适和有用的东西为目标的时候,它以某种自然的事物为基础,但这种自然的事物却具有这样一些特点,这些特点让它远离善与正义。

　　善与正义就像身体一样是以 φύσει[自然产生]的方式被给与的,但是它们必须得到多重区分。对身体而言舒适的东西并不是真的必须得到"认识",而有关善与正义的知识却属于灵魂。身体和令人舒适的东西是易于消逝的,灵魂和善却不是。因此在 φύσις[自然]中具有一种有关诸目的的等级系统(Hierarchie der Zwecke)。对善的追求要优于对财富的追求,对这一点的认识是自然的。因此,一种以贪婪为乐并且以财富为生活的唯一目的的约定,并不是非自然的,而是庸俗的。所有人都知道,一个淫棍要比哲人来得低劣。对灵魂的关心自然地比对身体的关心要来得高一等。因此在自然本身中存在一种秩序,从这一秩序来看并不是所有的对象,因为它们全都是"自然的",就可以要求同样的重要性。①

　　做不正义的事始终都是坏的,当苏格拉底将这个命题标示为哲学生活或者说善的生活的 ἀρχή[开端,原则]时,他指向了这样一点,即这个命题比那样一种意见更深地进入到 φύσις[自然]之

---

① 列奥·施特劳斯和约瑟夫·克洛普西主编,《政治哲学史》,第3版,芝加哥大学出版社:芝加哥与伦敦,1987年,第5页:"[苏格拉底]开创了对自然事物的新的研究——在这种研究中,诸如正义的自然或理念,或者说自然正当,当然还包括人的灵魂或人的自然,是比诸如太阳的自然更为重要的。"——原注

　　中译参见列奥·施特劳斯和约瑟夫·克洛普西主编,《政治哲学史》,李天然等译,河北人民出版社,1998年,第5页。——译注

中,这种意见以为,人们必须首先对不正义在此指的是什么加以共同讨论。普罗泰戈拉的立场必须被拒斥,在多大程度上这是由于这一立场是苏格拉底立场的派生物,这大概是需要思考的。约定主义者绝不可能以彻底相对的方式进行思考。城邦需要一种最终的有关正义的导向,即便它要求这首先需要通过一种共同讨论来得到规定。即使对于约定主义者而言,也不可能认为决定去毁灭特定的少数人的城邦秩序是正义的。

　　无论如何,在我们的解释语境中,对 φύσις[自然]与 νόμος[法律,习俗]的区分包含两个结果。首先要看到的关键一点是,政治哲学的开端处于一种特殊的商讨的可能性之外。智术师的 σοφίζεσθαι[诡辩]在这里没有用武之地。在需要得到反复思考的地方,智术师可以高调登场并施展他的 τέχνη κολακική[阿谀奉承的技术]。他将较弱的 λόγοι[言辞,逻各斯]变成较强的。任何人都能够理解一切,凡事都能够论证;这是生活的 τέχνη[技术]的前提条件。这种生活的 τέχνη[技术]可以按照它所需要的样子来安排好一切。然而即便是明智的思想与言谈都不可能以绝对的方式进行自我论证,尤其是涉及善与正义之时。因此在苏格拉底看来,纯然由商讨得来的识见对于政治事物而言并不充分。我们根本上必须要同他人共同生活在一起,这最终意味着与他们共同行动。其发生方式是,我们无需太多言辞就了解以严肃的方式关及我们的事物。当然,没有人像苏格拉底一样需要那么多的言辞。他的提问是没有休止的。但是他从没有怀疑,这些言辞及问题受到善与正义的引导。从其他东西中去推导出亦即演绎出善与正义,这并不可能。

　　第二个结果触及纯粹的政治哲学的知识。苏格拉底明白,他知道特定的一些事物的 ἀρχή[开端,原则],而对另一些事物则一无所知。从苏格拉底出发的一种政治哲学,并不具有有关一个善与正义的城邦的体系性、技术性甚或是富有规划的认识。苏格拉底式的政治哲人没有计划。他所知道的事情是,城邦应当是善与正义的,善与正义每每起到作用,城邦中有一部分成员支持它,另一些成员则反对它(牛虻的因素)。他所知道的事情是,善与正义需要 ἀρετή[德性],包括勇敢。有一个假象是,柏拉图的《理想国》和《法律》与这一思想相抵牾。然而,可能的情况是,这种在这些文本中见出一种建造城邦的技术性知识的理解方式是错误的。这些文本当然表现了一种 ἀρχή[开端,原则]的政治构造。然而,这种构造就其是一种哲学构造而言,它自身始终是成问题的。

苏格拉底将他的谈话伙伴克力同置于这样一种决断面前,要么和他一道接受 ἀρχή[开端,原则],要么不接受。这一决断对于接下来的交谈进程而言是本质性的。克力同赞同 ἀρχή[开端,原则],苏格拉底因而能够提问,逃离城邦是否会对某人造成伤害。伤害可能在于,苏格拉底逃避死刑惩罚,却没有就逃跑这一行动的合理性来说服城邦(μὴ πείσαντες τὴν πόλιν[没有获得城邦同意],50a)。这个前提条件最终而言是最为重要的。克力同起初并不理解苏格拉底指的是什么。这引起了交谈过程中一个进一步的步骤:ἀλλ' ὧδε σκόπει[请这样考虑]。于是,接下来进行考察。苏格拉底的逃跑如何可能得到合理地说明,对这个问题的真正研究开始了:

> 当我们想要从此地逃出,或者就像这件事必定也会被人所称呼的那样,如果城邦的法律和共同事物(οἱ νόμοι καὶ τὸ κοινὸν τῆς πόλεως)跑过来,面对面质问我们:噢,苏格拉底,告诉我,你想要做什么?你难道不是想要通过你的这种所作所为来竭力毁灭我们、法律和整个城邦吗?(50a)[1]

---

[1] 中译参见严群译本第 107 页;王太庆译本第 66 页。——译注

柏拉图让 νόμοι[法律，习俗]作为言说着的人性式的本质登场，这意味着什么，人们对此已有许多思考。① 对于 νόμοι[法律，习俗]的本质，我们在《克力同》中能够经验到的是，它们言说并运动（它们跑过来并挡住我们的去路），这意味着它们是起源自城邦生活的本质之物，恰如人类或者诸神。它们作为权威而登场，这是事情的要害。而它们的权威显然要超出人类的权威。但是 νόμοι[法律，习俗]如同诸神一样显现而出，这意味着什么？

νόμοι[法律，习俗]对苏格拉底反复说明的东西，涉及的是去理解何以 νόμοι[法律，习俗]呈现了一个主管机关，雅典的法庭及其对苏格拉底的审判是无法脱离开这个主管机关的。似乎存在着一种"实定法"（positives Recht）和一种"自然法"（Naturrecht）。在苏格拉底的情况中，从"自然法"角度看，"实定法"有可能是已然不正义的。然而这种思想与苏格拉底的情况相矛盾，而且在文本中也没有相应根据。

νόμοι[法律，习俗]不是一种抽象正义的代理人，而是以正义为导向的城邦的活生生的代表。νόμοι[法律，习俗]保证了城邦的存在，以此方式它就仿佛活在城邦的交往关系中（δι νόμοι καὶ τὸ κοινὸν τῆς πόλεως[城邦的法律和共同事物]）。② 就像我们将要看到的，νόμοι[法律，习俗]根本上很难和伦理规范（Ethos）相区分。νόμοι[法律，习俗]对哲人所说的一切，必须以此为背景得到考察。

---

① νόμοι[法律，习俗]同样绝非"良知"的"声音"。想要在苏格拉底那里发现某种前康德的甚或是前耶稣的东西，对这种苏格拉底形象的近代解释我保持怀疑。在我看来，即使是埃里克·沃尔夫也误入歧途了，他写道："'Νόμοι[法律，习俗]'在这里根本不能被理解为'人格化'为'诸神'或者'精灵式的本质'。它们是苏格拉底在其内部听取到的提醒与警告的声音——因而是更优越的洞察的思想，良知的判断。"沃尔夫，《希腊的法权思想》III/1，前揭，第 66 页。——原注

② 施特劳斯，《论柏拉图〈苏格拉底的申辩〉与〈克力同〉》，前揭，第 63 页："首先，法律只有通过为人类所认识才行动（《苏格拉底的申辩》，24d11 以下），它们只有通过人类才行动，并且首先地，它们在人当中产生出来，或者更准确地说，在雅典的民主政体中。其次，不正义地行动意味着对人类施加罪恶；但是法律并非人类。"

接踵而至的是另一个问题。如何理解苏格拉底谈到城邦的法律与共同事物。法律（Nomoi）和城邦是等同的吗？抑或它们必须被区分开来？清楚明白的是，我们这里追问的是雅典城邦而不是一个现代共同体。在现代共同体中存在着社会和国家的区分。这个问题之所以重要还因为它触及了死刑判决的不正义的问题。如果存在一种法律和城邦之间的区分，苏格拉底就能够使得城邦的不正义在那样一种必然性面前退居次位，即想要顺从地满足法律之正义的必然性。[①]

对苏格拉底而言，法律乃是城邦中的共同之物。它们构成了政治共同体的基础。城邦在违法行为中甚或在其智术师式的现实存在中错失了法律，在这种情况下，城邦与其法律并不等同，这是清楚明白的。然而，这一点并不能推论出，在法律和城邦之间可以确定一种真正的区分。法律即城邦。在法律和城邦区分开来的那一瞬间，可能意味着任何一种共同关系的终结。因此，苏格拉底为了不使政治秩序的存在受到威胁而不愿对抗法律，这在原则上是正确的。[②] 遗憾的是我却因此放弃了这样的可能性，即能够更简单地说明苏格拉底的留下，他对逃跑可能性的拒绝以及

---

① 比如京特·菲加尔（Günter Figal）就是这么想的，在《苏格拉底》一书中（Beck：慕尼黑，1995年，第116页以下）他说："城邦——就公民关心共同的利害而言，不仅仅是指公民；如果城邦在本质上被等同于法律，它就与公民有一定脱离并独立起来。"——原注

② 参见沃尔夫，《希腊的法权思想》III/1，前揭，第61页："因此，不承认 δικαστήριον〔法庭〕的具有法律效力的判决（即使它在实际内容上显得不正义），不仅仅意味着对（体现在 δικαστήριον〔法庭〕中的）'δῆμος〔民众〕的主权（Souveränität）'的蔑视（因为 δῆμος〔民众〕长久以来就承认这种 νόμος〔法律，习俗〕，或者作为 ψήφισμα〔决议〕它在 ἐκκλησία〔公共集会〕中已然隆重地通过）；也不仅仅意味着对'雅典的法权国家思想（Rechtsstaatsdenken）'的损害，这种法权国家思想要求对法庭判决予以服从。苏格拉底认为这样一种态度会摧毁整个政治生活，会取消政治生活的维系物（τὸ κοινὸν τῆς πόλεως〔城邦的共同之物〕）并且毁灭它在希腊人和野蛮人那里的效力。"然而需要追问的是，什么样的"主管机关"真正要求着这种"态度"。希腊的法庭真的可能做出所有荒谬的判决吗？——原注

从一个不正义的判断中引出的处决。

因此，νόμοι［法律，习俗］要求哲人进行解释。它们和哲人交谈，向哲人说明，如果哲人想要逃避对他的惩罚，他就是在力图破坏城邦的正当组织形式。苏格拉底就是在反对νόμοι［法律，习俗］和他自己的ὁμολογία［协调一致］(50c)，这种协调一致的基础是，苏格拉底赞同统治着城邦的法。接下来的νόμοι［法律，习俗］的λόγος［言辞，逻各斯］在于，向苏格拉底表明，逃跑同他先前的所有言行相矛盾。

然而，让我们再考察一下那个协调一致（施莱尔马赫甚至用"协定"(Abkommen)来翻译ὁμολογία［协调一致］）。协调一致的行为似乎首先意味着：νόμοι［法律，习俗］实行审判，而苏格拉底表示赞同。然而这或许并不是协调一致，而是一种纯然的肯定。协调一致包含着一种特殊的经济学，这种经济学诚然并不产生完全的对称，却至少必须能够让人了解，为何某人愿意协调一致。接下来的νόμοι［法律，习俗］的λόγος［言辞，逻各斯］追求的目标无非是澄清苏格拉底和法律之间的协调一致存在于何处，即λόγος［言辞，逻各斯］表露了是什么理由促动苏格拉底认同法律。

> 那么告诉我们，你要指责我们和城邦什么，以至于你企图将我们毁灭？难道不是我们首先将你带到这个世界上，难道不是通过我们，你的父亲才得到你的母亲并把你生出来？(50d)[1]

νόμοι［法律，习俗］和城邦的意义是基础性的，因为这种意义对于苏格拉底而言起到一种所谓的生成作用(generative Rolle)。νόμοι［法律，习俗］和政治共同体首先令哲人得以诞生。它们是首先规定了哲人之特征的东西。它们是第一个生育者和教育者，是真正的教师。

---

[1]　中译参见严群译本第 108 页；王太庆译本第 66 页。——译注

从这种更高的生育中产生了一种同样重要的生成（Genesis）。

哲人对城邦的归属是一种生成性归属。早在《苏格拉底的申辩》中苏格拉底就借荷马的话说明了，他不是从橡树或者岩石，而是从人类中产生出来的（34d）。法律和城邦使得这样一回事得以可能，即两个它们的成员共同行动而生育出苏格拉底。它们是父亲身份与母亲身份的前提，其方式是，它们组织起了连同其伦理习俗在内的世代之间的生活世界（这些伦理习俗涉及家庭生活）。因此苏格拉底提醒自己稍后也提醒克力同注意其作为父亲的责任，这并不是苏格拉底的λόγος［言辞，逻各斯］的单纯装饰。①

苏格拉底意识到自己同先前及后来世代之间的关联。这种关联是政治哲人对于城邦的不可放弃的归属的要素。政治哲学因此始终是一种世代性的哲学（eine Philosophie der Generativität）②，一种为了世代的哲学活动。在其辩护词结尾的过程中，他转向那些真正的、亦即正义的审判官，他托付那些审判官们以牛虻的方式将他的儿子们带离生活的τέχνη［技术］的纯然追踪，并带回到对ἀρετή［德性］的关心中（41e）。

这赋予对哲人的审判和处决以一种额外的尖锐。如果哲人放弃同他的家庭一道现身于法庭面前，也就是说，如果他放弃在法庭面前展示同他们的关联（34d/e），这并不是由于他认为这些是可以被忽视的东西。在νόμοι［法律，习俗］地基上的城邦中的生活，恰恰要求对他与世代的关联负起责任。但是当苏格拉底，这个儿子与父亲，遭到审判与处决时，遭到伤害的就不仅仅是某个为自己而活的个人，同时也是一个世代性的情境（generative kontext）。

对苏格拉底进行言说的νόμοι［法律，习俗］知道这个世代性的

---

① 参见可能是伪柏拉图对话《默涅克塞诺斯》（*Menexenos*）中，阵亡的父亲对儿子的警示之词（246a—248d）。——原注

② 注意"世代"（Generativität）与"生成"（Genesis）的词根联系。——译注

情境,因为它们就是奠立这一情境的东西。它们要求哲人作出说明,是否他不得不对这种奠立加以抱怨。νόμοι[法律,习俗]最初的世代性的παιδεία[教育]是否该受到谴责?苏格拉底做出了否定的回答。当他承认νόμοι[法律,习俗]的首要意义时,他就承认了城邦与哲人关系中的一种不对称,这种不对称立刻由νόμοι[法律,习俗]准确无误地表达了出来:

> 而如果情况是这样,你是否相信,你拥有和我们一样的权利,并且对于我们要求你做的事情,你同样具有反过来要我们去做的权利?(50e)[1]

整个对话的开端已经驳斥了这一点,即,即使某人自己遭受不正义,也仍然被禁止去做不正义的事。然而现在λόγος[言辞,逻各斯]在另一个不同的情境中显露自身。它在具体的政治关系中表明自己是真实的。

因此,哲人的世代性关联就在于承认父亲或者主人在教育上的特权。父亲有权利管教他的儿子。从中决不能产生——与《云》中的斐狄庇得斯(Pheidippides)的看法相反——儿子反过来惩罚父亲的权利。[2] 然而如果这是合理的,那么反对祖国和法律(πρὸς δὲ τὴν πατρίδα ἄρα καὶ τοὺς νόμους[反对祖国和法律])同样也是不被允许的,即使它们着手毁灭它们的子弟(ἐάν σε ἐπιχειρῶμεν ἡμεῖς ἀπολλύναι[如果我们着手处死你])。因此,νόμοι[法律,习俗]在哲人面前具有一种近乎让人无法忍受的

---

① 中译参见严群译本第108页;王太庆译本第67页。——译注
② 我们倾向于将父子关系视为一种"社会"关系,而非"政治"关系。对苏格拉底而言并不存在这样的区分。撇开这一点不谈,这种特殊关系也同μοναρχία[专权统治]以及τυράννις[僭主统治]的治理形式有关。参见亚里士多德,《尼各马可伦理学》,1160b26—26。

严酷无情,这种严酷无情的基础在于权利的不对称格局。即使祖国意图杀死哲人,哲人也必须出于这一目的而承认其特权。

νόμοι[法律,习俗]代表祖国(ἡ πατρίς)。祖国作为神圣的事物应该在所有有理性的诸神和人类那里得到尊敬(51a)。因此哲人和祖国之间的关系是一种得到承认的关系,而不仅是一种情感(Pathos)。这说明,祖国的权利与哲人的权利之间的不对称,其自身是合乎理性的,即使这种理性是在敬畏当中显示自身,也就是说,它起初并不是论证式的。权力并不是单单通过权力而得到合法性论证。因此,哲人支持由νόμοι[法律,习俗]奠立与维持的秩序,这种做法是正确的。

然而,我们必须再一次把目光投向那样一种νοῦς[努斯,心灵],它保证了人们能够洞见到祖国的优先权利(Vor-Recht)。νόμοι[法律,习俗]声称,承认这种优先权利是智慧的(σοφός[智慧])。苏格拉底的ἀνθρωπίνη σοφία[属人的智慧]由此直接得到谈论。承认νόμοι[法律,习俗]的优先权利,这种智慧在于认识到哲人对于城邦,对于祖国的必然归属并非偶然,而是哲学活动的实质前提。[①] μύωψ[牛虻,刺棒]需要城邦,而城邦从特定角度看同

---

① 沃尔夫,《希腊的法权思想》III/1,前揭,第 67 页:"[这个'形象']首先表明了即使在外邦人中苏格拉底他也始终是雅典人。'Leges ossibus inhaerent'[法律扎根在骨子里]=任何人都从'骨子里'随身携带着其家乡的法律与风俗。νόμος[法律,习俗]栖息在人的内里,它给人以'支点',它是固定的实体,这一实体承载着人的'社会性生存'的'身体';任何想要从中摆脱出来的尝试,都将摧毁此在的整体(das Ganze des Daseins)。其次表明了(在这一情况下)苏格拉底即使作为逃跑的雅典人也始终是苏格拉底,不存在这样的可能,即苏格拉底成为不同于他以往和现在(向来)之所是的'另一个'苏格拉底。他不可能成为他从未成为过的智术师式的往来奔走的教师。无论是他的'社会人格'还是他的'个体人格'都不能忍受从一个地点移植到另一个地点,亦即从它所拥有其身位及其'管辖权'(Zuständigkeit)的基础中脱离出来。雅典人苏格拉底无法摆脱同νόμος[法律,习俗]的内在的、个人的联系,就像雅典人苏格拉底(同样)作为φιλόσοφος[哲人]必定和家乡的精神同在,成为一体。只有当他分享着这种精神时,他才是苏格拉底。"——原注

样需要 μύωψ[牛虻,刺棒]。这种关系的辩证法在于,只有在哲人挑战 νόμοι[法律,习俗]的地方,亦即只有在哲人检验 νόμοι[法律,习俗]的活力的地方,νόμοι[法律,习俗]才现实地显现出来乃至开始开口说话。νόμοι[法律,习俗]对苏格拉底说:难道我们不该把这理解为对被审判者的嘉奖吗?

我们当然要把这里的"祖国"这个词和所有近代的民族主义的涵义区分开。当它并不已然意指某人在其家庭的世代性纽带中所生活于其中的故土的城邦之处,它指的是 πατρὶς ἄρουρα[故土的田地],亦即为家庭的世代而耕种故土的田地。因此这个地方是非常有限的。与此相应的是对哲人所归属于其中的那片疆域的限制。就像已经多次强调的那样,苏格拉底仅仅关注雅典。这个城邦是其"祖国"。

然而,承认 νόμοι[法律,习俗]的优先权,这种智慧还以另一种方式显示出来。从 νόμοι[法律,习俗]的角度看,νόμοι[法律,习俗]承认这样的可能性,即哲人能够说服(πείθειν,51b)城邦及其法庭,让它们看到它们的不正义。如果他没有成功做到这一点,他就必须承认法庭的决定。这一思想照亮了苏格拉底的申辩的处境。他实事上并没有能够令雅典人相信自己的清白。于是这样一个问题再度出现了,他是否根本上想要这样去做。我们的看法是,苏格拉底并不想死,因此他真的想要说服城邦不但继续容忍 μύωψ[牛虻,刺棒],而且理解城邦需要 μύωψ[牛虻,刺棒]。

> 我们认为,谁不服从,谁就犯下了三重不正义。因为他不服从作为他的生育者以及教育者的我们。并且因为即使在他保证一定服从我们的时候,他却既没有服从我们也没有把我们说服,指出我们哪里做得不合适;而且因为我们公开向他表明而不是野蛮地命令我们所制定的秩序。我们允许两种可能,要么将我们说服,要么按照我们意愿的去做。但

他两种可能都不选。哦,苏格拉底啊,我们认为,如果你实行
了你盘算着去做的事情,以上这些过错将都压在你身上。你
的过错不是雅典人中最轻的,而是最重的。(51d—52a,着重
号来自本书作者)①

哲人之为哲人所处于其中的、由亲朋好友组成的情境,在法
律中有其起源。这些法律是父母与朋友参与其中的伦理规范的
源头,并且保证了一个城邦的ὁμόνοια[和睦]。伦理规范的源头按
照城邦的风俗使母亲和父亲聚到一起,并且使这种相遇的果实成
为共同体的一个公民。以此方式,伦理规范的源头进行生育和教
育。法律解释说,如果苏格拉底逃跑,他就既没有将其作为生育
者也没有作为教育者来服从。然而,还存在第三种不服从的方
式,这是法律强调的,而我相信,这是最真实、最重要的一种方式。

法律反复地指向迄今为止在法律和哲人之间已经存在着的
协调一致,但现在指责的内容并不是简单的哲人在逃跑的情况下
与那种协调一致相矛盾。相反,指责的内容超出于此,它指的是
苏格拉底并没有能够或者完全没有尝试过,令法律相信其审判的
不正义。这一思想对于理解这里所处理的全部问题具有根本
意义。

凭借这一评论,法律想表达什么呢? 它向哲人表明了这样的
可能性,即通过向法律说明它哪里做得不合适,以此避免惩罚。
这意味着无论法律保证秩序稳定的意义多么不可移易,它仍然为
向它表明自己的不足之处在哪里的论据留下了余地。早在这一
探讨的开始处,苏格拉底就已经注意到,一次不能为其合理性找
到令人信服的论据的逃跑,是对城邦的损害。如今法律表示出一
定的对这样一些论据的兴趣。就苏格拉底的口味而言,这一定是

① 中译参见严群译本第109页;王太庆译本第68页。——译注

一个额外的供应。因为苏格拉底在其辩护的结尾甚至强调说,他十分乐意赴死,从而在冥府能够亲自向伟大故事中的传奇人物提问(41a-c)。

然而,哲人显然并不接受这一额外供应,是的,甚至不存在进行考虑的动因。这引出一个问题,为何哲学对话的大师不置一词地忽略了这一供应。

苏格拉底既没有在《苏格拉底的申辩》也没有在《克力同》中哪怕只是引起过这样的假象,即认为法律的政治地位是能够受到影响的。这使得对上述问题的回答变得更加困难。这些法律从一开始就表现为不可触犯。在苏格拉底开始对克力同讲述法律的虚拟显现的那时候起,法律所说的内容就是地地道道的法律。这些法律不容许对话,它们使克力同比哲人更加清楚事情处于何种状况。尽管如此,法律开启了这样一个领域,在其中法律显得能够得到讨论。

首先我们可以回想一下为苏格拉底所熟稔的问题,即法律是天然有效的(φύσει[自然产生]),还是源自一种人类的设立行为(θέσει[设立])。这个问题由智术师们提出来进行讨论,并且从此以后一直到现代以来都引起法哲学方面的争论。然而当我们指出正是智术师们在琢磨这一难题时,就已经表明,对苏格拉底而言,一种没有先行于人类的、并非源自于人类的法律的、单纯由人类所设立的法律的可能性是不可接受的。

色诺芬回忆录中的一段话证明了这一点。在与智慧之人希毕阿斯有关正义及其与法律的关系的一次谈话中,产生了如下的探讨:

"你知道某些不成文的法律吗(ἀγράφους νόμους),我亲爱的希毕阿斯?"苏格拉底继续说。

"你指的是在任何一个国家在相同情况下都适用的法

律?"他说。

"你能够断言,是人们自己给出了这样的法律吗?"苏格拉底继续问。

"这怎么可能发生",他回答说,"因为他们既不能聚集到一起,也不说同一种语言。"

"那照你的看法",他继续说,"是谁宣布了这样的法律呢?"

"我相信",他回答说,"是诸神给与人类以这样的法律。因为对于所有人而言,敬重诸神(θεοὺς σέβειν)是第一法律。"①

构成了一个城邦之伦理规范的法律,先行于任何具体立法活动的法律,是不成文的法律。没有人曾经给出过它们,而它们有效。顺便一提的是,正是智术师道出了其中的论据。这是因为这涉及对野蛮人同样有效的法律,因此不存在法律能够被共同撰写出来的机会,于是只剩下了神性起源这个可能。对诸神的崇敬处处都被视为"第一法律",这加强了上述思想。

实际上,如此才能够让人理解,苏格拉底何以让法律充满权威地(ex cathedra)说话。它们是神圣的,遵循它们事关虔敬。最晚期的《法律》时期的柏拉图也还坚持这样的思想。这部大部头的对话以θεός[神]一词为开头并非偶然。尽管如此,在《克力同》中法律自行打开了以谈话方式对其进行修正的通道。

因此,根本上只存在一条道路来对法律的言说进行富有意义的解释。然而,即使是这种解释也必须满足一种并非无关乎本质的歧义性。在《回忆苏格拉底》中,苏格拉底在和希毕阿斯的对话中确认了这样一点,即,诸神是真正的立法者。然而,在色诺芬的

① 色诺芬,《回忆苏格拉底》,前揭,第4卷,第4章,第19节。——原注
　　中译参见色诺芬,《回忆苏格拉底》,前揭,第167页。——译注

《苏格拉底的申辩》中,苏格拉底独独一次还提及另外一种立法可能。

当苏格拉底说,德尔斐的神谕规定,"没有人"比他"更加高贵、正义和理性",而审判官也由于这一挑衅变得躁动不安时,他继续道:

> 人们啊,神对于吕库戈斯(Lykurgos),斯巴达人的立法者说的话,比对我说的还要崇高(μείζω)。因为在他踏进神庙之时,神对他说了这样的话:"我在考虑(φροντίζω),我是该称你为神还是人。"①

众所周知,这一说法在柏拉图的《苏格拉底的申辩》中并不存在。不过这并不和在那里露面的苏格拉底的精神相抵触。他想要找到更加智慧的人,正因为他对神谕对他的褒奖——即他是最智慧的人——有所怀疑并试图探究原因。

这个故事在希罗多德那里得到更加详细地记载。吕库戈斯在斯巴达上台以前,城邦的总体制度(Verfassung)是有缺陷的。吕库戈斯改变了这一局面:

> 斯巴达人中间的一位知名人士吕库戈斯有一次到德尔斐来请示神托。当他踏入大厅时,毕体亚立刻对他说:

---

① 色诺芬,《苏格拉底的申辩》,前揭,15.17,参见让-雅克·卢梭:《社会契约论》,《卢梭作品全集》,第 3 卷,伽利玛出版社:巴黎,1964 年(即七星丛书),第 383 页(第 2卷,第 7 章,论立法者):"各个时代的国家的缔造者们之所以不得不求助于上天的干预,并把他们的智慧说成是神的智慧,其目的,就是使人民像服从自然的规律那样服从国家的法律,并认识到在人群的结合和城邦的形成方面都是由于同样的权威,从而能够自由地服从,并驯顺地承受公共的福祉强加在他们身上的桎梏。"(中译参见卢梭,《社会契约论》,李平沤译,商务印书馆,2012 年,第 48 页——译注)——原注

　　"你，吕库戈斯，来到我富有的居所了（πίονα νηὸν［富有的
庙宇］）/宙斯和居住在奥林匹斯的其他诸神（Ὀλύμπια
δώματ᾽ ἔχουσι［居住在奥林匹斯］）都加爱于你。/我δίζω［怀
疑］，我应当将你μαντεύσομαι［预示］为神还是人？/不过我
ἔλπομαι［估计］你将会是一个神，哦，吕库戈斯啊。"

　　还有一些人说，毕体亚此外还向他宣示了今天在斯巴达
人那里存在着的总体制度（κόσμον）。①

　　色诺芬在《斯巴达政制》（πολιτεία Λακεδαιμονίων）中详细研
究了吕库戈斯的法律系统，他对立法者表示惊叹，视其为一个
智慧之人（I, 2）。在《法律》的开头，柏拉图提及了德尔斐对法
律的接受过程的讲述。他说，斯巴达的法律直接来自阿波罗
（624a）。在《会饮》中，他让迪奥提玛称其（包括梭伦）为一个
神性者（209a）。亚里士多德声称，他像梭伦一样创建了法律
和总体制度（《政治学》，1273b34）。然而希罗多德确认说，斯
巴达的总体制度在吕库戈斯拜访德尔斐之前就已经存在了。
因此他"只是"改善了它。吕库戈斯因而是一位知名人物。苏
格拉底提及这位所谓的立法者（νομοθήτες）的超绝不凡的意义
是有足够理由的。

　　充分地对立法者的地位加以评价，这并非轻而易举之事。一
方面，存在像吕库戈斯和梭伦这样超绝的、甚至传奇般的形象，另
一方面，立法者的职责在城邦的总体制度中被视为是稀松平常
的。当人们纯粹将某个个人视为法律的源泉时，立法者的意义显

---

① 希罗多德，《历史》，第9卷（Herodoti Historiarium Libri IX），H. R. 鲁道夫（Henr.
Rudolph. Dietsch）和H. 卡伦贝格（H. Kallenberg）编辑，第2版，莱比锡，1894年
［托伊布纳图书馆（Bibliotheca Teubneriana）丛书］，I, 65。——原注
　　中译参见希罗多德，《历史》，上册，王以铸译，北京：商务印书馆，2005年，第31
页。——译注

然得到了极大提高。如此看来,他们的智慧恐怕必须被标示为超绝于众。不过,究竟是不是有可能存在一种前法律的状态? 就未成文的法和正义要么从自然而来要么从诸神而来而言,答案是肯定的。如此一来,立法者就可能和自然或者诸神具有一种特殊关系。

苏格拉底是所有人中最智慧的,但吕库戈斯几乎被神——不仅被阿波罗,而且被宙斯——承认为和神一样。因此存在着一条对人类而言可能的、通向法律的位置的通道,亦即一个处在法律的总体制度之前的位置。然而,这一法之前的(vor-rechtlich)位置只能够被古老叙述所见证的那些人所触及。希罗多德至少确认了这件事,和神相像的吕库戈斯同斯巴达的总体制度的移交有关。尽管如此,清楚无疑的是,苏格拉底的提示是充满歧义的。无论如何——这是决定性的——苏格拉底提醒人们注意,哲人无法达到这一位置。这个位置,一个仿佛充满神性的位置,处于哲学之外,且高于哲学。

由此我们可以理解,为何苏格拉底不涉及法律之给与的问题。对于ἀνθρωπίνη σοφία [属人的智慧]而言,神性的位置——那个表明了法律可能带有缺陷的地方——是不可进入的。当苏格拉底被德尔斐神谕称为最智慧的人的时候,他仍然始终是一个人。立法者吕库戈斯超出了这一属人的智慧。他因而不可能是哲人。他不是智慧的朋友,而就是一个智慧的人。吕库戈斯改善了斯巴达的法律。苏格拉底并没有修正雅典的法律。

如今大概能够更好地说明,出于何种理由苏格拉底服从城邦的不正义的判决。即使某人自身遭受不正义时,他仍然被禁止去做不正义的事,根据这样一个前提,苏格拉底不能在没有向城邦、向法律说服其逃跑的正当性时逃跑。准确地说,并不是对于法律的服从令苏格拉底有义务留下来,而是缺乏说服法律确信其不正义的能力。苏格拉底缺乏论据来进行劝说。存在于他和法律之间的协调一致无法被修改。① 我们已经看到,苏格拉底如何将这样一件事视为不可能,即,通过逃跑来保证自己继续存活,而其目的也只是继续存活而已。我们已经阐明了,苏格拉底在多大程度上感到对自己的城邦负有义务,以致他在城邦围墙中的生活同其哲学活动不可分离地结合在一起。不过诸如此类的理由——它们无可否认起着一定作用——还必须补充以更加深入的认识。

让哲人逃避不正义的判决的智慧是 ἀνθρωπίνη σοφία[属人的智慧]。如此这般的哲人的自我认识导向了这样一个洞见,即使一个法庭判决——乃至于一个死刑判决——是不正义的,保证了一个可实施的秩序的城邦法律也不被允许受到质疑。在自我认识中,哲人认识到,哲学必须服从这一尺度——这种同法律的根本性一致。他找不到这样一种 λόγος[言辞,逻各斯],这种 λόγος[言辞,逻各斯]可以有效地反对如下这种最好的 λόγος[言辞,逻各斯],这种政治哲学的 ἀρχή[开端,原则]:遭受不正义的事好过去做不正义的事。这意味着,他不得不承认这一最好的 λόγος[言辞,逻各斯],连同其所有后果。

在同传奇般的立法者的差异中,政治哲人经验到了这样一回事,他的智慧以法律,以法律在伦理和政治上的稳定性为前提。失去这一前提,哲人就什么也不是。他不得不全力支持它,他不被允许去损害它。他令这这样一种前提内居于他的哲学式的、反智术师

---

① 参见施特劳斯,《自然权利与历史》,前揭,第 119 页:"在柏拉图的《克力同》的一段文字中,苏格拉底被说成是,他服从于雅典城邦及其法律的义务来自于一个默认的契约。要想理解这段话,就得将它与《理想国》中相应的一段话进行比较。在《理想国》中,哲学家服从于城邦的义务不是来自于任何契约。道理很显然。《理想国》中的城邦是最好不过的城邦,是合于自然的城邦。而雅典城邦和她的民主制,从柏拉图的观点来看,是最乏善可陈的城邦。只还有对于较低劣的共同体的忠诚才能来自于契约,因为一个诚实的人对于任何人都会守信,而不管他对之作出承诺的人是否值得如此。"我无法确定,当苏格拉底不违背他和法律的协调一致时,他是否仅仅是"诚实的"(ehrlich)。——原注
中译参见彭刚译本,前揭,第 120 页。——译注

的 λόγος［言辞，逻各斯］之中。法律使得政治生活得以可能，即使在它无法阻止一次不正义的死刑判决的时候也仍然如此。

这要求我们再一次追问法律的真正地位。苏格拉底确认了它在地下世界同样有效。这指向了法律的一种意义，这种意义就其特性而言显然超出任何实际的政治秩序，以此方式，这种意义保证了一个政治情境。如果苏格拉底逃跑，他不仅会取消了同城邦的法律的协调一致，

> 因此不仅仅是你活着的时候我们会对你不客气，而且我们的兄弟，冥界的法律，也不会给你好果子吃。(54c)[①]

不存在对惩罚的逃避，因为不存在对法律的逃避。它们的效力一直延伸到冥府当中。统治冥界的虽然不是同样这些法律，但却和它们具有亲缘关系。柏拉图凭借法律的这段话过渡到了《苏格拉底的申辩》的结尾。在那里，苏格拉底已经对他在冥界碰到英雄时的场面进行了描绘。而苏格拉底有关死亡的谈论始终极为出彩。无论是在《苏格拉底的申辩》(39e)中，还是在《斐多》(70b)中，这些言谈都被标示为是 διαμυθολογεῖν［闲聊］。说明性的言辞被放弃，但是言谈内容的真理要求没有消减。

对这里的语境而言似乎出现了这样一个问题，苏格拉底对冥界中的法庭的谈论可能具有何种政治意义？[②] 当然，这个问题已

---

① 中译参见严群译本第 112 页；王太庆译本第 71 页。——译注
② 顺便提一下，汉娜·阿伦特在"有关冥府的学说"，亦即《理想国》结尾的法庭神话中，以及在《高尔吉亚》中，看到了一种为政治目的而被发明出来的"政治工具(Instrument)"。参见汉娜·阿伦特，《过去与未来之间：政治思考练习一》(*Zwischen Ver-gangenheit und Zukunft：Übungen im politischen Denken I*)，乌尔苏拉·卢兹编，慕尼黑，1994 年，第 321 页。这只是以论战方式部分地得到提及，却让阿伦特甚至看到了，"对神或者对冥府"的信仰可能能够阻止大屠杀。参见汉娜·阿伦特，《我想要理解：对生活与作品的自我陈述》(*Ich will verstehen：Selbstauskünfte zu Leben und Werk*)，乌尔苏拉·卢兹编，慕尼黑与苏黎世，1996 年，第 85 页。——原注

经将灵魂的死后存在的假定设为前提。苏格拉底和柏拉图在多大程度上认同这个假定,我们目前的尝试并不能够加以衡量。可以确定的是,通过一种所谓的不朽的确定性来驳斥苏格拉底的勇敢,这是彻底不对头的。苏格拉底式的展望并不施舍"安慰"。相反,苏格拉底式的展望实际上在政治方面有其动机。因此可以提出的问题是:城邦是否需要一种超越于生命的法庭和法律。

首先我们必须指出这样一种法庭的特征,它和城邦的法庭相区别。最重要的区别在于,进入到冥界中去的人,将虚假的审判官抛诸脑后而遇到真正的审判官(τοὺς ἀληθῶς δικαστὰς,《苏格拉底的申辩》,41a)。① 因此,对法律的糟糕解释与法律本身之间的差别将不复存在。法律将成为真正的法律。正义将实行统治。如此就能理解苏格拉底那半是反讽的说法,由于他对古老英雄的进一步检查(提及奥德修斯与西绪弗斯这些诡计多端的骗子并不是偶然),他在那里不会再害怕死刑(41c)。

好与坏的差异因此同样适用于死亡。它们的区别并不仅仅存在于生命中,不局限于生命。正义的东西并不是有生命的东西。更有甚者:好与坏的差异似乎在冥界中才完全得到实现,因为在那里可以找到真正的审判官。冥界的可能的政治意义因此能够在对一个最终的、真正正义的法庭的危急展望中得到论证。从这一角度看,真正的无赖将会特别感到担忧。苏格拉底似乎同样在他的辩护词中谈到冥界法庭的这一维度,他说道:

> 你们,你们审判官们,一定也要对死亡有美好的期望,并且考虑这样一条真理(ἕν τι τοῦτο διανοεῖσθαι ἀληθές),即对于

---

① 沃尔夫,《希腊的法权思想》III/1,前揭,第 69 页:"它是真实的、正确的、真正的、没有虚假、没有错误的 νόμοι[法律,习俗],因为在冥界欺骗和假象不再有效,死亡摆脱了所有欺瞒。当人类中最智慧的人在此处作为审判官进行统治的时候,对于追求真理的人而言,一个正义的判决就能得到保证。"——原注

好人而言无论在活着还是在死时都不会发生什么糟糕的事情,好人的事务也不会被诸神所忽视。(41c-d)①

苏格拉底的谈话对象是那些反对对他实行死刑的人,亦即那些真正的审判官。他们可以期望,死亡不会给他们带来坏的事情。当然,这只适用于好人。那些判决苏格拉底有罪的其他人,与此相反,必定害怕死亡。究竟是什么令他们害怕,哲人闭口不谈。

然而,法律确切无疑地提醒他注意这样一点。如果苏格拉底在活着的时候不服从它们,他不会在冥界中受到它们的兄弟们的良好对待。法律甚至一度对克力同本人说话,提醒他不要继续企图阻止苏格拉底遵守法律(54d)。法律的言说的这一收尾显然令苏格拉底印象深刻。

> 苏格拉底:要知道,亲爱的朋友克力同,我相信自己听到了这些话,就像哥汝班祭司(Korybanthen)相信自己听到神笛(Aulos)一样。这些话的音响本身在我里面隆隆作响,使我无法听见其他的话语。要知道,我现在抱定的想法是,你所说的劝阻的话都将是徒劳。尽管如此,如果你认为还能做点其他什么的话,那就说吧。
> 克力同:但是,苏格拉底啊,我没什么能的说了。
> 苏格拉底:好吧,克力同,那就让我们如此行动,因为这是神在其中引导我们的(ἐπειδὴ ταύτῃ ὁ θεὸς ὑφηγεῖται ,54d)。②

就像在他的辩护中,在法律言说的结尾,苏格拉底同样诉诸

---

① 中译参见严群译本第 80 页;王太庆译本第 54—55 页。——译注
② 中译参见严群译本第 112—113 页;王太庆译本第 71 页。——译注

神。神拥有最终的话语权,他规定应当如何行动。在这里的情况中,他引导人进入死亡。

苏格拉底指出,他满耳充斥着法律言说的声音,以至于他无法再听到其他言说。就像哥汝班祭司在宗教崇拜的 μανία[疯狂]中只还能出神地委身于音乐的催眠式轰响中,苏格拉底也只能委身于法律对他所说的东西中。这诚然显得像是一种少见的、晦涩的类比。

这个类比之所以晦涩,是因为哥汝班祭司属于弗里季亚(phrygisch)的母神居倍雷(Kybele)的宗教崇拜。居倍雷后来和提坦女神瑞亚(Rheia),亦即冥界的母亲相融合。柏拉图有可能暗指这一点。然而更加显得晦涩的是,苏格拉底将他的确信状态等同于一种疯狂状态。难道对他而言,最终事关宏旨的不再是论证,而是另外一种确信方式?苏格拉底在这里是不是仿佛成为了那些审判官们的一员,在辩护中他指责这些审判官不是受智慧推动,而是受热情推动去进行工作(22c)?[①]

实际上,我们正处于一个关键性的地方。法律已经将苏格拉底带到了他自己的界限。苏格拉底此前已经无声地表明了,他的哲学活动的 ἀρχή[开端,原则]不能通过说明性的言谈得到解释。苏格拉底在法律向他指出矛盾的时刻沉默不语,可能不只是一种限制在 ἀνθρωπίνη σοφία[属人的智慧]上的坚持。

法律的言谈就像哥汝班祭司的催眠音乐一样具有说服力。在这种真正的确信状态中,苏格拉底赞同另一种声音,亦即对克力同而言无法通达的声音,尽管克力同一度和苏格拉底共同听到

---

① 参见布吕尔,《论苏格拉底式的教育》,前揭,第212—213页:"因此,在他们的申说[法律的申说]的结尾——这一申说可能会让克力同满意——……,苏格拉底只是说他们的话语和论证的'声音'使他无法听到或听从其他的声音;他并没有说,他认为他们的论证是令人信服的。相反,他将自己在聆听他们时的状态比作那些在虔敬的出神状态中聆听笛声……。"——原注

了法律的话。也有可能克力同在整个对话期间没有正确地倾听和理解苏格拉底所说的东西。[①] 对苏格拉底而言,法律具有一种超出一切的效力,这种效力作为祖国的伦理规范而存在,因为法律安排了城邦中的生活秩序,就像它也安排了在冥界中的过渡和逗留。法律因此深入到人类的章程设定的背后,并且超越了人类的章程设定。从这一方面看,法律在言说时仿佛操着诸神的语言。

政治哲人的 ἀνθρωπίνη σοφία [属人的智慧]必须在这一维度面前持守其尺度。在对正义的公民的谈话结尾,苏格拉底说,活着好还是死了好,只有神知道(42a)。哲人满怀信任地赞同这一维度,因为他知道,人类的智慧并不是在有关生和死的所有问题上都可胜任的。正是对于整体之秩序而言——在冥界中发生的事情也属于其中, ἀνθρωπίνη σοφία [属人的智慧]并不具有指引权。正是这种对缺乏的指引权的认识,在核心处规定了人类的智慧。难道不是《理想国》中的苏格拉底,在对洞穴的样子进行描绘之后,指出了他自己的希望(ἐλπίς),亦即希望灵魂向着知识的处所的飞升这一描述是真的,并且补充说,只有神知道,苏格拉底有没有真正切中知识(517b)?

当苏格拉底最后服从法律及其 λόγος [言辞,逻各斯]的时候,自我认识把苏格拉底带到了对人类知识和神性知识之间的区别的了解。一个问题由此闯入政治哲学当中,这个问题从柏拉图开始就令政治哲学殚精竭虑:哲人是否能够以一种哲学式的理性为手段来达到关心他的灵魂和城邦的目的,抑或是在这种关心的最初和最终方面他被指引向神性者? 此一问题的整个宽度通向一

---

① 在所有的朋友中,克力同是那样一个朋友,他完全搞错了哲人在此期间所谈论的东西,而在临刑前向苏格拉底提示说,太阳还没有完全下山,还有时间吃点喝点或者满足他的欲望(《斐多》,166e)。——原注

个决断。如果哲学在一种人类智慧的界限内能够令善与正义的生活得以可能,那么它就可能放弃去听从诗人与先知——他们是神性者的代言人。如果哲学必须承认,一种善与正义的生活只有在神性者的尺度下才是可能的,那么先知与诗人就拥有最后的话语权。①

---

① 参见马丁·海德格尔:"'……人诗意地栖居……'",《演讲与论文集》,Neske:弗林根,1954 年,第 187—204 页,以及与此相反对的,列奥·施特劳斯:"理性与启示",参见海因里希·迈尔,《列奥·施特劳斯与神学—政治问题》,前揭,第 141—180 页。此处,将哲学降格为一种现代科学的韦伯式问题似乎重又出现。如果哲人无非就是那些神性者的代言人的阐释者,那么他可能——当然是在一种急需改变的处境中——要求索回一种政治意义。如果哲人选择现代科学,那么他就必定脱离政治事物的源泉。这一源泉如今自行显示为神性者的领域。——原注

结论　当今政治哲学:跋

今天,政治哲学处于衰落中甚至可能腐坏了,如果它没有根本消失的话。

——列奥·施特劳斯

1. 自 我 认 识

哲学式的生活由对话组成,在对话中事关宏旨的是变得更好,哲学学说导源于这一目标。思想的哲学式运动是思考问题的过程,它的目标是真理。在共同生活中真理显现为善与正义,因此哲学式运动是政治性的。哲学的意义反复回旋在这样一种生活过程中。哲学的这种意义是否能够与现代科学相一致,这是充满疑问的。哲人如今应该做些什么?

无论在我们现代人和古代人之间的距离——也就是在一种现代的政治哲学和一种苏格拉底式的政治哲学之间的距离——有多么大,无论直接采纳苏格拉底式的认识可能显得多么荒谬,无论柏拉图对话和《君主论》、《利维坦》以及"朝向永久和平"的"哲学性规划"之间的差异如何巨大,无论历史意识表现为多么不可回避,有一点即使在今天人们也仍旧必定会赞同苏格拉底:哲学始于一种自我认识——始于哲人之为哲人的一种自我认识。
如果哲学想要表明自己在人类行为的可能性中是一种事关重大
的、不可替换的思想与生活形式，它必须从这种自我认识开始。
哲人必须追问，他是谁。

政治哲学当今能够是什么（也就是一种哲学，它自知自己对
其在古典哲学规划——此处特别指苏格拉底的规划——中的起
源负有责任，从而想要在今天仍然推进这种规划），对这个问题的
回答必须从一种区分性的反思开始。在这种自我理解中，坦诚
（Aufrichtigkeit）必须被设为前提。自负或者恐惧都会阻碍自我
认识，因为它们倾向于自欺。它们在根本上激发的是对哲学的敌
对态度。

自我认识首先对哲人意味着，将那个把它的活动标示为一种
特别活动的东西置入与其他活动的关系当中，并且将它与其他活
动区分开来。此间他必须从如今对哲学的一般规定着手。哲学
在这个规定的基础上得到"位置确定"（verorten），因此必须在那
里去寻找哲学。与此同时，他当然不能忘了他的核心关切，即忠
实于他对哲学的古典理解的责任。哲学的一般规定如今意味着，
哲学是一门精神科学，因此人们在从事精神科学的地方从事哲
学。这就是现代大学。因此哲学的自我认识——这种哲学想要
延续肇始于古代的欧洲哲学的活生生的传统——因此始于一个
比较。比较的是这样一些前提，这些前提在如此这般的现代精神
科学的前提和条件下，被哲学本身视为是不可放弃的。

一种通行于现代的科学理解是马克斯·韦伯的。这种科学
理解的发展和模式在上一个十年共同规定了精神科学：毋庸置
疑，韦伯的科学社会学准备下了一个地基，一种现代的精神科学
如今仍然活动在这个地基之上。无前提性，对意义问题的放弃，
与此相应的，对价值问题的取消和从中衍生的严格的专业化过
程——这一切都是规定了"哲学专业学科"的日常活动的标准。

当然,这种要求以一种自我认识的坦诚为前提,这种坦诚不将主观的价值规划——应当强调,韦伯并不否认这些价值规划,而是质疑它们在科学方面的可论证性——提升为规则。因此完全有可能,这些标准有时受到"专业学科"方面的主观性反思乃至否定。没有人能够严肃地声称,人们此间实际上可以独立于各门专业学科而遵从这些标准。在韦伯看来,任何一种"新的"科学论证始终都对"科学之为职业"负有责任。这些科学论证建立在科学之为职业的基础上,维系于此。

如果我们将这些标准当作一种现代科学理解的必然标志接受下来,那么我们就必定会在当今的哲学的自我认识中发现一种基本矛盾。当哲学将韦伯式的现代精神科学的标准应用于自身,那么哲学就无法同时主张自己扎根于古代的、中世纪的和近代的古典式哲学概念中。因为那样一来就会变得完全毫无前途可言,而如果这种情况经由一种权力要求而发生,那么想要对抗现代而摆脱这个时代在哲学方面的科学理解,这将是不坦诚的。不再有富有生气的论辩,这种论辩在这些哲学性的科学理解中维持着自己的条件。

回到科学史的断裂之前,并且直接接续到苏格拉底与柏拉图,这从科学方面讲已经不可能了,因为对于这两位哲人而言,知识呈现了一种 ἀρετή [德性],就像我在本书开始时所强调的。陈述一种或多或少具有连续性的哲学史,就像比如说胡塞尔或者海德格尔在他们对"开端"的有力强调中所做的,这种尝试一方面(这首先涉及海德格尔)没有注意到,现代科学在多大程度上不再分有这样一种知识概念,另一方面又必须接过纪念碑式的任务,即将科学的整个语境转换入另一种知识的样态和方式中去。如果如今正是在这些思想家的仿佛消逝着的影响领域中,就像我们仍然能够回到柏拉图或者笛卡尔,而无需反思作为一种现代科学的哲学的状态,那么我们只能指出这样一点,即科学史中的深刻变革应当得到严肃对待。

另一方面，对于"哲学专业学科"而言，对苏格拉底和柏拉图进行探讨是必不可少的。问题只是，如何进行这种探讨。根据列奥·施特劳斯的看法（在施特劳斯看来，韦伯式的科学理解"必然将自身转变为历史主义"[1]），对于一门日常所从事的"专业哲学"而言，它在方法上靠近历史科学。如果哲学不再能够简单地复活或者延续欧洲哲学的伟大规划，那么它就会将这些规划视为一种或多或少是声誉卓著的、我们不该将其遗忘的历史的一个部分。它教授的是同"文本"的一种专业性交道，而这些文本各自的真理性要求借助于一种十分专业的博学多识在高度智识的水平上被相对化了。毫无疑问，从中自动会产生一种趋向严格的专业化的压力。同样毫无疑问的是，这一切不再同一种对哲学的古典理解有关。

一种坦恳的自我认识必须察觉到，在现代的、同时代的科学及科学性理解和一种对哲学的古典理解之间张开着一个深渊。一方所要求的东西，不能为另一方实现，一方所设为前提的东西，另一方必定忽略。一种想要保持自身而不放弃它在现代大学中的"定位"的哲学，必须承认，这个位置是一个棘手的位置。哲学在大学中"定位"为一种科学，这是一件尴尬之事，它根本而言在任何时候都同关系中的双方产生矛盾。

为了更好地理解，何以这种"定位"是棘手的，我们应该进一步考察这种现代大学。我指出过，韦伯凭借其"世界之祛魅"的一般性论题冒险地评论道，科学诚然是一种"精神贵族的事务"，但同时在一种"疯狂的冒险"中"一年年一点点"更优秀的人被战胜了。此外，韦伯顺带注意到，对一个"犹太人"而言，"天然地"几乎不存在对一个卓有成效的大学生涯的展望。西方科学中的"理智

---

[1] 施特劳斯，《什么是政治哲学？》，前揭，第25页。——原注

化过程"显然容许带有偏见的保护主义乃至反犹主义。在一切都被"祛魅"的地方,就受到偶然与任意性的主宰。我们不能低估这些矛盾。相反,我们应当在其中认识到"理性化"的结果。在其终极处,存在的无非是为一切"客观"标准所无法通达的兴趣之间的斗争。

这些兴趣并不是以"科学的方式"为导向的。它们不可能如此。这是因为行之有效的、科学的范畴并不构成客观的标准(一个哲学教席应该被一个强硬的"分析学家"所占有,还是应该被一个好的"历史学家"所占有,这个问题是无法从科学上得到回答的)。这些兴趣最终存在于"主观"倾向中,这些主观倾向在诸如会议或者院系这样的小团体中获得成功或者失败。这样的一种科学鼓动"随大流和庸俗气"(Konformismus und Philister-tum)①。其特征最终是自负和嫉妒。科学因此成为一种生命兴趣在其中得以实现的营生。现代科学是一条通向卓有成效的生命之 τέχνη [技术]的道路。

然而,这一观察首先看起来让人以为,它批判一门"哲学专业学科"或其他学科的专业代表人的道德状况。这样一种批判诚然是可能的,但最终不值一提。这一观察意图达到的是这样一种论断,即科学同目的——目的的意义在其自身之中,比如"真实的存在","真实的自然","神"或者一言以蔽之,真理——的分离,必然汇归入生活的 τέχνη [技术]中。现代大学和在其中所从事的科学为一种生活兴趣服务,这种生活兴趣诚然在其成员的单个的自我中心主义中表现自己,但它之所以如此清晰地显现是因为,它不再受到其他目的的限制。从所有超越生活的目的中解放出来的

---

① 施特劳斯,《什么是政治哲学?》,前揭,第 20 页:"社会科学实证主义培育出的更多是随大流和庸俗气,而非虚无主义。"需要注意:"而非虚无主义"并不是指完全没有虚无主义。——原注

中译参见《什么是政治哲学》,前揭,第 12 页。——译注

生活之 τέχνη［技术］无非是韦伯说的"理性化"的结果。当一切都被"祛魅"，就只还剩下对我的兴趣的推论式表现的组织安排。

哲学作为科学不再能够逃避这一结果。与此相反，政治哲学质疑这一结果。因为政治哲学坚持善与正义的前提，坚持善与正义的生活的真理。这是将政治哲学同科学区分开来的鸿沟。如果这一鸿沟成为激励在科学语境中继续为政治哲学进行"定位"的动力，那就会产生一种冲突。政治哲学必须寻找到一种思考这一冲突的手段。

2. 政 治 哲 学

有这样一种假象，在如此这般的自我认识中，苏格拉底式的区分——比如说对智术师派的反对甚或是对善与正义的苏格拉底式坚持——太过"天真地"被移植到另一个在所有方面都和雅典城邦不同的处境中。这样看的话，我的尝试就只是一种对苏格拉底的怀乡病，一种对哲学的伟大时代的美好回忆。这种回忆在今天最多只还能告诉我们，我们在一种由忠诚、纯粹的习惯和手足无措混合而成的稀罕物中总是称之为"哲学"的东西，它是从哪里起源的。

一种对苏格拉底的解释以及从这种解释中进行学习的尝试，转变为对苏格拉底的怀乡病。这种转变所从出的地方乃是一个"世界之祛魅"的地方。至少是一个对历史以及历史性时而有意识，多数情况下是无意识地持有最终权力的地方。由此我们触及了一场争论，这场争论在 20 世纪首先由列奥·施特劳斯引发。这一争执可以用如下一种双重的要么—要么来表达：要么哲学及其问题建基于一种"自然的"基础，哲学的重大问题永远都在这一基础上产生并得到处理，要么(1)哲学不得不认识到，这些问题无赖于这样一个基础而隶属于一种历史性的动力学，这种历史动力学一度强调这个问题,随后复又强调那个问题,以至于我们不得不首先去认识并思考这些以可能的方式相互联系着的问题序列,要么(2)哲学不得不去理解,对哲学性的自然的问题,亦即伦理性、政治性的自然的问题的回答,不是"自然的",而是约定的。对政治哲学的可能性的第二种反对,被理解为是一种"约定主义的"(konventionalistisches),或者如果人们愿意这样说的话,群体主义(kommunitaristisches)的政治理解。①

　　政治哲学认为对历史的相对主义理解是错误的。政治哲学理解能够表明,"约定主义"最终植根于同它自己一样的前提。此间,政治哲学可以从苏格拉底那里进行学习。苏格拉底是"要求自然正当(natural right)的代表"②,施特劳斯如此写道。这就是苏格拉底,因为他是政治哲学的奠基人。政治哲学因此同一种自然正当具有最为紧密的关联,这种自然正当在实践上必须得到主张,即使它在理论上无法得到最终保证。善与正义对苏格拉底而言始终是一个实际上无可怀疑的主管机关,即使它们是以φύσει[自然产生]的方式被给与的这样的思想无法令无知之知感到安宁。

　　对于政治哲学而言,苏格拉底的这种对自然正当的寻求始终是一个不可或缺的出发点。如果不采用宏大的概念,这种对自然正当的依赖可以得到如下刻画:任何人在所有时间和所有地方都将理解并赞同,一个善与正义的共同体要优于一个恶与不正义的共同体。当然,这是一个抽象命题,然而即使在其抽象性中这个命题也说出了一个决断,这个决断表露出一种对善与正义的自然理解。从这种自然理解出发,任何人都懂得区分不正义的行为和正义的行为。即使是欧洲的灭绝犹太人的那些反常前提,也只能

①　参见施特劳斯,《自然权利与历史》,前揭,第10页。——原注
②　同上书,第85页。——原注

暂时地让比如说某个艾希曼（Eichmann）[①]认为，奥斯维辛是"正当合理的"（gerechtfertigt）。

人们喜欢总是发起新的言谈，而政治哲学总是说着同样的东西（《高尔吉亚》，482a）。它始终说着同样的东西，亦即在一个值得过的生活中事关宏旨的是善与正义，它之所以能这样说是因为它有理由从这样一点出发：多数人的不断变化的言谈——如果他们不是由一种其起源我们无法认识的恶来引导的话——在这一核心洞见上有其界限。

一种历史学化的、相对化的、平均化的科学，顺理成章地终结于虚无主义。当韦伯将科学称为"特殊的远离上帝的权力"（WaB，92）时，他可能甚至已经对这一结果有了冷静地预知。无论这种虚无主义可能得到怎样的评价，在虚无主义中，也就是在现代科学中，在历史主义的基础上，不可能存在那样一种政治哲学，这种政治哲学能够避免使自己成为一个恶魔。政治哲学正因此而能够对于现代科学具有巨大意义，这是可以设想的。

因此，在回到政治哲学的诞生的过程中，在对一种苏格拉底式政治学的要求中，涉及的不是一个怀乡病式的规划。接续苏格拉底有助于为政治理性开放一个视角。即使在韦伯说的祛魅史（Entzauberungsgeschichte）中，这种政治理性也始终保持为它之所是。在和祛魅史的冲突中，苏格拉底式的勇敢始终是一个榜样。

3. 法庭或政治公共性

在韦伯的讲话"科学作为职业"的背景前，让哲学在对善与正义的无从进一步探究的认识中开始，这样的决断无异于一种自我

[①]　纳粹高官，促使阿伦特提出了"平庸的恶"的著名概念。——译注

边缘化,如果不是自我孤立的话。在科学性的各专业范式的总体关联中,哲人占据着一个棘手的位置。他将必须以不同于通过科学性的研究结果的方式来论证自己的合理性。但是在一个超越了大学的影响范围的语境中,哲人发现自己回到了一个对他而言在原则上更加熟悉的"位置"(Ortung)上。

凭借着对善与正义的认识,哲人触及政治共同体的公共性,在这一政治共同体中,那样一些问题持续产生并得到解决,这些问题要求着一种对善与正义的认识。政治的抑或是社会的现实完全围绕着这样一个核心问题,即什么样的政治现实是善与正义的,什么样的不是。如果政治现实并不持续探讨这一基础原则问题,换言之,如果革命并不是政治事物的核心范式,那么向着善与正义的持续转变,亦即改良才是这种核心范式。没有任何一个政治共同体能够完全阻止这样的问题,即,它本身是以善与正义还是以恶劣与不正义的方式得到总体组织。

几乎可以说,哲人再次与广场产生关联。而这意味着,哲人承认广场是他的法庭。其言论具有牛虻式特征的哲人,对自己提出有关统治或者迫害的古老的哲人问题,就此而言,一个共同体的政治公共域就成为法庭。以无从进一步探究的方式知晓善与正义的哲人,将一种善与正义的政治公共域保持在视野中。他将由此超出各个共同体的政治现实性并且触及一些他无法逃避的判断。

此间我们不能错解的是,有关统治或者迫害的古老的哲人问题与苏格拉底或者康德的时代相比是不同的。康德在其著作《永恒和平论》——这一"哲学的规划"——中,将苏格拉底—柏拉图的思想,亦即只有一个由哲人管理或者由进行哲学思考的统治者管理的城邦才可能是善与正义的,通过这样一个假设进行了修正:施行统治的人应当向哲人进行咨询。① 因此在哲学活动中事

_____

① 康德,《永久和平论》,前揭,B67。——原注

关宏旨的不是夺取政治统治，而是对政治统治发表评论。统治或者迫害的模式转变为赞同或者反对的模式，在此，对一个政治目标的批判实际上相应于一种哲学性的立场，而不是对这种哲学性立场的证实。

康德的假设出自精细而讽刺性的"有关永久和平的秘密条款"，这一假设要求似乎只在战争问题上才去考虑"哲人的原则"。实际上，"条款"预先把"附录"的第二部分说了出来，其中，康德在作为"道德的政治学"的"真正的政治学"，以及"公开性的形式"（Form der Publizität）的基础上开始进行言说。因此有保留地聆听这一假设并在其中只认出一种"哲学的退位"（Thronverzicht）①，这是可能的。不过在这一假设中听到一种警告，即哲人并且首先是哲人，应当归属于政治问题，这并不是不可能的，这意味着康德要求哲人应当能够在政治学问题中共同发表看法。

政治哲人必须能够提出要求，不多也不少。政治公共域必须倾听他，并且当政治公共域倾听他的时候，它将对他进行评判或者审判。在"通报的形式"无法被作为前提的地方，在与被启蒙的共和国恰恰不相适应的政治处境居支配地位的地方，因此准确说来，在一种政治公共域并不存在的地方，上述所说同样有效，甚至正是在如此情况下才有效。这样一种公共域并不存在于极权性的统治体系中，也不存在于大众传媒的公共域中，在其中，其他的兴趣会把政治论辩扭曲为闲言碎语。

这一思想需要得到强调。因为联系于他所生活于其中的各种

---

① 福尔克尔·格哈特（Volker Gerhardt），《哲学的退位：论康德那里哲学与政治学的现代关系》（Der Thronverzicht der Philosophie：Über das moderne Verhältnis von Philosophie und Politik bei Kant），参见康德，《永久和平论》，奥特弗里德·赫费（Otfried Höffe）编，Akademie Verlag：柏林，1995 年，第 171—194 页。根本而言，人们只能"放弃"某种他所已经拥有的东西。迄今为止尚不存在由哲人管理的共同体。格哈特的标题迎合一种新闻记者的语调，这种语调追随的不是哲学动机而是其他什么东西。——原注

政治处境,这是政治哲人的分内之事。这并不是说,他参与商讨其共同体的日常政治问题。相反,我在此所思考的是在哲人和多数人之间的与日俱增的冲突的危险,政治机体——哲人理解自己也属于其中——正越来越利用非人性的目标与手段来服务于冲突的产生。因为当政治哲学随着对善与正义的无从进一步探究的认识而开始时,它就必须在这种认识以及从中起源的实践显现为具有颠覆性的地方,来抵御一种特别的攻击。让·帕托契卡在 70 年代后期在捷克斯洛伐克的死亡在这里就可以被视为一个前例。

然而,我们不能得到这样的印象,仿佛存在一种对哲人而言特别友善的统治形式。将今天的实际的民主制形式视为哲学的正常环境,这是颓废的。一个自由的民主制可能堕落为一种独裁的专制,这种专制将哲学归为那种无所谓的东西(Adiaphora),它们诚然还被忍受着,但必定不受到关注。此外,令人遗憾的是这不是什么主张。就像一直以来那样——政治哲人始终从善与正义出发,因而对其不同的政治处境无所动心,于是,在任何国家形式中它都将面对其政治与社会的压力。

4. 政治哲学的任务

一个政治共同体如何能够以善与正义的方式得到组织,这个基本问题一直没有得到回答。其原因在于,这个问题显然没有一个最终答案,但实际上确定不变的是,善与正义是引导着对这个问题进行回答的核心标准。

就此而言,政治事务始终处于这一前提的光照之下。一个共同体的成员的义务与权利,成员们共同的以及相互之间的行动的目的与手段,战争作为在国家内部与国家之间的关系的真正实践,这些问题是政治问题,它们只有在回溯到善与正义的问题上时才可能得到解决。这表明了一种实用主义的政治学概念作为不适当的概念应该遭到拒斥,这种拒斥以由政治哲学所表达出来的论据为基础。

由此,政治哲学的本质兴趣关联于对一种讨论形式的创造,在这种讨论形式中,作为如此这般的对善与正义的追问取得并保有一种重要性。只有在这样一种λόγος[言辞,逻各斯]得到建立之处,这种λόγος[言辞,逻各斯]否定源于纯然的权力考量的说服意愿,政治哲学才能够存在。对政治哲人而言,说服必定也是重要的,但他拒绝智术师式的劝说。他并不对讨论加以组织策划,而是诉诸其在事情和伦理方面的真理。因此,政治哲学的首要任务是主张一种对原则问题保持开放的谈话。

由此出发,我认为,首先有三个问题在未来将会取得越来越大的重要性。首先是经由近代而深刻回溯到古代哲学的问题:作为如此这般的"生命"在何种程度上呈现出一种政治要素。这个问题在最近以"生命—政治学"(Bio-Politik)①的时髦名堂已经变得较为流行了。第二,政治神学对政治哲人发出一种挑战。当文化间的问题开始显露出来的时候——这隐藏在启蒙了的民族和伊斯兰民族的不同的文化基础中——这一点就越发突出。② 第三,政治的反常性在"极权统治"中始终是一个活跃的问题。

对如此这般的"生命"的政治意义的追问,它所触及的东西显

---

① 参见米歇尔·福柯,《生命政治的诞生》(*Naissance de la biopolitique*),Éditions Gallimard/ Éditions du Seuil,巴黎,2004 年;乔治·阿甘本,《牺牲人:主权权力与赤裸的生命》(*Homo sacer:Die souveräne Macht und das nachte Leben*),Suhrkamp,美茵法兰克福,2002 年。——原注

② 参见尤根·哈贝马斯在许多方面看都含糊其辞的文章:《分裂的西方:政治短论集十》(*Der gespaltene Westen:Kleine Politischen Schriften X*),舒尔坎普:美茵法兰克福,2004 年;雷米·布拉格(Rémi Brague),《欧洲:一种离心的同一性》(*Europa:Eine exzentrische Identität*),Campus,法兰克福与纽约,1993 年。还有富有启发性的巴萨姆·提比(Bassam Tibi),《伊斯兰基要主义:现代科学与技术学》(*Islamischen Fundamentalismus:moderne Wissenschaft und Technologie*),舒尔坎普:美茵法兰克福,1992 年。——原注

然是苏格拉底式的答案。在苏格拉底看来，一个汲汲于生命的政治学的政治共同体，已经脱离了同善与正义，实际上也就是同政治学的联系。它是一种多数人的政治学，而多数人将他们的继续存活无论如何都视为其政治决断的出发点。这样一种政治学始于自我认识之外的地方，它将自我认识视为对政治而言无关紧要的东西。它将人类存在简化为其动物性。就像康德说的，它将"人类同其他活着的机器"置于"同一个类别中，对人类而言，只还有这样的意识能够存在，即它们不是自由的生物"①。然而撇开苏格拉底式的以及康德式的严格性，就纯然的生命与善的生命之间的区别而言，就动物性与人类自由之间的区别而言，一种纯然的社会—政治学或者生物—政治学同样无法免除比如说分配正义的问题。因此一种政治哲学和生物—政治学之间的冲突同样有其动因。

政治哲学与政治神学之间的争执——尽管很少有人注意到这一争执——是不可避免的。是哲学能够从其自身出发认识并展现一种真理，还是只有神学能够做到这一点，如同我们看到的那样，这对柏拉图而言已经成为一个重要问题。此后，哲学越来越强地被拖入一种与基督教、犹太教和伊斯兰教的争辩以及吸收中，到如今，一种"基督教哲学"的规划随之遍地开花，这是众所周知的。在这一争执中，政治哲学的出发点是，在没有一种救赎启示的基础的情况下，它能够回答有关善与正义的共同体的问题。然而它同时认识到并且在这样的认识面前保持开放，即政治哲学代表着一种必须极为严肃地加以对待的人类存在的可能性。因此在我看来，它特别为同所谓的"伊斯兰基要主义"的神学政治学的争辩做着准备。欧洲的政治哲学熟知这样的话，potestas potestati subiecta[尘世力量隶属于神性力量]，即任何尘世间的力量都隶属于神性的力量，因此它处于这样一个处境当中，将讨论

---

① 康德，《永久和平论》，前揭，B92。——原注

的歇斯底里的伴随现象同其真正的重要性区分开来。

我们已经多次指出,将哲学先天地移置在一个自由化了的政治处境中,仿佛存在一种民主制与哲学之间的预先确立的和谐,这会是一个思想上的错误。这并不意味着,政治哲学要质疑一个以民主方式进行管理的共同体的优点。只不过要指出的一点是,在一个专制的或者极权的统治形式中,政治哲学可能特别为人所需要。因此,在我看来,政治哲学的一个核心任务是警惕地反对在民主制中同样存在与可能存在的极权倾向。正是在社会情境变得非人化的地方,牛虻式的话语特别流行。这种牛虻式的话语因此共同回忆着那些牺牲者,他们徒劳地只等待着那一个 μύωψ [牛虻,刺棒]。当然我们不能因此就说,政治哲学能够阻止政治灾难。然而,只有在它如此尝试的时候,它才对自己保持着忠诚。极权倾向在哪里呈告出来,政治哲人就必然在哪里现身。

5. 生活的 τέχνη [技术]及其话语

在《苏格拉底的申辩》和《克力同》的解释过程中,我常常提请人们注意,比起作为继续存活下去的纯然的生活,苏格拉底偏爱善与正义的生活。此外我也已经指出,苏格拉底凭着这一原则批判智术师,哲人将他们的行为称为卖淫。人们能够从历史的角度以另一种方式来看待并解释智术师,这是对的。然而在我看来,政治哲学的一个本质要素与对智术师的苏格拉底式看待相联系。

因为从苏格拉底—柏拉图式的智术师批判中,产生出对两种谈话样式的区分。哲学性的言谈因此可以通过这样一点得到标示,即它从对善与正义的无从进一步探究的导向为开端,并且固守这一开端。如果这种言谈出现在与这一导向相抵触的情境中,冲突就产生了。由于不可能存在与那种对善与正义的导向完全符合一致的情境,冲突就是不可避免的。哲学性的言谈因此原则上是一种牛虻式的言谈。它每每被视为一种可笑的或者具有威胁性的挑衅,而它作为如此这般的言谈并不具有一种挑衅的意图。

由于冲突原则上会阻碍利益的实现,智术师的言谈以预先给定的情境为导向。至少智术师的言谈是如此形成起来的,它确认它在其中被谈论的各个总体关联,从而凭借比如说谄媚等修辞手段在其中获得成功。智术师的言谈致力于只修正其情境的某些环节,从而能够在其中凭借一些可计算的成功来营建其利益。因此,它致力于不触碰那个领域,在这个领域中情境整体可能遭受危险。因为只有情境的稳定存在才能保证对利益的话语性营建的成功展望。

对于智术师的言谈而言,其前提假设是这样的共识,每个说话者的合法的生活利益在每种言谈中得到表达。说话者运动于其中的情境在此被视为一种生活的基本处境。即使每个参与者都知道,预先塑造了言谈的情境并不同对善与正义的认识符合一致,这种情境也会以一种"狡黠的暴力"(verschmitzter Gewalt)①得到许可。以生活为鹄的的生活,似乎是唯一让所有人都能够达成一致意见的"价值"。

哲学式言谈的前提是这样的思想,对于由这样一种随大流的"狡黠的暴力"稳定起来的情境而言,存在一种内在的不正义。此间,如下问题原则上不予考虑,即人们凭着这种情境而与生活利益关联起来,情境参与者期待着他个人的好处。哲学式的言谈始终联系于事情并拒绝成功的动机。只有如此它对问题和疑难的严肃兴趣才得到表露。

这一对哲学的和智术师的言谈的区分在奠立政治哲学时具有巨大意义。即使政治哲学处在其古老而此时却显棘手的地方,亦即两者的冲突在大学里也依然存在。我们已经指出,现代的精

①　康德,《永久和平论》,前揭,B86。康德是在"非道德的明智学说"(unmoralischen Klugheitslehre)的"诡辩法"中谈到"狡黠的暴力"的。——原注

神科学首先以智术师的言谈为基础,因为这一语境中的参与者首先追随的是职业性发展的动机。此处并不存在以争论真理为目标的讨论。作为如此这般要求着真理的哲学式言谈因此在科学性的语境中就像是一个陌生人,因为这一语境以真理的缺席为前提。因此,尝试与它们的概念符合一致的现代科学同哲学之间的和解,是不可能的。

政治哲学要求走出生活的 τέχνη[技术]。它以对这样一种讨论的建立为目标,在这种讨论中对生活的利益的处理并不那么紧迫。这种讨论应当以问题为导向关心哲学事务,而非满足个人的单个需要。只有如此,一种善与正义的生活才会变得可能。这一假定建基于这样一种怀疑,即并不以事情为导向的讨论最终会走向自我降格和排挤,而不是一种以善与正义为导向的、追求"友爱的哲学政治学"①的哲学性讨论。

如果政治哲学和作为一种现代精神科学的哲学之间的冲突得到承认,它只能显现为对运行活动的扰乱。运行活动的历史化的基本方针从其非主提性的实行而来得到强调。有关哲学的意义的问题被反复提出。重要的不是对这个问题进行一种历史化把握。重要的是,停止教学与研究的惯常运动,追问其目的。如果"哲学专业学科"不愿意承担这样的后果,即它推动了哲学的消失,或者如施特劳斯以引人注目的方式所表达的,哲学的"腐败"(Verwesung),那么它就必须下决心为哲学式言谈腾出一个与其要求相适应的地方。它能够认识到,它的未来维系于这样一种扰乱。此外,它能够强调一种对大学整体的状况的意识。哲学随之可能看到的事情是,对曾经是精神之王冠的东西的摧毁。

―――――――――

① 迈尔,《为什么是政治哲学?》,前揭,第20页。亦可参见迈尔对德里达的著作《友爱政治学》(*Politiques de l'amitié*)的讨论,收录于海因里希·迈尔,《施米特、施特劳斯与"政治的概念":论一场不在场者之间的对话》(中译本《隐匿的对话》——译注),扩充新版,Metzler:魏玛与斯图加特,1998年,第171页以下。——原注

文　献

Aeschyli septem quae supersunt Tragoediae recensuit Gilbertus Murray. Editio altera. Oxford 1955

Agamben, Giorgio: Homo sacer. Die souveräne Macht und das nackte Leben. Suhrkamp: Frankfurt am Main 2002

Aly, Götz /Heim, Susanne: Vordenker der Vernichtung. Auschwitz und die deutschen Pläne für eine neue europäische Ordnung. Hoffmann und Campe: Hamburg 1991

Apelt, Otto: Einleitung zu Platon: Alkibiades I/II. Felix Meiner: Leipzig 3/ 1937

Arendt, Hannah: Denktagebuch 1950 – 1973. Hrsg. von Ursula Ludz und Ingeborg Nordmann. Piper: New York u. München 2002

– Ich will verstehen. Selbstauskünfte zu Leben und Werk, Hrsg. von Ursula Ludz. München u. Zürich 1996

– Macht und Gewalt. Piper: München u. Zürich 1970

– Zwischen Vergangenheit und Zukunft. Übungen im politischen Denken I. Hrsg. von Ursula Ludz. München 1994

Aristotelis Ethica Nicomachea. Recognovit brevique adnotatione critica instruxit I. Bywater. Oxford 1894 (Reprint 1988)

Bauman, Zygmunt: Dialektik der Ordnung. Die Moderne und der Holocaust. Europäische Verlagsanstalt: Hamburg 1998

Benardete, Seth: Socrates' Second Sailing. On Plato's *Republic*. The University of Chicago Press: Chicago and London 1989

Brague, Rémi: Europa. Eine exzentrische Identität. Campus: Frankfurt u. New York 1993

Brickhause, Thomas C. /Smith, Nicholas D. : Socrates on Trial. Clarendon Press: Oxford 1989

- The Trial and Execution of Socrates. Sources and Controversies. Oxford University Press: New York u. Oxford 2002

Buchheim, Thomas: Die Sophistik als Avantgarde normalen Lebens. Felix Meiner: Hamburg 1986

Bruell, Christopher: On the Socratic Education. An Introduction to the Shorter Platonic Dialogues. Rowman &. Littlefield: Lanham, Boulder, New York u. Oxford 1999

Burkert, Walter: Griechische Religion der archaischen und klassischen Epoche. Kohlhammer: Stuttgart, Berlin, Köln und Mainz 1977 (= Die Religionen der Menschheit, Bd. 15)

Burnet, John: Greek Philosophy. Thales to Plato. The Macmillan Press Ltd. : London 1914 (Reset and Reprinted 1978)

Diogenis Laertii vitae philosophorum, Edidit Miroslav Marcovich. Stuttgart 1999 (Bibliotheca Teubneriana)

Figal, Günter: Sokrates. Beck: München 1995

Foucault, Michel: Naissance de la biopolitique. Éditions Gallimard/ Éditions du Seuil: Paris 2004

Die Fragmente der Vorsokratiker. Hrsg. von Hermann Diels und Walther Kranz. Weidmann: 6/Hildesheim 1951

Friedländer, Paul: Der Grosse Alcibiades. Ein Weg zu Platon Friedrich Cohen: Bonn 1921

Gadamer, Hans-Georg: Platons dialektische Ethik. Phänomenologische Interpretationen zum ‚Philebos'. Felix Meiner: Leipzig 1931

Gerhardt, Volker: Der Thronverzicht der Philosophie. Über das moderne Verhältnis von Philosophie und Politik bei Kant. In: Immanuel Kant: Zum ewigen Frieden. Hrsg. von Otfried Höffe. Akademie Verlag: Berlin 1995, 171 – 194

Gigon, Olof: Die Gestalt des Sokrates als Problem. In: Der historische Sokrates. Hrsg. von Andreas Patzer. WBG: Darmstadt 1987

Habermas, Jürgen: Der gespaltene Westen. Kleine Politischen Schriften X. Suhrkamp: Frankfurt am Main 2004

– Theorie des kommunikativen Handelns. Bd. 1. Handlungsrationalität und gesellschaftliche Rationalisierung. Suhrkamp: Frnakfurt am Main 1995

Hadot, Pierre: Eloge de Socrate. Éditions Allia: Paris 2004

Hegel, Georg Wilhelm Friedrich: Grundlinien der Philosophie des Rechts, oder Naturrecht und Staatswissenschaft im Grundrisse. Hrsg. von Eduard Gans. Duncker und Humblot: 3/1854

– Vorlesungen über die Geschichte der Philosophie I. Auf der Grundlage der Werke von 1832 – 1845 neu edierte Ausgabe von Eva Moldenhauer und Karl Markus Michel. Werke 18. Suhrkamp: Frankfurt am Main 1971

Heidegger, Martin: Einführung in die Metaphysik. Max Niemeyer: Tübingen 1953

– Vorträge und Aufsätze. GA 7. Hrsg. von Friedrich-Wilhelm von Herrmann. Vittorio Klostermann: Frankfurt am Main 2000

Held, Klaus: Die Sophistik in Hegels Sicht. In: Hegel und die antike Dialektik. Hrsg. von Manfred Riedel. Suhrkamp: Frankfurt am Main 1990, 129 – 149

Herodoti Historiarium Libri IX. Edidit Henr. Rudolph. Dietsch. Editio altera curavit H. Kallenberg. Leipzig 1894 (Bibliotheca Teubneriana)

Thomas Hobbes: Vom Menschen. Vom Bürger. Elemente der Philosophie II/III. Hrsg. von Günter Gawlick. Felix Meiner: Hamburg 1994

- Leviathan. Dent: London 1962

Homeris Opera, recognovit brevique adnotatione critica instruxerunt David
B. Monro et Thomas W. Allen, Tomus I. Editio tertia. Oxford 1920

Jermann, Chrostoph: Philosophie und Politik. Untersuchungen zur Struktur
und Problematik des platonischen Idealismus, Frommann-Holzboog:
Stuttgart-Bad Cannstatt 1986

Kant, Immanuel: Kritik der praktischen Vernunft. Hrsg. von Horst D.
Brandt u. Heiner F. Klemmer. Felix Meiner: Hamburg 2003

- Kritik der reinen Vernunft. Hrsg. von Jens Timmermann. Felix Meiner:
Hamburg 1998

- Über den Gemeinspruch: Das mag in der Theorie richtig sein, taugt aber
nicht für die Praxis/Zum ewigen Frieden. Ein philosophischer En-
twurf. Hrsg. von Heiner F. Klemme. Felix Meiner: Hamburg 1992

- Die Religion innerhalb der Grenzen der bloßen Vernunft. Hrsg. von Bettina
Stangneth. Felix Meiner: Hamburg 2003

Kahler, Erich von: Beruf als Wissenschaft. Bondi: Berlin 1920

Kaser, Max: Römische Rechtsgeschichte. Vandenhoeck & Ruprecht: Göttingen
2/1967

Kersting, Wolfgang: Thomas Hobbes zur Einführung. Junius: Hamburg 2/
2002

Kraut, Richard: Socrates and the State. Princeton University Press: Prince-
ton 1984

Levinas, Emmanuel: Autrement qu'etre ou au-dela de l'essence. Nijhoff:
Den Haag 1978

Löwith, Karl: Max Weber und Karl Marx. In: Ders. : Hegel und die Aufhe-
bung der Philosophie im 19 Jahrhundert — Max Weber. Sämtliche
Schriften 5. Metzler:Stuttgart 1988

- Max Webers Stellung zur Wissenschft. In:Ders. :Hegel und die Aufhebung
der Philosophie im 19. Jahrhundert — Max Weber. Sämtliche Schriften
5. A. a. O.

Meier, Christian: Athen. Ein Neubeginn der Weltgeschichte. Siedler: Berlin 2/1993

– Die Entstehung des Politischen bei den Griechen. Surhkamp: Frankfurt am Main 1980

Meier, Heinrich: Carl Schmitt, Leo Strauss und„ Der Begriff des Politischen ". Zu einem Dialog unter Abwesenden. Erweiterte Neuausgabe. Metzler: Weimar u. Stuttgart 1998

– Das theologisch-politische Problem. Zum Thema von Leo Strauss. Metzler: Stuttgart u. Weimar 2003

– Leo Strauss and the Theologico-Political Problem. Cambridge University Press: Cambridge, New York, etc. 2006

– Warum Politische Philosophie? Metzler: Stuttgart u. Weimar 2000

Mommsen, Theodor: Römisches Staatsrecht. Bd. 2. 1. Abt. Hirzel: Leipzig 3/1887

– Universitätsunterricht und Konfession, In: Ders. : Reden und Aufsätze, Weidmannsche Buchhandlung: 2/Berlin 1905, 432 – 436

Nietzsche, Friedrich: Schopenhauer als Erzieher. Unzeitgemäße Betrachtungen III. In: Ders,: Sämtliche Werke. Kritische Studienausgabe [KSA]. Hrsg. von Giorgio Colli und Mazzino Montinari. Bd. 1. DTV u. De Gruyter: München, Berlin u. New York 1980

Otto, Walter F. : Die Götter Griechenlands. Das Bild des Göttlichen im Spiegel des griechischen Geistes. Vittorio Klostermann: Frankfurt am Main 5/1961, 77

Das Orakel von Delphi: Geschichte und Texte. Hrsg. von Marion Giebel. Reclam: Stuttgart 2001

Patočka, Jan: Der geistige Mensch und der Intellektuelle. In: Jan Patočka. Texte, Dokumente, Biographie. Hrsg. von Ludger Hagedorn und Hans Rainer Sepp. Karl Alber: Freiburg u. München 1999, 103 – 123

– Platon et l'Europe. Séminaire privé de semestre d'été 1973. Éditions Verdier: Lagrasse 1983

Platon: Apologie des Sokrates. Übersetzt und kommentiert von Ernst He-
itsch. Vandenhoeck &. Ruprecht: Göttingen 2002

—Apologie des Sokrates. Griechisch/Deutsch. Übers. und hrsg. von Man-
fred Fuhrmann. Reclam: Stuttgart 1986

- Opera. Recognovit brevique adnottione critica instruxit Ioannes Burnet.
Oxford 1900 – 1907 (Impression of 1956)

- Platons Apologie des Sokrates. Hrsg. von Franz Josef Weber. Ferdinand
Schöningh: Paderborn, München, Wien und Zürich 7/2002

- Sämtliche Werke in zehn Bänden. Griechisch/Deutsch. Nach der
Übersetzung Friedrich Schleiermachers, ergänzt durch Übersetzungen
von Franz Susemihl und anderen. Hrsg. von Karlheinz Hülser. Insel:
Frankfurt am Main u. Leipzig 1991

Rickert, Heinrich: Die Grenzen der naturwissenschaftlichen Begriffsbildung.
Eine logische Einleitung in die historischen Wissenschaft. J. C. B. Mohr
(Paul Siebeck): Tübingen u. Leipzig 2/1913

Rousseau, Jean-Jacques: Contrat social. In: Ders. : Œuves complètes III.
Éditions Gallimard: Paris 1964 (= Bibliothèque de la Pléiade), 349
– 472

- Discours sur les sciences et les arts. In: Ders. : Œuves complètes III. A. a.
O. , 3 – 110

Schiller, Friedrich: Über naive und sentimentalische Dichtung. In: Ders. :
Ausgewählte Werke-Theater, Geschichte, Philosophie. Bd. 6. Auf
Grund der Cottaschen Säkularausgabe hrsg. von Kläre Buchmann und
Hermann Missenharter. Cotta: Stuttgart 1950

Schmitt, Carl: Der Begriff des Politischen. Text von 1932 mit einem Vor-
wort und drei Corollarien. Duncker &. Humblot: Berlin 1963

- Der Nomos der Erde im Völkerrecht des Jus Publicum Europaeum Duncker
&. Humblot: Berlin 4/1997

Schluchter, Wolfgang: Wertfreiheit und Verantwortungsethik. Zum
Verhältnis von Wissenschaft und Politik bei Max Weber. In: Ders. :

Rationalismus der Weltbeherrschung. Studien zu Max. Suhrkamp：
Frankfurt am Main 1980

Strauss, Leo： Hobbes' politische Wissenschaft und zugehörige Schriften-
Briefe. Hrsg. von Heinrich und Wiebke Meier. Gesammelte Schriften.
Bd. 3. Metzler： Stuttgart u. Weimar 2001

— Living Issues of German Postwar Philosophy(1940), in： Heinrich Meier：
Leo Strauss and the Theologico-Political Problem. Cambridge： Univer-
sity Press 2006, 115 – 140

— Natural Right and History. The University of Chicago Press： Chicago u.
London 1965

— On Plato's *Apology of Socrates* and *Crito*, in： Studies in Platonic Political
Philosophy. The University of Chicago Press： Chicago and London
1983, 38, 66

— Socrates and Aristophanes. The University of Chicago Press： Chicago and
London 1966

— Über Tyrannis. Eine Interpretation von Xenophons „Hieron" mit einem Es-
say über Tyrannis und Weisheit von Alexandre Kojève. Luchterhand：
Neuwied am Rhein und Berlin 1963

— What Is Political Philosophy? In： What Is Political Philosophy? And other
studies. Greenwood Press： Westport 1959, 9 – 55

Thionville, Eugène： De la Théorie des Lieux communs dans les Topiques d'
Aristote： et des principales modifications qu'elle a subie jusqu' à nos
jours. 1855. Vrin： Paris 1983

Trawny, Peter： Apollon und der Anfang der Philosophie. Eine Anmerkung
zur Grundlegung der Theoria bei Aristoteles. In： Internationales Jahr-
buch für Hermeneutik 2. Hrsg. von Günter Figal. Tübingen 2003, 225
– 242

— Denkbarer Holocaust. Die politische Ethik Hannah Arendts. Königshausen
&. Neumann： Würzburg 2005

— Heidegger und Hölderlin oder Der Europäische Morgen. Königshausen &.

Neumann: Würzburg 2003

- Das Ideal des Wissens. Zum Verhältnis von Philosophie und Philosoph bei Kant. Kant-Studien. 2007

- Die Tragödie der Philosophie. Platons Streit mit den Dichtern. In: Denkwege 2. Philosophische Aufsätze. Tübingen 2001, 106 - 128

Vlastos, Gregory: Socrates. Ironist and moral philosopher. Cambridge University Press: Cambridge 1991

Waldenfels, Bernhard: Das Sokratische Fragen. Aporie, Elenchos, Anamnesis. Anton Hain:Meisenheim am Glan 1961

- Das Zwischenreich des Dialogs. Sozialphilosophische Untersuchungen in Anschluß an Edmund Husserl. Nijhoff: Den Haag 1971

Weber, Max: Gesammelte Aufsätze zur Wissenschaftslehre. Hrsg. von Marianne Weber. J. C. B. Mohr: Tübingen 1922

- Gesammelte Politische Schriften. Hrsg. von Johannes Winckelmann. J. C. B. Mohr: Tübingen 3/1971

- Wirtschaft und Gesellschaft. Fünfte, revidierte Auflage besorgt von Johannes Winckelmann. J. C. B. Tübingen 1972

- Wissenschaft als Beruf 1917/1919 [WaB]. Politik als Beruf 1919 [PaB]. Gesamtausgabe. Bd. 17. Hrsg. von Wolfgang J. Mommsen und Wolfgang Schluchter. J. C. B. Mohr (Paul Siebeck): Tübingen 1992

Wolf, Erik: Griechisches Rechtsdenken III, 1. Rechtsphilosophie der Sokratik und Rechtsdichtungder alten Komödie. Vittorio Klostermann: Frankfurt am Main 1954

Xenophon: Apologia Socratis. In: Xenophontis opera omnia. Recognovit brevique adnotatione critica instruxit E. C. Marchant. Tomus II. Oxford 1901(Reprint 1971)

- Memorabilia. Edidit W. Gilbert. Leipzig 1907 (Bibliotheca Teubneriana)

- Die Verfassung der Spartaner. Hrsg. , übers. u. erl. von Stefan Rebenich. WBG: Darmstadt 1998

Das Zwölftafelgesetz. Hrsg. von Rudolf Düll. Heimeran: München 4/1971

译　后　记

　　本书是德国乌泊塔大学编外教授、海德格尔研究所主任彼得·特拉夫尼先生(1964—　)的第二本中文翻译著作。此前,特拉夫尼的《海德格尔导论》已由同济大学出版社出版。

　　特拉夫尼曾于 2007 年在同济大学哲学系出任教授,本书是在他刚到同济就职时出版的新书。在这本书中,特拉夫尼对苏格拉底的思想进行了探讨。根据苏格拉底式的哲学反思,哲学需要对自己的存在根基有一种认识,这意味着哲学的自我认识。这种自我认识的要点之一在于,哲学与其所生活其中的、通过法律和风俗得以维系起来的共同体(城邦)具有不可分割的关联。这种哲学的自我认识导致了政治哲学的诞生。

　　以苏格拉底为代表的、取得了自我认识的哲学,亦即政治哲学,关心自己、关心城邦,它追问的首要问题是善好,既包括个人生活的善好,也包括整个城邦的善好。特拉夫尼在书中一再强调的一个问题是,纯然的生活本身与善好的生活,哪一个更重要?当两者发生尖锐冲突的时候,如何决断?对于这个问题,特拉夫尼通过苏格拉底的形象给出的解答是,善好的生活要高于纯然的生活本身。在这个问题上区分出了政治哲人与智术师的活动。政治哲人维护善好的生活,并为此不惜牺牲生命本身,而智术师的整个智识活动以生活本身,以及在生活中取得尽可能的成功为目标。因此,苏格拉底行为正直,智术师则曲迎讨好。

特拉夫尼的这一提问与回答不仅仅是对历史上的苏格拉底的主张的一种理解,更重要的是,像牛虻一样,他想对当今时代的大学氛围及其任务发起追问。"因此,眼下的研究并不是一种史学研究。……对政治哲人苏格拉底的透视是一种现时代的透视。"(见本书前言"现代政治哲学"一节)在特拉夫尼看来,在现代大学中占支配地位的恰恰是一种智术师式的活动方式,它不关注最重要的善好问题,因而放弃了它理应承担起来的价值关怀。

在这一点上,特拉夫尼拒绝了韦伯式的与价值无涉的科学理解。韦伯的立场和苏格拉底的主张形成鲜明的古今对比。"在现代的、同时代的科学及科学性理解和一种对哲学的古典理解之间张开着一个深渊。"(见本书结论"自我认识"一节)苏格拉底在希腊雅典曾经活出来的那种政治哲学原则与主张,对身处现代大学的智识人而言,成为一面起着对照功用的明镜。政治哲人和智术师之间的区分与决断在今天依然有效。

很显然,本书的基本思路受到近几年在国内得到快速传播的列奥·施特劳斯的巨大影响。这曾是我的导师孙周兴先生很大的一个疑惑:老朋友特拉夫尼以海德格尔起家,对海德格尔情有独钟,关心"纯"哲学以及艺术、诗歌领域,现在怎么跟着中国学者一道转向所谓"政治哲学"了? 这是怎么一回事?

特拉夫尼自己在书中的一个脚注里曾对此给出解释。他以为,对苏格拉底的关注是对海德格尔阐释荷尔德林的"祖国之折返"(vaterländischer Umkehr)的行动的一种追随。在"祖国之折返"的名义下,对海德格尔的兴趣和对苏格拉底的探讨得以结合在一起(见前言"现代政治哲学"一节脚注)。追随着海德格尔的开端思想,但又不同于海德格尔的具体判断,在特拉夫尼看来,苏格拉底之为西方的开端比前苏格拉底之为西方的开端要来得更为根本和重要。这样一个开端才意味着"祖国之折返"。

近两年来,特拉夫尼更进一步地涉入了海德格尔与政治的问题。先是采用隐微—显白的叙述框架将海德格尔全集第 65 卷《哲学论稿》判定为海德格尔思想的隐微面向(见《Adyton:海德格尔的隐微哲学》,Matthes & Seitz,2010 年)。进而又在乌泊塔大学创立海德格尔研究所(Martin-Heidegger-Institut),连续编辑出版海德格尔的"黑色笔记本"(编为全集第 94,95,96 卷),引起了学界对海德格尔的纳粹问题的新一轮讨论。这可能是特拉夫尼在某种意义上以自己的方式贯彻着苏格拉底式的政治哲学。在同济任教时,他经常提到自己在思考如若苏格拉底活在如今我们这个时代,他会如何作为?

本书最初是由柯小刚老师推荐的选题,由于译者后来赴德国访学,回国后又忙着博士毕业,加上与本书语句的厮打很费功夫,接下这个翻译任务的时候,译者还是硕士,现在博士也已毕业,拖了如此之长的时间,幸遇最初的编辑万骏先生为人体谅,才得以宽限到如今。这是要向万骏先生以及丛书策划倪卫国先生致谢的。后来接替编辑工作的海晴女士,做了大量细致的工作,同时也向她致以敬意。在翻译过程中,注释里出现的法文由我以前的同学、如今在交大任职的邓刚兄拔刀相助,不少希腊文则请教了香港道风山的编辑、同时也是我的同事汪丽娟女士。在此谨对他们两位的帮助表示由衷的谢意。

相信读者会发现,本书行文显得拗口,句子的涵义并不一目了然。在翻译《海德格尔导论》时,译者已深受特拉夫尼不服从的行文习惯之苦。就本书译文而言,我没有坚决打破与重塑原文语句及风格,在此对读者抱以歉意。

张振华

2014 年 3 月 13 日

同济大学青年教师宿舍

图书在版编目(CIP)数据

苏格拉底或政治哲学的诞生/(德)特拉夫尼(Trawny,P.)著;张振华译.
--上海:华东师范大学出版社,2014.4
ISBN 978-7-5675-1490-4

Ⅰ.①苏… Ⅱ.①特… ②张… Ⅲ.①苏格拉底(前469~前399)-政治哲学-哲学思想-研究 Ⅳ.①B502.231

中国版本图书馆 CIP 数据核字(2013)第 293641 号

华东师范大学出版社六点分社
企划人 倪为国

Sokrates oder Die Geburt der Politischen Philosophie
By Peter Trawny
Copyright © Verlag Königshausen & Neumann GmbH, Würzburg 2007
Simplified Chinese Translation Copyright © 2014 by East China Normal University Press Ltd.
Published by arrangement with Verlag Königshausen & Neumann GmbH
ALL RIGHTS RESERVED.
上海市版权局著作权合同登记 图字:09-2008-775 号

苏格拉底或政治哲学的诞生

著　　者　(德)特拉夫尼
译　　者　张振华
责任编辑　徐海晴
封面设计　吴元瑛

出版发行　华东师范大学出版社
社　　址　上海市中山北路 3663 号　邮编　200062
网　　址　www.ecnupress.com.cn
电　　话　021-60821666　行政传真　021-62572105
客服电话　021-62865537
门市(邮购)电话　021-62869887
地　　址　上海市中山北路 3663 号华东师范大学校内先锋路口
网　　店　http://hdsdcbs.tmall.com

印　刷　者　上海景条印刷有限公司
开　　本　890×1290　1/32
印　　张　7
字　　数　163 千字
版　　次　2014 年 4 月第 1 版
印　　次　2014 年 4 月第 1 次
书　　号　ISBN 978-7-5675-1490-4/B·815
定　　价　29.80 元

出　版　人　朱杰人

(如发现本版图书有印订质量问题,请寄回本社客服中心调换或电话 021-62865537 联系)